Christoph Stögerer

Management-Technologien in der Verkehrstelematik

Christoph Stögerer

Management-Technologien in der Verkehrstelematik

Eine strukturalistische Betrachtung der Anwendung von Management-Standards im Bereich ITS.

Südwestdeutscher Verlag für Hochschulschriften

Impressum/Imprint (nur für Deutschland/only for Germany)
Bibliografische Information der Deutschen Nationalbibliothek: Die Deutsche Nationalbibliothek verzeichnet diese Publikation in der Deutschen Nationalbibliografie; detaillierte bibliografische Daten sind im Internet über http://dnb.d-nb.de abrufbar.
Alle in diesem Buch genannten Marken und Produktnamen unterliegen warenzeichen-, marken- oder patentrechtlichem Schutz bzw. sind Warenzeichen oder eingetragene Warenzeichen der jeweiligen Inhaber. Die Wiedergabe von Marken, Produktnamen, Gebrauchsnamen, Handelsnamen, Warenbezeichnungen u.s.w. in diesem Werk berechtigt auch ohne besondere Kennzeichnung nicht zu der Annahme, dass solche Namen im Sinne der Warenzeichen- und Markenschutzgesetzgebung als frei zu betrachten wären und daher von jedermann benutzt werden dürften.

Coverbild: www.ingimage.com

Verlag: Südwestdeutscher Verlag für Hochschulschriften GmbH & Co. KG
Heinrich-Böcking-Str. 6-8, 66121 Saarbrücken, Deutschland
Telefon +49 681 37 20 271-1, Telefax +49 681 37 20 271-0
Email: info@svh-verlag.de

Zugl.: Wien, Technische Universität, Diss., 2012

Herstellung in Deutschland (siehe letzte Seite)
ISBN: 978-3-8381-3386-7

Imprint (only for USA, GB)
Bibliographic information published by the Deutsche Nationalbibliothek: The Deutsche Nationalbibliothek lists this publication in the Deutsche Nationalbibliografie; detailed bibliographic data are available in the Internet at http://dnb.d-nb.de.
Any brand names and product names mentioned in this book are subject to trademark, brand or patent protection and are trademarks or registered trademarks of their respective holders. The use of brand names, product names, common names, trade names, product descriptions etc. even without a particular marking in this works is in no way to be construed to mean that such names may be regarded as unrestricted in respect of trademark and brand protection legislation and could thus be used by anyone.

Cover image: www.ingimage.com

Publisher: Südwestdeutscher Verlag für Hochschulschriften GmbH & Co. KG
Heinrich-Böcking-Str. 6-8, 66121 Saarbrücken, Germany
Phone +49 681 37 20 271-1, Fax +49 681 37 20 271-0
Email: info@svh-verlag.de

Printed in the U.S.A.
Printed in the U.K. by (see last page)
ISBN: 978-3-8381-3386-7

Copyright © 2012 by the author and Südwestdeutscher Verlag für Hochschulschriften GmbH & Co. KG and licensors
All rights reserved. Saarbrücken 2012

Inhaltsverzeichnis

1 Einführung   **1**
    1.1 Ausgangssituation und Problemstellung 1
    1.2 State-of-the-Art Management-Standards im Bereich ITS 4
    1.3 Motivation und Zielsetzung 6
    1.4 Vorgehensweise 8

2 Wissenschaftstheoretische Fundierung   **10**
    2.1 Wissenschaftlich disziplinäre Einordnung der Arbeit 10
    2.2 Forschungsdesign 12
    2.3 Erkenntnistheoretische Grundpositionen 13
       2.3.1 Konstruktivismus 15
       2.3.2 Kritischer Rationalismus 16
       2.3.3 Strukturalismus 17
       2.3.4 Fazit: Positionierung der Arbeit 18
    2.4 Initiale Theoriemodellierung 19

3 Intelligent Transportation Systems: Überblick   **22**
    3.1 Der ITS-Begriff 22
    3.2 Geschichte von ITS 24
       3.2.1 Vorbereitungsphase (1930-1980) 25
       3.2.2 Machbarkeitsstudie (1980-1995) 26
       3.2.3 Produktentwicklung (ab 1995) 27
    3.3 Aktuelle Initiativen in Europa 28
       3.3.1 Das KAREN-Projekt 29
       3.3.2 Die europäische ITS-Framework Architektur 29
    3.4 Funktionsbereiche von ITS 30
    3.5 Advanced Traffic Management Systems (ATMSs) 33
       3.5.1 Sensorik-Subsystem 33
       3.5.2 Aktorik-Subsystem 35
       3.5.3 Verkehrsleitsysteme 35
       3.5.4 Verkehrsmanagementsysteme 37

4 Management-Referenzmodelle und -protokolle   **39**
    4.1 Die Notwendigkeit von standardisiertem Management 39
    4.2 Der Management-Begriff 41

		4.2.1	Management versus Steuerung	41

        4.2.1   Management versus Steuerung 41
        4.2.2   Management versus Konfiguration 42
    4.3 Dimensionen von Management 42
        4.3.1   Funktionale Dimension von Management nach ISO/IEC 7498-4 44
        4.3.2   Gegenstandsdimension von Management (Managementbereiche) 48
    4.4 Strukturen von Managementsystemen (Managementparadigmen) 51
        4.4.1   Organisationsmodell 52
        4.4.2   Granularität der Delegierung 53
        4.4.3   Andere Kriterien 55
    4.5 Kandidaten Management-Standards 56
        4.5.1   Internet Network Management Framework 58
        4.5.2   OSI Network Management Framework (TMN) 59
        4.5.3   Web-Based Enterprise Management Framework 60
        4.5.4   Java Management Extensions (JMX) 61

5 Anforderungen an das Management von Aktorik-Subsystemen   **63**
    5.1 Gegenstandsbereich Element-Management 64
        5.1.1   Funktionsbereich Fehlermanagement 64
        5.1.2   Funktionsbereich Konfigurationsmanagement 65
        5.1.3   Funktionsbereich Leistungsmanagement 67
    5.2 Gegenstandsbereich Netzwerk-Management 67
    5.3 Gegenstandsbereich Dienst-Management 68

6 ITS-Systeme und Protokolle   **69**
    6.1 VMS im Kontext von Advanced Traffic Management Systems 69
    6.2 Kommunikationstechnologien und -protokolle im Aktorik-Subsystem 72
    6.3 Steuerungstypen im Aktorik-System 74
        6.3.1   Steuerungstyp "Embedded-PC" 75
        6.3.2   Steuerungstyp "Microcontroller" 75
    6.4 Management Daten- und Funktionen in existenten Protokollen 76

7 Managementtechnologien im Aktorik-Subsystem   **80**
    7.1 Analyse der Systemstruktur 80
    7.2 Bestimmung des Bedarfes für Dezentralisierung 84
        7.2.1   Funktionsbereich Fehlermanagement 85
        7.2.2   Funktionsbereich Konfigurationsmanagement 87
        7.2.3   Funktionsbereich Leistungsmanagement 88
        7.2.4   Zusammenfassende Gesamtbetrachtung 89
    7.3 Analyse der Kommunikationsinfrastruktur 92
        7.3.1   IKT-basierte Kommunikation 92
        7.3.2   Feldbusbasierte Kommunikation 93
        7.3.3   Kommunikationsinfrastruktur: Zwischenbilanz 94
        7.3.4   Transport von Management-Protokollen bei IKT-basierter Kommunikation . 96
        7.3.5   Transport von Management-Daten bei feldbusbasierter Kommunikation . . . 102
    7.4 Analyse der Steuerungstypen 105

7.5	Konzeption	106
7.5.1	Formal-deduktive Analyse der Kandidaten Management-Standards	107
7.5.2	Argumentativ-deduktive Analyse der Kandidaten Management-Standards	108
7.5.3	Tunneling für feldbusbasierte Kommunikation im Anwendungsfall TLS	110
7.5.4	Gatewaying für feldbusbasierte Kommunikation im Anwendungsfall TLS	111
7.5.5	Gegenüberstellung der Ansätze	112
7.5.6	Tunneling für feldbusbasierte Kommunikation im Anwendungsfall NMCS2	114
7.5.7	Management-Konzeption für Referenzarchitektur "A1"	117
7.5.8	Management-Konzeption für Referenzarchitektur "A2"	117
7.5.9	Management-Konzeption für Referenzarchitektur "A3"	119

8 Simulation   **120**
- 8.1 Simulation mit NMCS2 . . . 123
- 8.2 Simulation mit TLS . . . 125
- 8.3 Limitierungen für online-Management . . . 127
- 8.4 Conclusio . . . 130

9 Theoriediskussion und Fazit   **132**
- 9.1 Theoriediskussion . . . 132
- 9.2 Fazit . . . 137

10 Modellanwendungen und weiteres Nutzungspotenzial   **139**
- 10.1 Konfigurationsmanagement: Update der Firmware von VMS . . . 139
- 10.2 Leistungsmanagement: Automatische Überwachung der Verfügbarkeit durch Service Level Agreements (SLAs) . . . 141

A Leistungsmerkmale von Kommunikationstechnologien   **146**

B ITS-Protokollstacks   **147**

C Management-Konzepte   **148**
- C.1 Konzeption für Referenzarchitektur "A1" . . . 148
  - C.1.1 Variante "feldbusbasiert" . . . 148
  - C.1.2 Variante "IKT-basiert" . . . 148
- C.2 Konzeption für Referenzarchitektur "A2" . . . 149
  - C.2.1 Variante "feldbusbasiert" . . . 149
  - C.2.2 Variante "IKT-basiert" . . . 150
- C.3 Konzeption für Referenzarchitektur "A3" . . . 151

D Kommunikationsabläufe   **152**
- D.1 Beispiel Kommunikationsablauf bei TLS . . . 152
- D.2 Beispiel Kommunikationsablauf bei NMCS2 . . . 153

E Abkürzungsverzeichnis   **154**

Kapitel 1

Einführung

1.1 Ausgangssituation und Problemstellung

Globaler Warenaustausch, verstärkte internationale Arbeitsteilung und Mobilität führen zu einer drastischen Steigerung des Verkehrsaufkommens.[1] Aufgrund der hohen Investitionskosten beim Bau neuer Verkehrswege als auch der oftmals nicht vorhandenen Ausbaumöglichkeit (z.B. in Ballungsräumen) stellt der Einsatz von Verkehrstelematik in Form verschiedenartiger Systeme eine Möglichkeit dar, um das bestehende Verkehrswegenetz effizienter zu nutzen. Verkehrstelematische Systeme – auch oftmals unter dem Begriff ITS-Systeme (engl.: intelligent transportation systems) bezeichnet – dienen dem Zweck die Verkehrssicherheit zu erhöhen, die Nutzung des Verkehrssystems hinsichtlich Kapazität, Verfügbarkeit und Zuverlässigkeit zu optimieren, unnötigen Verkehr zu reduzieren und den Umstieg auf umweltfreundliche Verkehrsmittel zu fördern.[2] Der Einsatz von Telematik im Verkehrswesen hat dabei stets additiven und integrativen Charakter, d.h., die Telematik ersetzt kein bestehendes System, sondern soll vielmehr unterstützend bei der Umsetzung nachhaltiger Verkehrsstrategien wirken [12]. Der Anwendungsbereich von Verkehrstelematik ist mannigfaltig und über den Verkehrsträger "Straße" weit hinausreichend. Beispiele für verkehrstelematische Applikationen reichen dabei von Anwendungen im privaten Verkehr (z.B. Parkleitsysteme, urbane- und interurbane Verkehrsmanagementsysteme), über öffentlichen Verkehr (z.B. Passagierinformationssysteme) bis hin zu kommerziellen privaten (z.B. Flottenmanagement-Systeme) als auch öffentlichen Systemen (z.B. Mautsysteme).

In der Anwendungskategorie interurbaner Verkehrstelematiksysteme unterscheidet der österreichische Autobahnbetreiber ASFINAG [11] zwischen straßenseitiger und fahrzeugseitiger Telematik.[3] Der Bereich der *straßenseitigen Telematik* stellt aufgrund des Zugangs zu Informationen im

---
[1]vgl. http://www.oeko.de/aktuelles/dok/836.php
[2]vgl. hierzu auch [49]
[3]Moderne Fahrzeuge verfügen in der Bordelektronik über eine Vielzahl an Informationen über Verkehr, Straße

Folgenden den Fokus dieser Arbeit dar. In dieser telematischen Anwendung werden beispielsweise Verkehrsbeeinflussungsanlagen, zusammengesetzt aus Mess- und Anzeigequerschnitten, auf der Strecke errichtet. Damit werden Verkehrs- und Fahrbahnzustand, Wetter und Umfelddaten (Lärm- und Schadstoffe) gemessen und daraus flexibel und anlassbezogen Geschwindigkeitsbeschränkungen, Überholverbote, Warnungen und Informationen für den Verkehrsteilnehmer abgeleitet. Je nach Typ und Funktion des Verkehrsmanagementsystems[4] erfolgen Operationen automatisch oder manuell durch Operatoren in einer sog. Verkehrsleit- oder Verkehrsmanagementzentrale.

Der Einsatz von Verkehrstelematiksystemen wird durch nationale und internationale Rahmenwerke geregelt, wobei Ergebnisse internationaler Aktivitäten die Basis für nationale Telematikrahmenpläne darstellen. In Europa sind das vor allem die Ergebnisse der EU-Projekte KAREN [45][5] und FRAME [19], die sich mit der Erstellung einer europaweiten Rahmenarchitektur beschäftigen. Als Beispiel auf nationaler Ebene kann der Rahmenplan für den Einsatz von Telematik in österreichischen Verkehrssystemen (Telematikrahmenplan) [117] genannt werden. Dieser übernimmt o.g. Aufgabe durch die Definition von Empfehlungen für den Telematikeinsatz im österreichischen Verkehrssystem und setzt auch internationale Vorgaben aus den zuvor genannten EU-Projekten auf nationaler Ebene um.

Trotz verschiedener nationaler und internationaler Initiativen ist ein Durchsatz von Standardisierung über alle Hierarchieebenen eines ITS-Systems[6, 7] bis dato nicht absehbar. Dies kann auf folgende Ursachen zurückgeführt werden:

- Die notwendigen Standards befinden sich im Entwurfsstadium oder sind noch relativ neu und daher in Bestandssystemen nicht implementiert.

- Viele bisherige Initiativen beschäftigten sich lediglich mit der Intersysteminteroperabilität[8] jedoch nicht mit einer Standardisierung der Intrasysteminteroperabilität.

---

und Umgebung. Informationen des individuellen Fahrzeugs ergeben bei intelligenter zentraler Zusammenführung wertvolle Informationen für den Straßenbetreiber und Fahrer. So kann beispielsweise der gleichzeitige Stillstand vieler Fahrzeuge auf der Fahrbahn einen klaren Hinweis auf einen Stau darstellen. Auffällige Daten aus ABS und ESP, die gehäuft zu bestimmten Zeiten und an bestimmten Stellen auftreten, weisen auf kritische Streckenabschnitte hin und helfen, schnell die richtigen Maßnahmen zu ergreifen und Unfälle zu verhindern.

[4]Ein detaillierter Überblick auf verschiedene Typen von Verkehrsmanagementsystemen wird in Kapitel 3.4 gegeben.

[5]vgl. dazu auch http://cordis.europa.eu/telematics/tap_transport/research/projectsum/karen.html.

[6]Verkehrstelematiksysteme werden international oft als Intelligent Transportation Systems (ITS) bezeichnet. Obwohl ITS auch Systeme umfasst, welche nicht im Zusammenhang mit der Übermittlung von Daten stehen, werden die Begriffe Intelligent Transportation Systems und Verkehrstelematik dennoch häufig synonym verwendet. Daher werden oft autarke Systeme wie z.B. Fahrerassistenzsysteme als Telematiksysteme bezeichnet, auch wenn diese ohne Telekommunikation auskommen (vgl. [158]).

[7]vgl. hierzu auch die Definition von ITS der Universität von Toronto: http://www.civil.engineering.utoronto.ca/infoabout/research/transport/subpages/ITS.htm

[8]Als Beispiel hierfür kann der DATEX I-Standard zum Austausch von Informationen zwischen Verkehrsmanagementzentralen genannt werden.

- Im Fall einer Systemerneuerung – welche eine Grundvoraussetzung für einen flächendeckenden Durchsatz von Standards über alle Ebenen darstellt – wird aus Kostengründen weitgehend auf Bestandsinfrastruktur (z.B. bestehende Feldbuslösungen) aufgesetzt und lediglich Sensorik- und Aktorikkomponenten ausgetauscht (Retrofitting), um die Kosten so gering wie möglich zu halten. Im Zweifelsfall wird die Investition in neue Sensor- und Aktorikkomponenten einer infrastrukturellen Revitalisierung vorgezogen.

- Investitionen werden – auch bedingt durch die Wirtschaftskrise – neu evaluiert und auf ein notwendiges Minimum beschränkt.[9] Dadurch ist bei einer Lebensdauer eines ITS-Systems von mindestens 10 Jahren ein flächendeckender Durchsatz von Standards über alle Ebenen nicht absehbar.

Der Fortbestand von heterogenen ITS-Architekturen wird durch o.g. steigenden Kostendruck von Betreiberseite bei höheren Verfügbarkeitsanforderungen begleitet. Dem gegenüber stehen immer komplexer werdende ITS-Systeme mit hochtechnologischen Komponenten, bei denen Service zunehmend größere Bedeutung erlangt. Komplexere Systeme bilden schwerer erkennbare Fehlerbilder aus und führen daher oft zu steigenden Servicekosten bei verminderter Verfügbarkeit. Es müssen daher neue Wege für ein effizienteres *Management* des Systems und dessen Komponenten gefunden werden. Managementfunktionalität für beispielsweise

1. eine eindeutige Fehlerzuordnung zur verursachenden Einheit bzw. Komponente,

2. eine zielgerichtete Vorbereitung auf Vororteinsätze durch detailliertes Fehler- und Leistungsreporting,

3. eine zentralisierte Rekonfiguration von Komponenten des Systems,

4. eine Analyse der Systemverfügbarkeit bzw. -performance,

5. eine Problembehebung aus der Ferne,

6. eine Einhaltung von Service Level Agreements (SLAs)

sind daher eine wichtige Vorraussetzung, um der geforderten Effizienzsteigerung im Serviceprozess nachkommen zu können.

---

[9]Im Fall des Autobahnbetreibers ASFINAG wurde der bisherige Ausbauplan für Verkehrstelematik einer Evaluierung unterzogen, um höchstmögliche Effizienz sicherzustellen. Das Ergebnis ist eine neue strategische Ausrichtung und eine Reduktion der Investitionen um ca. 100 Millionen Euro. Telematik wird dort umgesetzt, wo sie nachweislich einen Nutzen hat und zur Erhöhung der Sicherheit und zur Homogenisierung des Verkehrs beiträgt. [10]

1.2 State-of-the-Art Management-Standards im Bereich ITS

Die heute in der Verkehrstelematik eingesetzten Prozessdatenprotokolle (vgl. Abschnitt 6) bieten nur unzureichende Unterstützung von Management-Funktionalität. Eine Alternative stellt daher der Einsatz von aus dem Informations- und Kommunikationstechnologie (IKT)-Bereich stammenden Management-Technologien dar. Diese bieten entsprechende Möglichkeiten zur Fernwartung und -diagnose. Dabei werden von jedem Gerät Management-Funktionen in den Bereichen Fehler-, Konfigurations-, Abrechnungs-, Leistungs- und Sicherheitsmanagement mittels standardisierter Protokolle (z.b. Simple Network Management Protocol (SNMP)) zur Verfügung gestellt. Diese können dann von einer zentralen Management-Station angefragt, und folglich einem Reporting oder anderen automatisierten Prozeduren (z.B. Rekonfiguration) zugeführt werden. In folgenden heutigen ITS-Systemen kommen bereits Management-Standards zum Einsatz oder ist zumindest deren Einsatz vorgesehen:

- Im Falle von bereits im Einsatz befindlichen Systemen kann beispielhaft das Managementsystem nach PLaNT 135.211.10 der ASFINAG [7] genannt werden. Es fokussiert wie folgend auf Aktivitäten des Netzwerkmanagements[10]:

    "Durch das Einsetzen von vielen aktiven Komponenten in den Übertragungsweg (jedes Partylinemodem im LWL-Übertragungsweg bedeutet eine Unterbrechung der Faser mit aktiver Wandlung von optisch – elektrisch – optisch) kommt der Funktionstüchtigkeit dieser Komponenten eine besonders hohe Bedeutung zu, da jeder Ausfall einer einzigen dieser Komponenten - und sei es nur durch Ausfall der lokalen Stromversorgung – eine Unterbrechung für den weiteren Übertragungsweg bedeutet. Es kommt somit auch der störungsfreien Stromversorgung der Modems eine sehr hohe Wichtigkeit zu, weshalb eine jeweils exklusive USV nur für die Modems realisiert werden muß. Zusätzlich muß durch ein integriertes Überwachungs- und Managementsystem die Funktionstüchtigkeit der Übertragungskomponenten permanent kontrolliert werden können, und die Möglichkeit gegeben werden, sich anbahnende Probleme durch rechtzeitige Information vermeiden zu können." (vgl. [7], S34 ff.).

    ASFINAG betreibt dabei ein Management-System auf Basis von hp OpenView[11] zur zentralen Verwaltung des Netzwerks:

    "Der Auftraggeber betreibt ein Management-System auf Basis hp OpenView zur zentralen Darstellung und Behebung betriebskritischer Störungen. Diese Manage-

---
[10]Für Details zur Gliederung in Managementbereiche siehe Kapitel 4.
[11]Die aktuellste Version des Produktes von HP wird unter dem Namen BTO-Software vertrieben.

mentbasis ist auch zum Darstellen von Problemen im Übertragungsnetz der Partylinemodems zu nutzen. Die Verbindung erfolgt über eine Ethernetschnittstelle (10/100BaseT) ... und ist an allen Standorten von Unterzentralen verfügbar." (vgl. [7] S74 ff.).

- Im Falle von ITS-Systemen, die den Einsatz von Managementschnittstellen vorsehen, ist die britische Urban Traffic Management & Control (UTMC)-Spezifikation exemplarisch anzuführen:

  "The following system management facilities shall be provided as a minimum: a) Management/monitoring to communication links; and ensure the operational status of components and b) Facilities to configure components and communication links.

  System management facilities shall be provided as part of the Node B network operating system. Where components of a UTMC system require to be managed centrally, a suitable standard device management protocol shall be used. The preferred standard is SNMP.

  System management facilities for the configuration of remote networking components and communication links shall comply with SNMP as specified in RFC 1157 and its successors." (vgl. [159], S16ff.).

  In beiden zuvor genannten Fällen ist die Orientierung in Richtung Verwaltung des Netzwerkes erkennbar. Dies schließt jedoch lediglich die Netzwerkkomponenten wie etwa Modems, jedoch nicht die Komponenten der Feld- bzw. Sensor-/Aktor-Ebene ein. Eine Erklärung dafür kann im Einsatzbereich des Management-Systems gefunden werden, das lediglich auf IP-basierten Systemteilen vorgesehen ist.

- Neben Systemen, die bereits Management-Standards einsetzen bzw. deren Einsatz vorsehen, sind an dieser Stelle auch ITS-Standards anzuführen, die auf einem Management-Protokoll basieren: Beispielsweise setzt National Transportation Communications for ITS Protocol (NTCIP) [2] in Form eines Applikationsprofiles auf dem Management-Standard SNMP auf, um die Systemfunktionalität abzubilden. Jedoch kommen typische Managementfunktionen aus anderen Gegenstandsbereichen[12], wie etwa dem Systemmanagement und damit verbundene Managementfunktionen[13], in unzureichendem Maße zur Anwendung und erfüllen folglich nicht den Zweck eines ganzheitlichen Managementsystems.

---

[12] Siehe dazu Abschnitt 4.3.2.
[13] Siehe dazu Abschnitt 4.3.1.

Sowohl der zuvor erläuterte fehlende Durchsatz von Standardisierung als auch unzureichende Nutzung durch Beschränkung auf die Applikationsfunktion verhindern somit die von Sellin (vgl. [134]) angenommene integrierte Betrachtungsweise. Somit sind spezielle Lösungsansätze notwendig, um eine ganzheitliche Integration von Management-Standards im Anwendungsbereich ITS für die Komponenten aller Hierarchieebenen etablieren zu können.

1.3 Motivation und Zielsetzung

Wie aus dem vorhergehenden Kapitel erkennbar, stellt die aktuelle Situation mit fehlender Standardisierung auf der einen und komplexeren Systemen mit erhöhten Anforderungen an deren Verfügbarkeit bei sinkenden Kosten auf der anderen Seite eine paradoxe Situation dar, die nur schwer lösbar scheint. Jedoch liegt die Annahme nahe, dass die Anwendung von standardisierten Management-Technologien im Bereich ITS mannigfaltige Möglichkeiten an Vereinfachungen und Verbesserungen von heute komplexen Abläufen betreffend Fehler-, Konfigurations-, Abrechnungs-, Leistungs- und Sicherheitsmanagement mit sich bringt bzw. zur Effizienzsteigerung dieser beitragen kann. In der Zieldomäne handelt es sich hierbei um einen neuen Ansatz, der nicht gegensätzlich zu bestehenden proprietären Strukturen steht, sondern auf diesen nach einem Retrofitting-Prinzip aufbauen soll.

Aus wissenschaftlicher Sicht liegt die Herausforderung in der Bildung eines Modells, das – ausgehend vom Anwendungsfall eines straßenseitigen Verkehrsinformationssystems – sowohl auf heutige als auch zukünftige intendierte Systeme anwendbar sein soll. Die Abgrenzung des Forschungsdesigns durch die Fülle verfügbarer Protokolle und Systemkomponenten (z.B. Steuerungstypen), die in der ITS-Domäne aktuell zum Einsatz kommen, stellt einen weiteren wichtigen Schritt in der Synthetisierung des Modells dar. Zudem gilt es, Direktiven für die Auswahl einer passenden Management-Technologie zu definieren, die die im Forschungsdesign intendierten Anwendungen hinreichend unterstützt und deren aktuellen Anforderungen bestmöglich genügt. Dies ist im Speziellen von Interesse, da Management-Technologien in der ITS-Domäne aktuell wenig Anwendung finden (vgl. Abschnitt 1.2) und diese auch größtmöglichen Zusatznutzen für kommende Anwendungen bieten als auch für heutige wie zukünftige Komponenten des Systems auf allen Hierarchieebenen verwendbar sein sollen.

Das Ziel der vorliegenden Arbeit ist es, einen Diskurs zur Unterscheidung von Prozess- und Managementdaten in der Zieldomäne anzuregen und folglich einen Beitrag zur Entwicklung von Management-Technologien im Bereich von ITS zu leisten. Es handelt sich dabei um einen funktionalen Ansatz, der eine qualitative Abschätzung des Nutzenpotentials für den spezifischen Anwendungsbereich offen lässt. Quantitative Nutzungspotentiale werden im Rahmen einer Simulation gezeigt. Vielmehr sollen allgemeine Fragen der Anforderungen, funktionale Möglichkeiten als auch deren Limitierungen aufgezeigt werden. Aufbauend auf "objektiviertem Wissen", d.h., auf gesellschaftlich und wissenschaftlich ausgehandeltem und interpersonal bestätigtem Wissen, werden deduktiv-nomologisch Modelle entwickelt, die dann auf Passung mit einem intendierten System[14] geprüft werden.

Folgende forschungsleitende Fragen werden im Rahmen der Arbeit adressiert, auf deren Basis im späteren Verlauf die Hypothesen der Theorie formuliert werden:

1. Was ist Management?

2. Was sind Anforderungen an standardisierte Management-Schnittstellen in Aktorik-Subsystemen aus Stakeholder-Sicht?

3. Welche Management Daten- und Funktionen werden von existenten Protokollen bereits zur Verfügung gestellt?

4. Wie lassen sich standardisierte Management-Schnittstellen auf bestehende (heterogene) Systeme aufsetzen?

5. Welche existenten und zusätzlichen Funktionen eines Aktorik-Subsystems bzw. dessen Komponenten können durch eine integrierte Management-Infrastruktur übernommen werden?

6. Welche (positive als auch negative) Nebeneffekte können durch den Einsatz einer integrierten Management-Infrastruktur in einem Aktorik-Subsystem entstehen?

7. Ist die Übertragung der Management-Daten im laufenden Betrieb des Systems möglich (Online-Management)?

Folgende Punkte sind nicht Ziele dieser Arbeit bzw. werden von dieser nicht adressiert:

- ein Businessplan bzw. Geschäftsmodell mit Gewinnorientierung

- ein technisches Whitepaper über Management-Infrastrukturen

- eine Use-case Beschreibung einer Management-Technologie

- eine Bewertung des Effekts des Einsatzes von Management-Technologien

---

[14]Wie bereits eingangs erwähnt, wird in dieser Arbeit exemplarisch ein Aktorik-Subsystem als intendiertes System herangezogen.

1.4 Vorgehensweise

Die Arbeit verfolgt einen ganzheitlichen analytischen Ansatz, da verschiedene Management-Standards als auch ITS-Systemarchitekturen und -Protokolle betrachtet werden. Das in Abbildung 1.1 dargestellte *Untersuchungsdesign* zeigt in grafischer Form die Abfolge und Vernetzung die Hauptteile der Arbeit. Die detaillierte *Gliederung* der Arbeit stellt sich folgendermaßen dar:

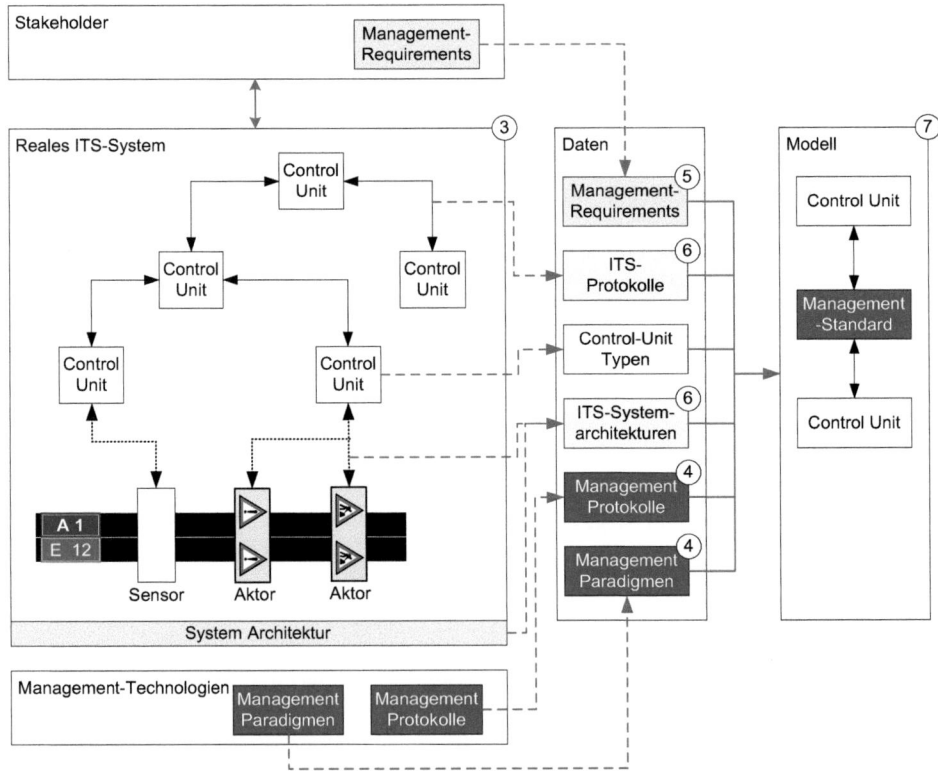

Abbildung 1.1: Untersuchungsdesign

Kapitel 2 beschreibt die verschiedenen wissenschaftlichen Grundpositionen und begründet die Methoden/Positionswahl für diese Arbeit. Weiters wird hier die disziplinäre Einordnung der Arbeit erörtert.

Kapitel 3 gibt einen Überblick über das System "ITS" und seine Teilsysteme. Beginnend mit einem historischen Einstieg in das Thema und der Einführung von Grundbegriffen wird hier die für die Theoriebildung relevante Abgrenzung des realen Systems zur intendierten Anwendung im Forschungsdesign durchgeführt.

Kapitel 4 gibt einen Überblick über Management-Begriffe (Network-/System-/Enterprise-Management) und verfügbare Management-Standards. In Kapitel 4 wird die forschungsleitende Frage 1) beantwortet.

Kapitel 5 definiert die Management-Requirements für den intendierten Anwendungsbereich eines Aktorik-Subsystems aus Stakeholder-Sicht. In Kapitel 5 wird die forschungsleitende Frage 2) beantwortet.

Kapitel 6 gibt den Überblick über ITS-Systeme auf Netzwerk- und Protokollebene. Die im Systemüberblick (Kapitel 3) definierten Teilsysteme und deren Komponenten werden genauer spezifiziert (welche Controller werden verwendet; welche Voraussetzungen für Management sind vorhanden; welche Protokollstandards und quasi-Standards kommen zum Einsatz). Eine Analyse, welche Management Daten- und Funktionen von den Systemkomponenten bereits zur Verfügung gestellt werden, wir durchgeführt. In Kapitel 6 wird die forschungsleitende Frage 3) beantwortet.

Kapitel 7 führt, ausgehend von Management-Requirements in der ITS-Domain (Kapitel 6), die Erkenntnisse aus Kapitel 4 und 5 in einer Modellierung zusammen. Hier finden sich auch die Übergänge zwischen OSI- und IP-Modellen der einzelnen Management-Standards wieder, um diese auf die unterschiedlichen ITS-Systemarchitekturen anwenden zu können. Die Detailanalyse der verschiedenen Protokoll-Schichten wird im Rahmen dieses Kapitels durchgeführt. In Kapitel 7 werden die forschungsleitenden Fragen 4), 5) und 6) beantwortet.

Kapitel 8 simuliert die kritischen Teile der Management-Konzeption mit dem Ziel, etwaige Probleme bereits vor der praktischen Umsetzung in ein Gestaltungsdesign zu vermeiden bzw. über Adaptierung der Modellierung abzufangen. In Kapitel 8 wird die forschungsleitende Frage 7) beantwortet.

Kapitel 9 baut auf den Ergebnissen aus Kapitel 7 und 8 auf und reflektiert auf die initiale Theoriemodellierung bzw. forschungsleitenden Fragen.

Kapitel 10 beschreibt weitere Modellanwendungen und Nutzungspotenziale der Konzeption wie z.B.: die Steuerung von Sensoren und Aktoren mittels Management-Instrumentierung (vgl. NTCIP), ein SLA-basiertes System-Monitoring und -Wartung oder die Auswertung von systemweiten Performancedaten (z.B. Energieverbrauch).

Kapitel 2

Wissenschaftstheoretische Fundierung

2.1 Wissenschaftlich disziplinäre Einordnung der Arbeit

In Kapitel 1.3 wurden die Ziele und Herausforderungen der vorliegenden Arbeit definiert, die in folgenden Punkten zusammengefasst werden können:

1. Analyse des Anwendungsbereichs "ITS-System" betreffend Kommunikation, transportierter Information und Stakeholder-Anforderungen

2. Modellierung des Anwendungsbereichs "ITS-System" aus telematischer Sicht

3. Festlegung von Kriterien zum Einsatz von Management-Standards im intendierten Anwendungsbereich

4. Direktiven zum Einsatz von Management-Technologien zur Unterstützung von Geschäftsprozessen im Anwendungsbereich

Ausgehend von diesen Aufgaben bzw. Zielen kann die Arbeit disziplinär der Wirtschaftsinformatik (WI) zugeordnet werden. Die WI ist, wie in Abbildung 2.1[1] dargestellt, eine Schnittstellendisziplin zwischen den Wirtschaftswissenschaften und der Informatik und lässt sich als Lehre von der *Erklärung* und *Gestaltung* von Anwendungssystemen verstehen (vgl. [103]). Die oben genannten Punkte 1. und 2. stellen in unserem Fall die Erklärungs-, die Punkte 3. und 4. die Gestaltungsfragen unseres Anwendungssystems dar.

In der Fachzeitschrift "Wirtschaftsinformatik" wird der Begriff wie folgend definiert[2]:

"Gegenstand der Wirtschaftsinformatik sind Informations- und Kommunikationssysteme (IKS) in Wirtschaft und öffentlicher Verwaltung. IKS umfassen menschliche und

---

[1]vgl. hierzu http://www.iwi.uni-hannover.de/cms/index.php?option=com_content&task=view&id=17&Itemid=43

[2]vgl. hierzu http://www.wirtschaftsinformatik.de

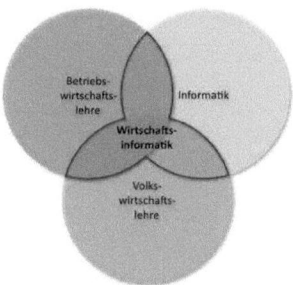

Abbildung 2.1: Die Wirtschaftsinformatik als Schnittstellendisziplin

maschinelle Komponenten (Teilsysteme). Der Begriffsbestandteil *Information* verdeutlicht, dass es wichtigster Zweck der Systeme ist, Aufgabenträger, seien es Menschen oder Maschinen, mit Informationen zu versorgen und das betriebliche Geschehen mithilfe von Informationen zu lenken. Das Wort *Kommunikation* soll aussagen, dass Information kommuniziert werden muss, damit eine Koordination zwischen den Aufgabenträgern gefördert wird.

Im Mittelpunkt stehen die Konzeption, Entwicklung, Einführung, Nutzung und Wartung von IKS sowie generell das Management des Produktionsfaktors Information. Dabei baut der Wirtschaftsinformatiker auf den Informationstechniken auf, die von Fachleuten anderer Disziplinen (Mathematik, Physik, Elektrotechnik, Informatik) entwickelt und in kurzen Abständen weiterentwickelt werden".

Im Kontext der gegebenen Definition ist die zu transportierende Management-Information als die Informationskomponente, die ITS-Protokolle und -Struktur(en), die die Komponenten des ITS-Systems miteinander verbinden, als die Kommunikationskomponente anzusehen. Der Aufgabenträger kann zum einen eine Management-Station im Falle einer automatisierten Prozedur (z.B. automatische Rekonfiguration von Komponenten im System), zum anderen eine Person, wie ein Operator sein, der beispielsweise Servicepersonal vor einem Einsatz im Feld mit einem detaillierten Fehlerreport versorgt (z.B. welche Ersatzteile sind notwendig, um eine Störung zu beheben). Die Information wird dahingehend zu einem kritischen Produktionsfaktor, da deren Verfügbarkeit (wie an dem zuvor genannten Beispiel leicht erkennbar) ausschlaggebend für die effiziente Durchführung nachgelagerter Aufgaben sein kann.

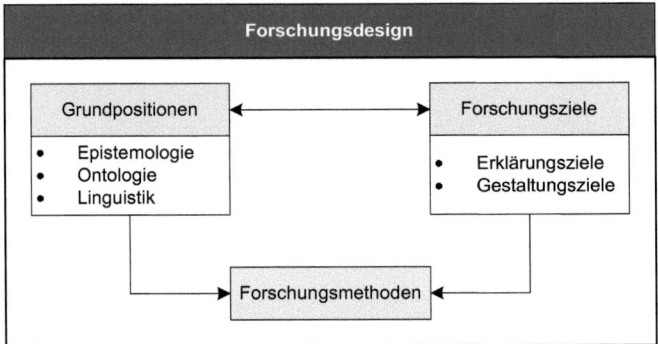

Abbildung 2.2: Entscheidungsparameter des Entwurfs eines Forschungsdesigns nach Singer et.al [136]

2.2 Forschungsdesign

Im Mittelpunkt eines *Forschungsdesigns* (Abbildung 2.2) steht die Wahl der Forschungsmethode, die von der Positionierung des Forschenden in Bezug auf fundamentale epistemologische, ontologische und linguistische Fragestellungen abhängig ist. Darüber hinaus prägt die Formulierung von Erklärungs- und Gestaltungszielen die Selektion der Forschungsmethode. [3] *Epistemologie* (vgl. [129]) bezeichnet dabei, entsprechend den griechischen Wurzeln 'episteme' (Erkenntnis, Wissen) und 'logos' (Lehre), den Begriff der *Wissens-Lehre*, d.h., wie neue Erkenntnisse gewonnen werden können. *Ontologie* (vgl. [105]), vom griechischen *on* (seiend) und *logos* (Lehre), bezeichnet die *Lehre vom Sein*, d.h., was das Wesen der Realität ausmacht. *Linguistik* (vgl. [105]) bezeichnet die Wissenschaft, die die Sprache in ihren vielfältigen Ausprägungen, die Modalitäten ihres Erwerbs und Gebrauchs, ihre Funktionen für den Menschen unter individuellen und sozialen Gesichtspunkten erforscht.

Je nach Vorgehensweise können entweder die definierten Grundpositionen die Zielformulierung oder vice versa beeinflussen (vgl. [15]). Der Zusammenhang der entscheidenden Parameter des Forschungsdesigns, d.h., zwischen wissenschaftlichen Grundpositionen, Zielen des Forschungsvorhabens und der daraus resultierenden Methoden sind in Abbildung 2.3 dargestellt. Um die Grundposition des eigenen Forschungsprojektes besser einordnen zu können, ist von besonderer Relevanz, die Positionierung der zugrundeliegenden Wissenschaftsdisziplin(en) zu beleuchten. Darauf aufbauend kann folglich die eigene Position transparent gemacht werden (vgl. [109]).

---

[3]Hierzu eignet sich beispielsweise die Klassifikation nach Fritz [48].

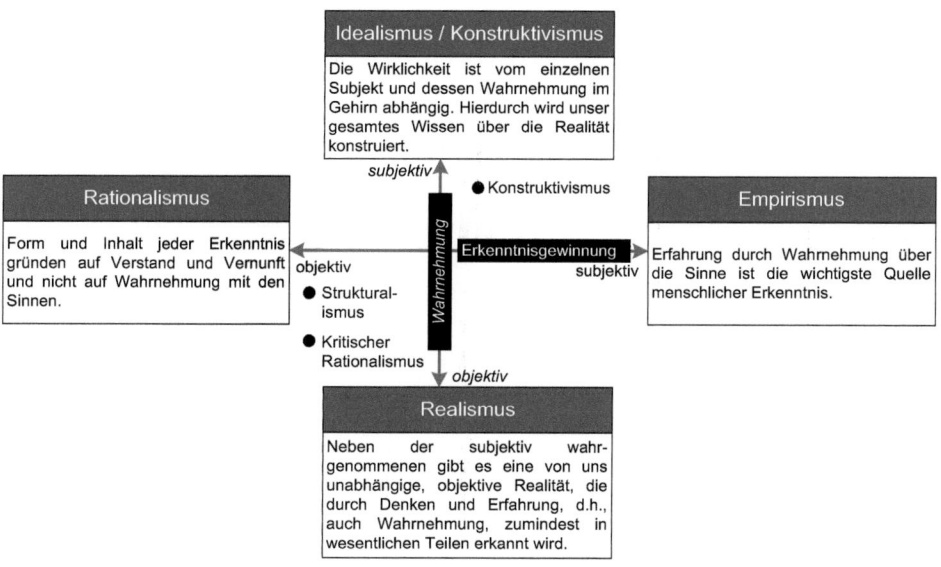

Abbildung 2.3: Erkenntnistheoretische Grundpositionen nach Singer et.al [136]

2.3 Erkenntnistheoretische Grundpositionen

Um die eigene Position im Hinblick auf wissenschaftliche Programmatiken zu bestimmen und so eine Einordnung der wissenschaftlichen Arbeit zu ermöglichen, wird an dieser Stelle ein Überblick über die Grundrichtungen der Erkenntnisgewinnung[4] gegeben. Die in Abbildung 2.3 dargestellten vier *erkenntnistheoretischen Grundpositionen* werden nach zwei Dimensionen und deren Ausprägung (objektiv und subjektiv) unterschieden: Die horizontale Dimension stellt hierbei die *Möglichkeit der Erkenntnisgewinnung* (epistemologische Position), die vertikale Dimension die *Realität und ihre Wahrnehmung* (ontologische Position) dar.

In der *epistemologischen Position* stehen seit Descartes und Locke Rationalismus und Empirismus einander gegenüber. Wie von Kamlah und Lorenzen (vgl. [86]) erläutert, setzen die Rationalisten die Tradition eines christlichen Platonismus fort, nach dessen Lehre der Mensch als Gottes Ebenbild die Gedanken des Schöpfers, ausgehend von angeborenen, ihm ursprünglich mitgegebenen "Ideen" (Begriffen) oder "Prinzipien" (Sätzen), nachzudenken vermag. Ein vollkommenes Wesen, so schloss Descartes, würde den Menschen nicht so erschaffen, dass seine Sinne und seine Vernunft ihn systematisch täuschten (vgl. [97]). Über Leibniz und Kant hinaus hat sich dieser

---

[4]Einen guten Überblick geben hierzu Singer et.al [136].

Rationalismus nicht behauptet, indem ihm der Erfolg allgemein überzeugender Erkenntnisgewinnung versagt blieb. Die neue Situation der Vernunft seit 1600[5] gibt hingegen die Position auf, sich auf einen offenbarenden Gott stützen zu können, und macht stattdessen das zweifelnd fragende Subjekt selbst zum Ausgangspunkt des Denkens. Form und Inhalt allen Wissens liegt somit primär in Verstand und Vernunft des Subjekts begründet. Der Empirismus als die gegenläufige epistemologische Position ist Galileis Leitidee. Sie räumt Beobachtungen, Messungen und Experimenten eine Vorzugstellung gegenüber spekulativen Ideen und Dogmen ein (vgl. [108]). Die Sinneserfahrung ist dabei die alleinige oder zumindest wichtigste Erkenntnisquelle. Klassischer Empirismus und klassischer Rationalismus sind sich darin gleich, dass beide an Quellen der Wahrheit glauben: Der Empirismus sieht sie in der Beobachtung, der Rationalismus in der Vernunft.

In *ontologischer* Hinsicht unterscheiden wir die subjektive Position des Idealismus und die objektive Position des Realismus. Idealismus und Realismus schließen einander dabei aus. Der Idealismus verleugnet die Erkennbarkeit einer Subjekt-unabhängigen Realität. Er glaubt, dass wir das, was unser Geist uns vor unserem inneren Auge als Wirklichkeit konstruiert, für wahr nehmen müssen oder als nur konstruierte Welt, da wir über die Realität nichts Wahres erfahren können oder sie vielleicht nicht einmal vorhanden ist. Der Idealist glaubt, die Eingangskanäle von der Außenwelt zur Innenwelt seien das einzig Reale. Er stützt sich daher auf seine Sinneswahrnehmungen und direkte Beobachtungen und hält all das für eine Art unmittelbare Erkenntnis. Der Idealist muss daher nicht suchen und kann nicht irren, da das einzig Sichere und Unbezweifelbare, das wir haben, die Sinneswahrnehmungen sind. Der Realist hingegen glaubt, es gebe eine reale Außenwelt und versteht die Eingangskanäle als Teil eines Erkenntnisapparates, mit dem wir über diese Welt etwas erfahren können. Der Realist versteht "Gegebenes" und "Unmittelbares" als Produkt des komplexen Datenverarbeitungsapparates "Gehirn". Er versteht, warum wir Erkenntnis suchen müssen und dabei irren (vgl. [108])[6].

Die epistemologische Position, dass ein objektives Erkennen möglich sei, ist notwendigerweise mit der ontologischen Position der Existenz einer objektiven Welt verbunden. Die epistemologisch idealistische Position hinsichtlich des Verhältnisses von Erkenntnis und Gegenstand determiniert demgegenüber keine bestimmte ontologische Position. Die in weiterer Folge relevanten wissenschaftstheoretischen Grundpositionen (Konstruktivismus, kritischer Rationalismus und Strukturalismus) sind in Abbildung 2.3 den jeweiligen Quadranten zugeordnet.

Wie der Diskurs verschiedener Fachvertreter der Wirtschaftsinformatik in [132] zeigt, ist die Grundposition der *Wirtschaftsinformatik* je nach Anwendungsbereich und Ausrichtung unter-

---

[5]d.h., seit dem ersten eklatanten Erfolg einer neuen Physik.
[6]Die Realitätsdiskussion im wissenschaftlichen Diskurs wird oftmals als "Scheinproblem" dargestellt:
"Wirklich-sein heißt im empirischen Sinn eingeordnet-sein in das eine raum-zeitliche System des intersubjektiv Feststellbaren. Ob dies nur eine gedankliche Konstruktion ist, oder ob ihm eine an sich bestehende absolute Realität entspricht, diese Frage kann man gar nicht stellen. Es ist die Frage nach seiner "transzendentalen Identität oder Realität" eine metaphysische Frage". Vgl. hierzu [160] S162 ff.

schiedlich: Gadenne befürwortet eine empirische Ausrichtung der Wirtschaftsinformatik, deren Hauptaufgabe in der Erklärung von Sachverhalten beim Einsatz von Informationssystemen bestehen könnte und schlägt daher den *Kritischen Rationalismus* als Grundsatzposition vor. Janich hingegen sieht die Rekonstruktion der Handlungspraxis als Ausgangspunkt einer wissenschaftlichen Forschung, wobei er – wie bei den Erlanger Konstruktivisten – die herausragende Rolle der Sprache betont. Frank erachtet den *Kritischen Rationalismus* für die Wirtschaftsinformatik nur unter erheblichen Einschränkungen als geeignet. Aufgrund seiner Analysen befürwortet er vor allem die ethischen Grundprinzipien des Kritischen Rationalismus. Ortner zeigt auf, wie die metatheoretischen Positionen des *Konstruktivismus* in der Wirtschaftsinformatik praktisch umgesetzt werden können. Mit seinem materialsprachlichen Ansatz hat Ortner eine Methode entwickelt, die bei der Anforderungsanalyse im Rahmen der Informationssystementwicklung eine sprachliche Rekonstruktion der Begriffe des Gegenstandsbereichs vornimmt, wie sie auch seitens des Erlanger Konstruktivismus vorgesehen ist. Im Vergleich dazu gilt lt. Büttemeyer der *Konstruktivismus* als wissenschaftstheoretischer Orientierungsrahmen für die *Informatik* (vgl. [24]).

Aus dem o.a. methodologischen Diskurs heraus resultieren die in den nachfolgenden Unterkapiteln kurz beschriebenen Paradigmen (Konstruktivismus, kritischer Rationalismus, Strukturalismus) als Kandidaten für die vorliegende Problemstellung.

2.3.1 Konstruktivismus

Der Methodenansatz des Konstruktivismus wird seit dem Anfang des 20. Jahrhunderts vertreten und etablierte sich in den letzten Jahrzehnten in der Gestalt der *Erlanger Schule* um Paul Lorenzen (1915 - 1994). Die konstruktivistische Wissenschaftstheorie (siehe [86], [96]) charakterisiert sich durch folgende zwei Hauptmerkmale:

- die These, dass sich Wissenschaft aus dem Praxisbereichen des täglichen Lebens durch einen Prozess der "Hochstilisierung alltäglichen Redens und Handelns" entwickeln[7].

- die Forderung nach konstruktiver Gegenstandskonstitution, Sprachverständigung und Aussagenbegründung[8].

---

[7] "Wir beginnen also inmitten und mit Hilfe unserer Umgangssprache, aber auch der Aufbau des wissenschaftlichen Sprechens wird nicht ganz und gar der Zirkelbewegung entraten. Jedoch die Einführung derjenigen Wörter, die eines nach dem anderen den Aufbau tragen werden, soll von jetzt an zirkelfrei a primis fundamentis versucht werden." (vgl. dazu Logische Propädeutik von Kamlah und Lorenzen, S27, [86])

[8] "Indem wir die Prädikation als eine sprachliche Handlung rekonstruieren, gehen wir sogleich insofern entschieden konstruierend vor, als wir nicht etwa deskriptiv beliebige Möglichkeiten der Aussage analysieren, sondern uns auf die Elementaraussage beschränken und ihre Form normieren, um hernach handliche Elemente zur Konstruktion komplizierter Aussagen zur Verfügung haben." (vgl. dazu Logische Propädeutik von Kamlah und Lorenzen, S84, [86])

Die Konstruktivisten vertreten die Auffassung, dass die Wissenschaft kein Selbstzweck ist, sondern neben den wissenschaftsinternen Zielsetzungen auch "gesamtgesellschaftliche Zwecke" verfolgt, wie etwa "eine bessere Bewältigung unseres Lebens" zu ermöglichen (vgl. [96]). Sie soll vorgefundene Probleme der Lebenspraxis aufgreifen und einer allgemeinen Lösung zuführen sowie Fähigkeiten und Fertigkeiten der täglichen Lebenspraxis theoretisch stützen und verbessern. Die *Konstruktion* ist somit ein Verfahren, das Sachverhalt und Behauptungen aus vorgegebenen oder bereits konstruierten Elementen mit Hilfe bestimmter Konstruktionsmittel schrittweise, zirkelfrei und nachprüfbar zu erzeugen erlaubt. Auch die Aufstellung wissenschaftlicher Sätze und deren Begründung soll nach konstruktivistischer Auffassung schrittweise erfolgen (vgl. [24]).

Im Gegensatz zu realistischen Ansätzen[9] nimmt der Konstruktivismus eine idealistische ontische Position einer Realitätskonstruktion "im Zuge der Beobachtung von Effekten unseres eigenen Handelns" ([83]) ein.

Die epistemologische Position des Konstruktivismus ist durch eine Abkehr von der Objektivität charakterisiert. Dabei steht weniger die Verlagerung des Erkennens ins Subjekt als das konstruktivistische Hauptziel, Metaphysik von wirklicher Wissenschaft zu unterscheiden im Vordergrund[10]. Vielmehr soll neue Erkenntis auf einem eindeutigen Forschungsweg methodisch zirkelfrei und nachprüfbar, basierend auf bestehenden Erkenntnissen bzw. Begrifflichkeiten, konstruiert werden.

2.3.2 Kritischer Rationalismus

Eine mit dem Konstruktivismus konkurrierende wissenschaftstheoretische Grundposition nimmt der *Kritische Rationalismus* ein. Diese Programmatik wurde von Karl Popper (1902 - 1994) in der kritischen Auseinandersetzung mit dem logischen Empirismus des Wiener Kreises um Rudolf Carnap (1891 - 1970) entwickelt und manifestiert sich in dessen Hauptwerk "Logik der Forschung" [120].

Ausgehend von der Kritik am Induktivismus ist den Vertretern dieser Schule die Überzeugung gemein, dass alle Erkenntnis stets vorläufigen Charakter hat und sich in empirischen Prüfungen

---

[9]in realistischen (bzw. rationalistischen - wie bereits ausgeführt ist eine rationalistische epistemologische Position einer objektiven Erkenntnis notwendigerweise mit einer objektiven ontologischen Grundposition verbunden - vgl. Abbildung 2.3) Wissenschaftstheorien stellt die ontische Position einer absoluten, subjektunabhängigen Realität die Bezugsgröße der Erkenntnis dar.

[10]hier spiegelt sich auch die Beeinflussung des Konstruktivismus durch den Wiener Kreis um Rudolf Carnap wider. Dieser bezeichnete die philosophische Diskussion über die Entgegensetzung von Realismus und Idealismus als Scheinproblem. Er nennt dazu folgendes Beispiel: "Wenn zwei Geographen, ein Realist und ein Idealist, ausgeschickt werden, um die Frage zu entscheiden, ob ein an einer bestimmten Stelle in Afrika vermuteter Berg nur legendär sei oder wirklich existiere, so kommen sie beide zu dem gleichen (positiven oder negativen) Ergebnis. Denn für den Begriff der Wirklichkeit in diesem Sinn ... liegen in Physik und Geographie bestimmte Kriterien vor, die unabhängig von dem philosophischen Standpunkt des Forschers eindeutig zu einem bestimmten Ergebnis führen. ... Die Wahl des philosophischen Standpunktes hat also keinen inhaltlichen Einfluss auf die Naturwissenschaft." (vgl. [26] S34ff)

bewähren muss[11]. Auch wenn man noch so viele Einzelfälle beobachtet hat, bleibt immer die Unsicherheit, inwieweit die Konklusion als wahr zu gelten hat. Wenn aber nur ein einziger Fall auftritt, der das kontradiktorische Gegenteil zu jedem einzelnen der bisher beobachteten bestätigten Einzelfälle darstellt, dann ist mit einer zwingenden Eindeutigkeit klar, dass die bis dahin bestätigte Induktion falsch ist. Diesen Umstand hat sich Popper zunutze gemacht und darauf aufbauend eine Wissenschaftsphilosophie entwickelt, die er als *kritischer Rationalismus* oder *Falsifikationismus* bezeichnet. Demnach ist nicht mehr das Induktionsprinzip das Abgrenzungskriterium[12], sondern ein Vorgehen, das zur endgültigen Widerlegung von Theorien führen kann. Poppers Regeln sollen den Fortschritt der Wissenschaft beschleunigen, indem sie zur Aufstellung von kühnen Vermutungen ermuntern. Der Wissenschaftler ist dabei jedoch angehalten, die Bedingungen für die Gültigkeit seiner Theorie anzugeben. Gelingt es nicht unter diesen Bedingungen die Theorie zu *falsifizieren*, dann gilt sie als *bewährt*, was nicht bedeutet, dass sie wahr ist. Die Bewährung vollzieht sich im Zusammenspiel spekulativen Theoretisierens mit Versuchen, die Theorie in deduktiven Verfahren (vgl. [13], S15ff.) unter Rückgriff auf empirische Befunde zu falsifizieren. Die Möglichkeit zur Falsifikation dient zugleich als Abgrenzungskriterium zwischen wissenschaftlich-rationalen und metaphysischen Sätzen (vgl. [105]).

Der kritische Rationalismus nimmt eine realistische ontische Position einer Realitätskonstruktion ein. Die Existenz einer objektiven Realität wird damit anerkannt.

Die epistemologische Position des kritischen Rationalismus ist durch Rationalität charakterisiert. Erkenntnisse gründen auf Verstand und Vernunft, wobei ihre empirische Überprüfung (Falsifikation) auch Beobachtung und Erfahrung einschließt.

2.3.3 Strukturalismus

Der wissenschaftstheoretische Strukturalismus[13] (engl. auch "non-statement view", nicht-propositionale Konzeption) wurde nach Vorarbeiten von Patrick Suppes u.a. von Joseph D. Sneed begründet[14] und von Wolfgang Stegmüller (1923 - 1991) und seinen Mitarbeitern zu einem einflussrei-

---

[11] "So ist die empirische Basis der objektiven Wissenschaft nichts "Absolutes"; die Wissenschaft baut nicht auf Felsengrund. Es ist eher ein Sumpfland, über dem sich die kühne Konstruktion ihrer Theorien erhebt; sie ist ein Pfeilerbau, dessen Pfeiler sich von oben her in den Sumpf senken - aber nicht bis zum natürlichen "gegebenen" Grund. Denn nicht deshalb hört man auf, die Pfeiler tiefer hineinzutreiben, weil man auf eine feste Schicht gestoßen ist: wenn man hofft, dass sie das Gebäude tragen werden, beschließt man, sich vorläufig mit der Festigkeit der Pfeiler zu begnügen" (vgl. [120]).
[12] zur Einfachheit wird an dieser Stelle nicht zwischen den normativen Abgrenzungskriterien wissenschaftlicher Theorien unterschieden. Für Details vgl. die Kritik des Abgrenzungskriteriums in [118].
[13] der Strukturalismus von dem hier die Rede ist, hat kaum etwas mit dem Strukturalismus zu tun, der in den 1960er und 70er Jahren die französische Philosophie geprägt hat. Er hat auch sehr wenig mit der strukturalistischen Methodologie zu tun, die sich in einem gewissen Umfang in der Linguistik und der literarischen Interpretation weltweit etabliert hat (vgl. [106])
[14] wir halten uns an dieser Stelle an die Angaben von Mittelstraß (vgl. [105])). Einer Fortsetzung des mengentheoretischen Ansatzes widerspricht Moulines in seinem Werk "Die Entwicklung der modernen Wissenschaftstheorie".

chen metawissenschaftlichen Forschungsprogramm ausgebaut. In der strukturalistischen Auffassung besteht eine wissenschaftliche Theorie nicht – wie bei R. Carnap, C.G. Hempel und E. Nagel – aus einer Menge von Sätzen, sondern ist durch eine mathematische Struktur gekennzeichnet. Diese wird durch die Angabe ihres Fundamentalgesetzes und ggf. weiterer Spezialgesetze explizit als ein mengentheoretisches Prädikat definiert. Dabei bedient sich der Strukturalismus nicht (wie R. Carnap) einer formalisierten Objektsprache, sondern begnügt sich mit der Darstellung in den Begriffen der informellen Mengenlehre. Neben der mathematischen Struktur einer Theorie, dem sogenannten *Theoriekern*, ist für den Strukturalismus der Bereich der empirischen Anwendungen die zweite Determinante einer Theorie. Die Menge I der *intendierten Anwendungen* von T, die in nicht-theoretischer Sprache beschrieben wird. Als Anwendungen von T werden scharf umrissene, 'lokale' Systeme, z.B. das Planetensystem, fallende Körper in Erdnähe, etc. isoliert (vgl. [105]).

Die *empirische Behauptung* von T besteht in einer einzigen Aussage[15]. Sie besagt, dass alle intendierten Anwendungen derart mit Werten für die theoretischen Größen vervollständigt werden können, dass zugleich alle Gesetze und alle Constraints von T erfüllt sind.

Gelingt eine Erweiterung der Menge intendierter Anwendungen, ohne den Kern des Basiselementes zu verändern, so wird reiner *empirischer Fortschritt* erzielt. Reiner *theoretischer Fortschritt* liegt hingegen bei einer Verschärfung des Fundamentalgesetzes oder der Nebenbedingungen ohne Veränderung der Menge intendierter Anwendungen vor (vgl. [140]).

Der Strukturalismus nimmt eine realistische ontische Position einer Realitätskonstruktion ein. Er legt dabei einen besonderen Wert auf konkrete Anwendungen des allgemeinen Konzepts auf die "real existierenden" (intendierten) Systeme.

Die epistemologische Position des Strukturalismus ist durch Rationalität charakterisiert. Erkenntnisse gründen auf Verstand und Vernunft in Form von logischen Tests der Theorie unter deren Modellen und Datenstukturen.

2.3.4 Fazit: Positionierung der Arbeit

Wie von Gadenne in [132] ausgeführt, geht es in der Wirtschaftsinformatik nicht um Grundlagenforschung, sondern um Fragen der Gestaltung von Wirklichkeit im Bereich der IKT-Systeme:.

> "In der Wirtschaftsinformatik geht es nicht um Grundlagenforschung, sondern um Fragen der Gestaltung von Wirklichkeit im Bereich der Informations- bzw. Kommunikationssysteme in Wirtschaft und Verwaltung. Dies bedeutet, dass das Ziel dieser Disziplin nicht in der Konstruktion solcher Theorien besteht. ... Aus kritisch-rationaler Sicht erfordert allerdings auch die Lösung von Gestaltungsproblemen den Einsatz von Theo-

---

S159ff, [106]

[15]diese stellt eine strukturalistische Umformung des Ramsey-Satzes dar.

rien – wobei zunächst offen ist, welcher Natur diese sind und wo sie herkommen" [132], S12.

Dies bedeutet, dass das Ziel dieser Disziplin nicht in der Konstruktion von erkenntnisorientierten Theorien besteht, sondern vielmehr die Lösung von Gestaltungsproblemen verfolgt. Gadenne führt weiters aus:

> "Durch logische oder mathematische Analyse allein kann dies nicht geschehen, denn die rein formale (nicht-empirische) Analyse kann nichts darüber aussagen, was sich ergeben wird, wenn Menschen ein technisches System zur Bearbeitung bestimmter Aufgaben benutzen. Dies macht empirische Forschung in der Wirtschaftsinformatik notwendig. Hierbei wird es oft nicht möglich sein, spezielle Experimente durchzuführen. Man ist vielmehr auf Fälle angewiesen, in denen die betreffenden Systeme in Wirtschaft oder Verwaltung zur praktischen Anwendung gelangen" [132], S14.

Zur Argumentation von Gadenne ist an dieser Stelle kritisch anzumerken, dass nicht jede wirtschaftsinformatische Fragestellung auf den Effekt des Benutzers des Systems abzielen muss.

Der von Patig gewählte Ansatz einer strukturalistischen Rekonstruktion der allgemeinen Systemtheorie nach Luhmann als Theorieelement der Wirtschaftsinformatik scheint für spezielle Anwendungen der Wirtschaftsinformatik zwar zweckmäßig, stellt als alleinstehendes Fundament jedoch eine unnotwendige Einschränkung auf Anwendungen, die auf einer System-Umwelt-Beziehung basieren, dar.

Um die Wissenschaftlichkeit dieser Arbeit sicherzustellen, wird im Folgenden ein kritisch rationalistisches Paradigma mit strukturalistischer Formalisierung verfolgt. Die Paradigmenwahl begründet sich darin, dass die Komplexität des harten Kerns der Theorie eine Darstellung in Form eines (informellen) mengentheoretischen Prädikats zulässt. Im Gegensatz zu einer natürlichsprachlichen Beschreibung kann die Theorie somit schärfer formuliert werden. Weiters kommt ein modellistisches Theoriefundament einer Systemmodellierung – welche in der Wirtschaftsinformatik in vielen anderen Bereichen oftmals als Methodik angewandt wird – entgegen. Verschiedene heutige als auch zukünftige ITS-Systeme verschiedenster Ausprägung können so als intendierte Anwendungen auf Passung mit der formulierten Theorie getestet werden.

2.4 Initiale Theoriemodellierung

Basierend auf dem in Kapitel 2.3.3 beschriebenen wissenschaftlichen Programm des Strukturalismus (vgl. [13]) wird im Folgenden die wissenschaftliche Theorie der ggst. Aufgabenstellung als mengentheoretisches Prädikat formuliert.

In einer Theorie T ist eine *Modellklasse* von T einer Klasse von Strukturen, die durch einige Hypothesen charakterisiert wird. Modelle sind dabei "begriffliche Bilder", Konstrukte oder Repräsentanten realer Systeme ([13], S108ff). Die im Rahmen der Theorie erforschten realen Systeme werden als *intendierte Systeme*[16] der Theorie bezeichnet. In gegenständlicher Arbeit sind dies Ausprägungen von ITS-Systemen verschiedener Größe, Typs und Komplexität. Die Theorie ist somit offen für eine Anwendung auf heutige als auch zukünftige Systemausprägungen. Wird das untersuchte System erfolgreich unter die Theorie subsumiert, entsteht akkumulativer Fortschritt durch Expansion der intendierten Anwendungen der Theorie (vgl. [13], S53).

Als erste intendierte Anwendung[17] der Theorie wird das Aktorik-Subsystem eines Verkehrsleitsystems angenommen. Die Struktur der Theorie wird durch Systemanalyse (vgl. [13], S80ff) dieser ersten intendierten Anwendung gewonnen.

Wir verzichten bei der Definition des Modells der Theorie auf eine formal explizite Formulierung zugunsten besserer inhaltlicher Verständlichkeit. Im Folgenden wird die initiale Theoriemodellierung für die zu bearbeitende Problemstellung gegeben. In den nachfolgenden Kapiteln wird immer wieder auf diese Modellierung Bezug genommen und die Theorie im Bedarfsfall adaptiert bzw. erweitert. Am Ende der Arbeit (Kapitel 9) wird mit den gewonnenen Erkenntnissen auf die initiale Theoriemodellierung reflektiert.

Die Struktur x ist ein managebares ITS-System, genau dann wenn es MP, P, C, NP, MF, GW, TU, FP[18] gibt, sodass gilt: $x = \langle MP, P, C, NP, MF, GW, TU, FP \rangle$ und

1. MP, P, C, NP, MF, GW, TU, FP nicht leere, endliche Mengen sind

2. *demand_mf* eine Relation folgenden Formats zwischen Elementen von C und MF ist: c erfordert mf (wobei c ∈ C und mf ∈ MF) (d.h., der Steuerungstyp c erfordert die Unterstützung der Management-Funktion mf)

3. *supp_mf* eine Relation folgenden Formats zwischen Elementen von P und MF ist: p unterstützt mf (wobei p ∈ P und mf ∈ MF)

4. *supp_np* eine Relation folgenden Formats zwischen Elementen von P und NP ist: p unterstützt np (wobei p ∈ P und np ∈ NP)

---

[16] Anstatt des Begriffs des intendierten Systems wird auch oftmals der Begriff der *intendierten Anwendung* synonym verwendet.

[17] dies entspricht der Menge I_0 von sogenannten *pragmatischen Fällen* auf die die Theorie zutreffen soll. Diese werden vom Erfinder der Theorie zu Beginn der Modellierung explizit angegeben.

[18] MP... Management-Protokolle, P... ITS-Protokolle, C... Steuerungstypen, NP.. Network-Layer Protokolle, MF.. Management-Funktionen, GW.. Gateway, TU.. Tunnel, FP.. Feldbus-Protokolle.

5. *Mandatory_MF* ⊆ MF: $mf \in \textit{Mandatory\_MF} \Leftrightarrow c\ \textit{demand\_mf}\ mf$ (wobei c ∈ C und mf ∈ MF) (d.s. mandatory Management-Funktionen, die von den Steuerungstypen des Systems unterstützt werden müssen)

6. *Optional_MF* ⊆ MF: $mf \in \textit{Optional\_MF} \Leftrightarrow c\ \textit{demand\_mf}\ mf$ (wobei c ∈ C und mf ∈ MF) (d.s. optionale Management-Funktionen, die von den Steuerungstypen des Systems unterstützt werden können)

7. $\Gamma(p, X) = |A|$, wobei gilt $mf \in A \Leftrightarrow p\ \textit{supp\_mf}\ mf$ und mf ∈ X (d.i. die Funktion der unterstützten Management-Funktionen aus der Menge X (mandatory|optional|desirable Management-Funktionen) des Protokolls p)

8. $\Delta(p)$ = Nutzdaten (p) (d.i. die Funktion der Nutzdaten des Protokolls p)

9. *supp_mp* eine Relation folgenden Formats zwischen Elementen von MP und P ist: $\Gamma(p, \textit{Mandatory\_MF}) = \Gamma(m, \textit{Mandatory\_MF})$, wobei p ∈ P und mp ∈ MP (d.h., das Protokoll p unterstützt alle mandatory Management-Funktionen des Management-Protokolls mp)

10. *trans_mp* eine Relation folgenden Formats zwischen Elementen von MP und P ist: p transportiert $\Delta(mp)$)

11. Für alle p ∈ P: ($\Gamma(p, \textit{Mandatory\_MF}) = |\textit{Mandatory\_MF}|$) (d.h., alle verwendeten ITS-Protokolle im System unterstützen die mandatory Management-Funktionalitäten)

12. Für alle p ∈ P: p *supp_np* np und np *trans_mp* m (wobei np ∈ NP und m ∈ M) (d.h., alle verwendeten ITS-Protokolle im System unterstützen das gleiche Netzwerk-Protokoll und transportieren das Management-Protokoll mp)

13. Für alle p1, p2 ∈ P: wenn p1 ≠ p2, dann

    (a) gibt es ein gw ∈ GW, sodass mp *supp_mp* p2 (d.h., das Management-Protokoll mp auf das ITS-Protokoll p2 umgesetzt werden kann) oder

    (b) gibt es ein tu ∈ TU, sodass p2 *trans_mp* mp (wobei m ∈ MP) (d.h., das Management-Protokoll m über das ITS-Protokoll p2 transportiert werden kann)

14. Für np ∈ NP: np *trans_mp* mp (wobei mp ∈ MP) (d.h., das verwendete Network-Layer Protokoll im homogenen (Teil-)system transportiert das Management-Protokoll mp)

15. Für fp ∈ FP: fp *trans_mp* mp (wobei mp ∈ MM) (d.h., das verwendete Feldbus-Protokoll im homogenen (Teil-)system transportiert das Management-Protokoll mp)

Die eigentlichen inhaltlichen Hypothesen der Theorie sind 11. bis 15.

Kapitel 3

Intelligent Transportation Systems: Überblick

Kapitel 3 gibt eine Überblick über Intelligent Transportation Systems (ITS) und deren Teilsysteme. Ausgehend von der Begriffsdefinition in Teilkapitel 3.1[1] und der historischen Entwicklung von ITS in Kapitel 3.2 werden die verschiedenen Teilsysteme erörtert. Diese stellen in den nachfolgenden Kapiteln der Arbeit als intendierte Systeme der Theoriemodellierung ein wichtiges Fundament dar.

3.1 Der ITS-Begriff

Der Definition der Research and Innovation Technology Administration (RITA) folgend ist *ITS* ein Überbegriff für fortgeschrittene Automation in Fahrzeugen, die verschiedene Subsysteme bzw. Anwendungsbereiche einschließt:

> "ITS is an umbrella term for advanced automation in mobile vehicles. It includes internal and car-to-car communications systems as well as collision avoidance and crash detection systems. ITS also covers systems that monitor traffic in order to control lights, electronic speed limit signs, reversible lanes and other highway safety components. One of the ultimate and futuristic manifestations of ITS is automatic vehicular guidance, which steers a car by sensors along the road." [123]

Eine alternative Definition für ITS gibt die European Transport Telematics Implementation Coordination Organization (ERTICO), die zusätzlich zur Systemkomponente die Servicekomponente in den Vordergrund rückt:

---
[1]Auf eine detaillierte Erörterung der Abgrenzung des ITS-Begriffes zu verwandten Begriffen wie Verkehrstelematik oder Verkehrsmanagement wird an dieser Stelle nicht eingegangen.

"ITS is the integration of information and communications technology with transport infrastructure, vehicles and users. By sharing vital information, ITS allows people to get more from transport networks, in greater safety and with less impact on the environment." [42]

ITS erfüllt dabei beispielhaft folgende Aufgaben[2]:
- erkennt Gefahren und informiert Verkehrsteilnehmer vor Erreichen der Gefahrenstelle.
- stellt den nötigen Sicherheitsabstand zwischen Fahrzeugen sicher.
- erlaubt Fahrzeugen die direkte Kommunikation untereinander als auch mit der umgebenden Infrastruktur. Die ausgetausche Information ermöglicht dem Fahrer, bessere Entscheidungen betreffend Routenwahl zu treffen und auf Stauwarnungen und Unfälle zu reagieren.
- informiert den Fahrer über lokale Geschwindigkeitsbeschränkungen.
- überwacht den Fahrer auf Anzeichen von Ermüdung und informiert über die Notwendigkeit von Pausen.
- stellt öffentlichen Personen- und Nahverkehr (ÖPNV)-Nutzern Informationen in Echtzeit sowie intelligente Ticketing-Lösungen zur Verfügung.
- integriert ÖPNV in Traffic Management Systeme und ermöglicht auf diesem Weg die Priorisierung von öffentlichen Verkehrsmitteln.
- ermöglicht den Austausch von Informationen zwischen Frächtern und Zollbehörden und somit die Verfolgung von Position und Status von Lieferungen als auch eine effiziente, ökonomische und sichere Routenplanung.
- verbessert die Effizienz von Personen- und Gütertransport und minimiert Staus im Verkehrnetz.
- bietet orts- und zeitunabhängig Reise- und Verkehrsinformation in Echtzeit.

Der Hauptunterschied in den o.a. Definitionen ist in der Differenzierung zwischen *Systems* und *Services* zu suchen: Während RITA in seiner Definition auf die Subsysteme von ITS und deren Interoperabilität (und hier im Speziellen auf den mobilen Bereich) fokussiert, hebt ERTICO den Serviceaspekt für den Verkehrsteilnehmer hervor. Dieser beinhaltet rechtsgültige Information (z.B. maximal erlaubte Höchstgeschwindigkeit) und Verkehrsinformation, wie Stau- und Unfallmeldungen. Zusätzlich dazu können auch (kostenpflichtige) Mehrwertdienste[3], wie Routenoptimierung für Verkehrsteilnehmer und Frächter, Teil eines ITS-Systems sein. Wie aus den Ausführungen erkennbar, existiert eine Vielzahl von Möglichkeiten der Erweiterung des ITS-Funktionsportfolios durch die Verbindung mit Drittsystemen (und umgekehrt)[4]. Diese liefern dem Stakeholder wieder-

---
[2]vgl. hierzu [42]
[3]Beispielsweise können verfügbare Frachten an Quellorten den Frächtern durch Verbindung von Electronic Data Interchange (EDI)- mit ITS-Systemen verfügbar gemacht werden.
[4]siehe dazu auch "Verkehrssystem-Management" bzw. "Kooperatives Verkehrsmanagement" (Anwendungs-ID: 117) in der TTS-A-Datenbank des BMVIT [18].

um einen Mehrwert an Information und folglich höhere Effizienz und Sicherheit im Verkehr. Aus Gründen der Offenheit für zukünftige ITS-Anwendungen wird im Folgenden die Definition von ERTICO als Basis für unsere Überlegungen herangezogen.

3.2 Geschichte von ITS

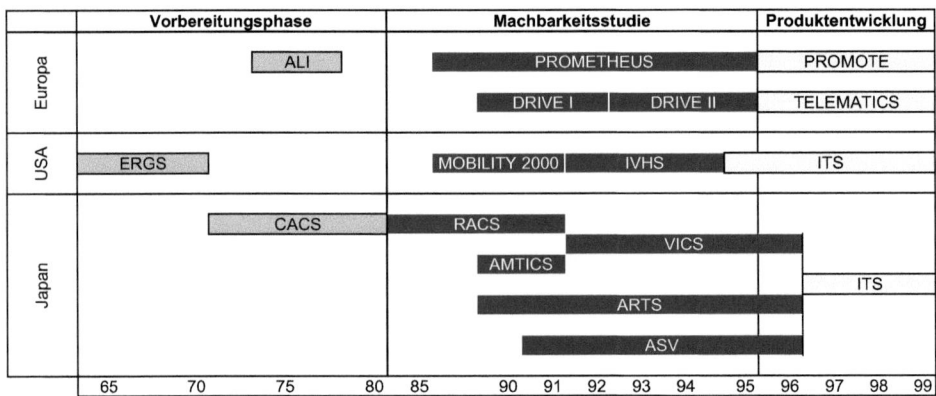

Abbildung 3.1: Intelligent Transportation System (ITS) History Chart

Die Geschichte von ITS geht eng mit der Evolution dessen Subsysteme einher. Obwohl Sussman (vgl. [148]) 1986 mit der Formierung der *MOBILITY 2000* Arbeitsgruppe als die Geburtsstunde von ITS deklariert, versuchen wir einen Anknüpfungspunkt zu finden, der unserem ersten intendierten Anwendungsbereich[5] – dem Aktorik-Subsystem eines Verkehrsleitsystems – näher liegt. Die Beleuchtung der geschichtlichen Entwicklung von ITS ist im Speziellen von Interesse, um die vorherrschende Systemheterogenität verstehen und erklären zu können. Nach Figueiredo (vgl. [47]), sind die wichtigsten Entwicklungen im Bereich der ITS in Europa, den USA und Japan zu suchen und können in 3 Phasen unterteilt werden: *Vorbereitungsphase* (1930-1980), *Machbarkeitsstudie* (1980-1995) und *Produktentwicklung* (ab 1995). Die Entwicklungsphasen in den o.g. Kernregionen sind in Abbildung 3.1 zusammenfassend dargestellt und in den nachfolgenden Kapiteln näher erläutert.

---

[5]auf die Definition der intendierten Anwendungsbereiche wird in Kapitel 3.4 näher eingegangen.

3.2.1 Vorbereitungsphase (1930-1980)

Die Vorbereitungsphase ist die erste Periode der ITS-Entwicklung. Figueiredo behauptet das elektrische Verkehrssignal[6] von 1928 als das erste ITS-System (vgl. [47]) und damit als den Beginn der Vorbereitungsphase. Abweichend von Figueiredo wird an dieser Stelle das System von James Hoge (Abbildung 3.2) als das erste ITS-System angenommen, das bereits im August 1914 in Cleveland installiert wurde. Dies begründet sich darin, dass das System bereits manuell als auch automatisch mittels Timer gesteuert werden konnte. Damit verfügte diese Installation bereits über alle wesentlichen Eigenschaften einer modernen Signalsteuerung (vgl. [107]).

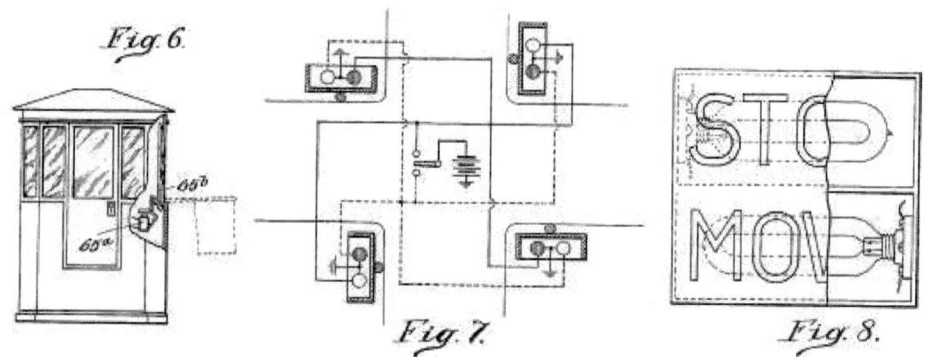

Abbildung 3.2: Schematische Darstellung von Hoge's Verkehrssteuerungssystem

In dieser Phase sind die Technologien jedoch noch nicht ausgereift genug und der Bau neuer Straßen attraktiver als die Investition in die Entwicklung von ITS-Systemen. Im Jahr 1939 wurde am GM Pavillion der Weltausstellung in New York ein Konzept eines Automated Highway Systems (AHSs) vorgestellt. Die ITS-Entwicklung setzte jedoch erst ab 1960 richtig mit den ersten computergesteuerten Signalanlagen in den USA ein.

Ab 1970 wurde in den USA das *Electronic Route Guidance System (ERGS)*[7] entwickelt. Das System kann als ein früher Prototyp heutiger Navigationssysteme betrachtet werden. Parallel dazu wurden in Europa bzw. Japan Systeme zur dynamischen Navigation, namentlich *Autofahrer Leit-*

---

[6]Ein mechanisches System wurde bereits im Jahr 1910 von E.E. Sirrine patentiert (vgl. [137]).

[7]Bei ERGS handelte es sich um ein neuartiges Konzept zur Navigation. Dazu wurden Fahrzeuge und Kreuzungen mit elektronischen Komponenten ausgestattet. Die Zielwahl des Fahrers erfolgte über Codewörter. Diese Codes wurden beim Erreichen einer Kreuzung vom Fahrzeug an die installierten Kreuzungskomponenten übermittelt, decodiert, und die aufgrund eines abgespeicherten Programms berechneten Navigationsinstruktionen zurück an das Fahrzeug übertragen. Die Anweisung für den Fahrer wurde folglich über ein(e) Symbol bzw. Nachricht auf einem Display dargestellt (vgl. [128]).

und Informationssystem (ALI)[8] und *CACS*[9] , entwickelt. Weiters charakterisiert sich diese Phase durch die Einführung des Mikroprozessors und die beginnende Entwicklung von Global Positioning System (GPS) – Technologien, die mittlerweile zu fundamentalen Bestandteilen von ITS-Systemen geworden sind.

3.2.2 Machbarkeitsstudie (1980-1995)

Diese Phase ist durch eine explodierende Zahl an Entwicklungsprogrammen charakterisiert, die sowohl von der Industrie getrieben als auch staatlich gefördert wurden. Diese Programme setzten auf den Konzepten und Technologien auf, die in der Vorgängerphase entwickelt wurden. In Europa wurde beispielsweise das *Program for European Traffic with Efficiency and Unprecedented Safety (PROMETHEUS)*[10] (auch bekannt als E!45) gestartet, ein Forschungsprogramm mehrerer Automobilhersteller aus 6 europäischen Ländern. Partner waren Unternehmen aus der Elektronikindustrie, Universitäten, Forschungseinrichtungen und Verkehrsinstitutionen unter dem Schirm von EUREKA, einem pan-europäischen Netzwerk für marktorientierte, industrielle F&E (vgl. http://www.eureka.be). Ziel des Projekts war die Entwicklung von Konzepten und Lösungen für straßenseitige Verkehrssysteme, die effizienter und umweltschonender sind als auch einen höheren Grad an Sicherheit sicherzustellen vermögen (für Details vgl. [43]). PROMETHEUS startete 1987 und dauerte bis 1995. Mit einer Gesamtinvestitionssumme von 749 Millionen Euro ist es das größte jemals durchgeführte F&E-Projekt im Bereich driverless-cars. Neben PROMETHEUS wurden auch noch andere Programme wie DRIVE I[11, 12], DRIVE II[13], oder COST durchgeführt.

---

[8]ALI ist das deutsche Gegenstück zu Comprehensive Automobile Traffic Control System (CACS). Das von Blaupunkt-Werke, Volkswagenwerke und Heusch/Boesefeld geführte Projekt hatte gleichsam eine Optimierung des Verkehrsflusses durch Datenerfassung und Berechnung von Forecasts zum Ziel. Die Neuheit des ALI-Systems war dabei eine verbesserte Voraussagegenauigkeit durch das Wissen über den Zielort der Fahrzeuge. Nach der Eingabe des Zielortes wurde der Fahrer folgend mit Informationen über den kürzesten Weg zum Ziel informiert. Das System wurde von Mitte 1979 an in einem Feldversuch mit 83 Kreuzungen und 400 Fahrzeugen getestet (vgl. [21]).

[9]CACS war grundsätzlich ein Kommunikationssystem zur Verbindung von in Bewegung befindlichen Fahrzeugen, straßenseitigem Equipment und zentraler Datenverarbeitung. Aufgrund der von den Fahrzeugen übertragenen Information war es mittels eines zentralen Steuerrechners möglich, den Verkehrsfluss zu koordinieren und den Fahrer mit individuellen Informationen zur optimalen Fortbewegung zu versorgen. CACS wurde im Rahmen eines Pilotprojektes in Tokio erfolgreich erprobt (vgl. [152]).

[10]Verschiedene Projekte wurden im Rahmen des PROMETHEUS Programms durchgeführt. Darunter das Roboterauto *VaMoRs*, das Testfahrzeug *VIsion Technology Application (VITA)* von Daimler-Benz im Jahr 1991, das als erstes Fahrzeug Sensorik mittels CAN-Bus verbindet (vgl. [156]), das Nachfolgeprojekt *VITA II* (vgl. [157]) als auch das *ARGO*-Projekt (vgl. [16]).

[11]*Dedicated Road Infrastructure for Vehicle Safety in Europe (DRIVE) I*, ist das erste F&E Programm der EU für Telematik. Das über drei Jahre andauernde Programm mit einem Gesamtvolumen von 120 Millionen Euro beinhaltete sowohl Laborversuche als auch Pilotprojekte (vgl. [91]).

[12]Im Rahmen dieses Projektes wurde im Jahr 1991 die non-profit Organisation *ERTICO* mit dem Ziel gegründet, die Implementierung des Europäischen Transport- und Telematikprojekts zu unterstützen.

[13]Das Nachfolgeprogramm von DRIVE, auch unter dem Namen Advanced Transport Telematics (ATT) bekannt, beinhaltete 64 Projekte in verschiedenen Bereichen von ITS.

In der USA war das Interstate-System seit Mitte der 50er Jahre das Kernstück des Highway-Programms. Nach der Fertigstellung im Jahr 1991 wurde die *MOBILITY 2000* Arbeitsgruppe mit dem Ziel ins Leben gerufen, die offenen Probleme aus dem Vorgängerprojekt, wie Staus und Sicherheitsfragen zu bearbeiten (vgl. [111]). Mobility 2000 schaffte die Basis für die Formierung von "IVHS America", ab 1994 bekannt unter dem Namen "ITS America". Verschiedenste Projekte wurden im Rahmen dieses Konsortiums durchgeführt. U.a. mit dem Ziel der Entwicklung eines voll-automatisierten Highway-Systems (vgl. [32]).

In Japan wurde in den 1980ern aufgrund des steigenden Bedarfs an Verkehrsinformation das Projekt *Road Automobile Communication System (RACS)*[14] gestartet. Neben RACS wurde weiters ein Projekt namens *Advanced Mobile Traffic Information and Communication System (AMTICS)* durchgeführt, das sich mit integrierten Verkehrsinformations- und Navigationssystemen[15] beschäftigte. Die Ergebnisse aus den o.a. Projekten wurden folglich in den 1990ern im Rahmen des *Vehicle Information and Communication System (VICS)*-Projektes[16] harmonisiert.

3.2.3 Produktentwicklung (ab 1995)

Nachdem die vorhergehende Phase der Machbarkeitsstudie die Erzeugung eines technischen Fundaments für ITS verfolgte, zielt diese Phase ab Mitte der 1990er auf Regeln zur Harmonisierung ab. Die anfänglich regionalen Initiativen wie (ARTS, CENTRICO, CONNECT, CORVETTE, ITHACA, SERTI, STREETWISE, VIKING) wurden folglich im Jahr 2001 in das TEMPO Programm (programme for Trans-European intelligent transport systeMs PrOjects) der europäischen Union, später ins Projekt *EasyWay* (ab 2006), mit dem Ziel eines europaweit harmonisierten ITS-Einsatzes, integriert. Zusammenfassend entwickelte sich ITS von einer komponentenzentrierten zu einer systemzentrierten Sichtweise. Dies spiegelt sich auch in den ITS-4 Technologien[17] wider.

---

[14]Das entwickelte System besteht aus Hauptkomponenten, wie on-board Computer, Beacons als straßenseitige Ausstattung und einem zentralen Rechner, die mittels Funk verbunden werden (vgl. [81]).

[15]Das entwickelte System zeigte dem Fahrer mittels eines Displays im Fahrzeug Verkehrsinformationen, die von der Polizei in Verkehrsleitzentralen in 74 Städten gesammelt und von einem Zentralrechner aufbereitet werden konnten. Landkarten wurden den on-board Displays mittels CD-ROM zugänglich gemacht. Aus der Position des Fahrzeuges und der Landkarteninformation konnten erstmalig in Echtzeit die Position des Fahrzeuges, als auch Verkehrsinformation (z.B. Stau, Umleitungen) dargestellt werden (vgl. [112]).

[16]siehe dazu [150].

[17]Die ITS-4 Technologien beinhalten die Fähigkeiten 1) Fahrzeuge in Echtzeit zu erkennen und zu identifizieren, 2) große Mengen an Daten effizient und sicher zu übertragen, 3) große Mengen an Daten mittels fortgeschrittener Informationstechnologie zu verarbeiten und 4) Information in Echtzeit zweckgerichtet zu verwenden und mathematische Methoden und Algorithmen zur Optimierung des Verkehrsnetzwerkes einzusetzen (vgl. [148]).

3.3 Aktuelle Initiativen in Europa

Obwohl im Laufe der Jahre verschiedene Initiativen ins Leben gerufen wurden, existiert bis heute kein weitläufig akzeptierter Standard (im Speziellen im Bereich Netzwerkinfrastruktur und Kommunikationsprotokolle) im Bereich ITS. Die Systemlandschaft ist folglich weiterhin durch einen hohen Grad an Heterogenität bestimmt. Dies ist vielfach darauf zurückzuführen, dass existente Systeme nicht vollständig ersetzt, sondern lediglich mit neuen bzw. zusätzlichen Komponenten unter Anwendung der Bestandsinfrastruktur ergänzt werden. Die gegenständliche Entwicklung bedingt damit nicht nur eine starke Verzögerung des Harmonisierungsprozesses, sondern auch erhöhte Anforderungen an Lieferanten von ITS-Komponenten, die Interoperabilität mit verschiedensten Systemkomponenten über proprietäre Schnittstellen sicherstellen müssen. Weiters führt diese Entwicklung sowohl zu Limitierungen innerhalb des Systems und dessen Komponenten (sog. Inter-System Limitierungen) als auch in der Interoperabilität mit anderen Systemen (sog. Intra-System Limitierungen) :

Inter-System Limitierungen:
- keine nachhaltige Ersatzteilpolitik durch mögliche Beschränkungen auf initial ausgewählte Lieferanten durch nicht offengelegte Schnittstellen
- Einschränkung des freien Marktes bei Systemerweiterungen durch Anwendung von nicht offenen hersteller- bzw. systemspezifischen Schnittstellen
- limitierte Interoperabilität.

Intra-System Limitierungen:
- eingeschränkte Interoperabilität zwischen ITS-Systemen und Drittsystemen (z.B. Electronic Data Interchange (EDI))

Um diese Einschränkungen zu beheben, wurden verschiedene Standardisierungsprojekte durchgeführt. Darunter die *europäische ITS-Framework-Architektur*, heute besser bekannt unter dem Namen *FRAME*. Die erste Version dieses Architekturrahmenwerks wurde im Rahmen des KAREN-Projekts im Jahre 2000 publiziert [44] und im Nachfolgeprojekt FRAME-S bis zum Jahre 2004 verfeinert. Parallel zu den Anstrengungen auf europäischer Ebene wurden auch nationale Projekte zur Harmonisierung von ITS durchgeführt. Da im Rahmen dieses Kapitels lediglich ein Einblick in die Problematik gegeben werden soll, wird an dieser Stelle auf eine detaillierte Betrachtung nationaler Initiativen verzichtet.

Eine Framework-Architektur definiert und beschreibt die Anforderungen an ein System, das einen Satz von Stakeholder-Anforderungen unterstützen soll. Eine Framework-Architektur beschreibt ein System dabei in den folgenden Aspekten (vgl. [45]):

Funktionale Architektur: Die Funktionalität, die das System benötigt, um die Stakeholder-Anforderungen erfüllen zu können.

Physikalische Architektur: Die Art und Weise (physikalische Charakteristik), wie die Funktionalität in Form einer Applikation (d.h., eines Systems) implementiert werden kann, um die Stakeholder-Anforderungen zu erfüllen.

Kommunikationsarchitektur: Die Verbindungen, die den Austausch von Daten innerhalb der physikalischen Architektur des Systems und mit der Systemumwelt erlauben.

3.3.1 Das KAREN-Projekt

Keystone Architecture Required for European Networks (KAREN) (vgl. [45]) wurde im Jahr 1998 als Teil des 4. Rahmenprogramms der EU gestartet. Ziel des Projektes war die Entwicklung eines grundlegenden ITS-Frameworks für den Einsatz von ITS-Systemen in der Europäischen Union bis 2010. Die Architektur verfolgte dabei folgende Ziele:

- Definition der notwendigen Elemente für einen europaweit offenen Markt an Produkten für die europäische ITS-Industrie.
- Schaffung eines Konsens in Fragen, die bisher einen weit verbreiteten Einsatz von ITS in Europa verhindern[18].
- Es allen Kundengruppen zu ermöglichen, kosteneffiziente ITS-Produkte zu beschaffen, die in der gleichen Art und Weise in ganz Europa funktionieren.
- Eine Brücke zwischen der ITS-Community und den heutigen und zukünftigen Technologielieferanten zu bilden.
- Eine Richtlinie für öffentliche Investitionen in die grundlegende Infrastruktur zu geben, die für Einsatz und Verbreitung von ITS-Systemen notwendig ist.
- Unterstützung der Identifikation von Bereichen, in denen weitere Forschungs- als auch Prototypingarbeit notwendig sind.

3.3.2 Die europäische ITS-Framework Architektur

Die europäische ITS-Framework Architektur (vgl. [19]) soll nationale Vorhaben betreffend Forschung und Standardisierung, basierend auf den Ergebnissen des KAREN Projekts (vgl. Kapitel 3.3.1), zusammenführen. Weiters soll ein Migrationsplan zur Verfügung gestellt werden, der auf existierenden Altsystemen aufbaut. Dabei hat ein allgemeines Framework folgende Eigenschaften:

Offenheit um für Lieferanten, Operatoren und Benutzer die Möglichkeit zu schaffen, von der Architektur Gebrauch zu machen. In anderen Worten: die Architektur soll keine Stakeholder ausschließen.

---

[18]Z.B. Fragen die Integration von ITS Komponenten und (Teil-)systemen zu einer gesamteuropäischen Systemarchitektur betreffend, die Sicherstellung der Kompatibilität von Equipment mit der (Bestands-)Infrastruktur oder die Standardisierung von Equipment betreffend.

Multimodalität sodass die Architektur für alle Arten von Straßentransport konzipiert und anwendbar sein soll. Weiters sollen Schnittstellen zu anderen Transportmodi (etwa auf der Schiene, zu Wasser bzw. in der Luft) vorgesehen werden.

Technologieunabhängig sodass die Architektur keine bestimmte Technologie benötigt bzw. begünstigt. Allerdings wird durch das Framework die Nutzung von generischen Lösungen begünstigt, für die verschiedenste Technologien verfügbar sind. So könnte etwa die Kommunikationsarchitektur in bestimmten Anwendungsbereichen kabellose Kommunikation vorschlagen, würde jedoch von der Festlegung eines spezifischen Typs (im Sinne von exakten Vorgaben von Frequenzen oder Protokollen) absehen.

Auf der anderen Seite ist die Framework-Architektur nicht:

System- oder Komponentendesign. Es ist nicht möglich und vorgesehen, Hardware- bzw. Software-Komponenten direkt auf Basis der Framework-Architektur zu erzeugen. Die Definitionen und Beschreibungen der Framework-Architektur sind dafür zu generisch gehalten.

Systemspezifikation. Die Architektur kann nicht unmittelbar als Systemspezifikation (Hardware sowie Software) verwendet werden. Allerdings können Teile der Architektur Ausgangspunkt für die Erstellung von Systemspezifikationen für individuelle Systeme und deren Komponenten sein.

Die Framework-Architektur liefert ein gutes Fundament, um homogene, interoperable ITS-Systeme zu erreichen. Jedoch sind die zuvor genannten Eigenschaften der *Offenheit* und *Technologieunabhängigkeit* gleichzeitig die größten Nachteile auf dem Weg zu einem europaweit integrierten ITS-System. Dies ist im Speziellen damit begründet, da Interoperabilität nicht nur eine Homogenisierung der generellen Architektur, sondern auch eine protokollseitige Kompatibilität der Nutzdaten[19] bedingt.

3.4 Funktionsbereiche von ITS

Nach Begriffsdefinition und historischem Überblick gibt dieses Kapitel einen detaillierten Einblick in die *Funktionsbereiche* von ITS. Um die einzelnen Subsysteme eines Intelligent Transportation System kategorisieren zu können, wurde von Mast (vgl. [101])[20] die in Abbildung 3.3 dargestellte

---

[19]Diese Argumentation teilt auch Nakanishi in [110] wie folgend: "Technical risks include: the need to integrate multiple technologies; ensuring connectivity within the ... network, and a determination of how to handle the data generated by the system".

[20]Auf marktspezifische funktionale bzw. logische Gliederungen wird an dieser Stelle nicht näher eingegangen, da die Arbeit auf einen allgemeingültigen Lösungsansatz abzielt. Für marktspezifische Gliederungen sei beispielhaft auf die National ITS-Architecture des US Department of Transportation (US DoT) ([121]), die FRAME-Architektur in Europa ([45]) oder den Telematikrahmenplan auf nationaler Ebene ([117]) verwiesen.

Untergliederung in 6 Funktionsbereiche[21] definiert.

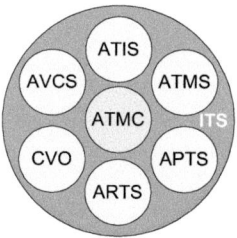

Abbildung 3.3: Funktionsbereiche von ITS

Aufgrund der Literatur von Mast (vgl. [101]), El-Geneidy (vgl. [38]) und Sussman (vgl. [148]) können die Funktionsbereiche wie folgend definiert werden:

- *Advanced Traveler Information Systems (ATISs)* bezeichnen eine Vielfalt von Systemen, die dem Fahrer Informationen in Echtzeit innerhalb des Fahrzeuges (engl.: in-vehicle) zur Verfügung stellen. Dies beinhaltet sowohl Information für Navigation und Routenwahl als auch digitale Verkehrssignalisation[22] und Gefahrenwarnungen (z.B. Staus, Unfälle, gefährdende Fahrbedingungen). Im Bereich ATIS kann zwischen vier Funktionsuntergruppen (den sog. In-Vehicle Information Systems (IVISs)) unterschieden werden: 1) *In-Vehicle Routing and Navigation Systems (IRANSs)*, die individuelle Verkehrsteilnehmer mit Echtzeit-Information für optimierte Routenplanung unter Einbeziehung von aktuellen Verkehrsinformationen versorgen[23]. 2) *In-Vehicle Motorist Services Information Systems (IMSISs)* versorgen den Nutzer (eine Applikation bzw. den User) mit verschiedensten Informationen. Nahezu jede Information aus den "Gelben Seiten" kann auf diesem Weg dem User zugänglich und in Verbindung mit IRANS nutzbar gemacht werden[24]. 3) *In-Vehicle Signing Information Systems (ISISs)* bieten Zusatzinfomationen an, die bereits auf existierenden (Blech-)beschilderungen dargestellt sind. Auf diesem Weg sollen Mängel in der Beschilderung ausgeglichen werden. 4) *In-Vehicle Safety Advisory Warning Systems (IVSAWSs)* versorgen den Verkehrsteilnehmer

---

[21]Zusätzlich zur logisch/funktionalen Architektur definieren Frameworks auch physikalische sowie Kommunikationsarchitekturen. Physikalische Architekturen definieren, in welcher Form die Funktionen des ITS-Systems in physikalische Einheiten zusammengeführt werden (vgl. [117]). Es handelt sich hierbei jedoch um "Beispielsysteme" – eine "Anleitung" zur Anwendung der jeweiligen Architektur. Die tatsächliche Architektur des realen Systems kann je nach Anwendungsfall klarerweise von dieser Anleitung abweichen und hat somit für den Verlauf der Arbeit keine Aussagekraft. Für die physikalische Sichtweise wird exemplarisch für die National ITS-Architecture auf [122] verwiesen.
[22]vgl. hierzu auch "Geschwindigkeits- und nachfrageabhängige Beeinflussung des Verkehrsablaufs fahrzeugseitig: Personenkraftwagen" im Telematikrahmenplan ([117], S74ff).
[23]Durch den Einsatz dieser Systeme sollen auch Staus verhindert bzw. reduziert werden.
[24]Ein exemplarischer Anwendungsfall wäre das Auffinden eines Hotels im Zielgebiet.

mit Warninformation (z.B. mittels Funkübertragung) betreffend festen oder beweglichen Gefahrenstellen, die außerhalb der Sichtweite des Fahrers liegen. Die größte Herausforderung im Bereich ATIS liegt dabei in der hohen Diversität bei in-vehicle Equipment.

- *Advanced Traffic Management Systems (ATMSs)* überwachen und steuern Straßenverkehr, um Stau mittels dynamischer Verkehrslenkung, Optimierung von Signaltimings (z.B. Grünphasen bei Kreuzungen) und auch Verkehrsinformation zu reduzieren. Weiters integrieren ATMS Verkehrsdetektion, um so dynamisch auf die aktuelle Verkehrssituation reagieren zu können.

- *Advanced Public Transportation Systems (APTSs)* verbessern die Effektivität und Attraktivität sowie Wirtschaftlichkeit des öffentlichen Transports. Dazu gehören sowohl Flottenmanagementsysteme als auch automatische Mauteinhebung und Echtzeit-Informationssysteme.

- *Advanced Rural Transportation Systems (ARTSs)* beinhalten Systeme, die ITS-Technologien auf den Anwendungsbereich Freiland umsetzen. Dieser spezielle Anwendungsbereich beinhaltet beispielsweise automatische Notfallmeldung und Fahrzeugortung.

- *Commercial Vehicle Operations (CVOs)* zielen als eine spezielle ITS-Applikation auf die Anforderungen von kommerziellen Fahrzeugen ab. Dies beinhaltet automatische Fahrzeugidentifikation, Weigh-in-Motion oder das Führen von Aufzeichnungen bzw. Abrechnung[25].

- *Advanced Vehicle Control Systems (AVCSs)* unterstützen den Fahrer beim Steuern seines Fahrzeuges im Speziellen in Extremsituationen. In solchen Situationen übernehmen diese Systeme teilweise bis vollständig die Kontrolle über das Fahrzeug. AVCSs unterteilen sich in die Teilbereiche Sensory Enhancement Systems (SESs), Obstacle Detection and Avoidance Systems (ODASs) und Automated Control Systems (ACSs), auf die an dieser Stelle nicht näher eingegangen wird.

Advanced Traffic Management Center (ATMC) ist die zentrale Komponente, die die sechs Subsysteme miteinander verbindet und deren Funktionen zusammenführt.

Da ATMS den primären Fokuspunkt dieser Arbeit darstellen, wird im folgenden Kapitel darauf noch näher eingegangen.

---

[25] Ein Beispiel für eine bereits im Einsatz stehende Technologie ist Roadpricing.

3.5 Advanced Traffic Management Systems (ATMSs)

Um oft synonym verwendete Begriffe wie Verkehrsinformationssystem (VIS), Verkehrsleitsystem (VLS), Verkehrsbeeinflussungsanlage (VBA), Verkehrsmanagementsystem, Netzbeeinflussungsanlage (NBA) udgl. besser abgrenzen zu können, wird in diesem Teilkapitel ein neuer Ansatz der Charakterisierung der Subsysteme[26] in Anlehnung an die Data, Information, Knowledge, Wisdom (DIKW)-Hierarchie nach Akhoff (vgl. [3]) gewählt. Die *DIKW*-Hierarchie wurde von verschiedenen Autoren aus den Bereichen Wissensmanagement sowie Informationswissenschaften dargestellt (vgl. [56]). Aus verschiedenen Definitionen[27] ist jene von Amidon für die folgende Differenzierung geeignet:

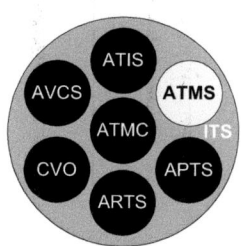

Abbildung 3.4: ATMS als ein Funktionsbereich von ITS

> "*Data* are elements of analysis, *information* is data with context, *knowledge* is information with meaning, and *wisdom* is knowledge with insight." [6]

Da es sich bei Daten, Information und Wissen um relative Konzepte handelt, können diese nicht in absolute Begriffe gefasst werden. Um eine geeignete Relation der DIKW-Hierarchie zu ATMS herzustellen, wird folgend der "stage-analysis approach" nach Ahmed (vgl. [4]) angewandt, in dem die Charakteristika *Kontext* und Fähigkeit zur *Interpretation* als Attribute zur Unterscheidung zwischen Daten, Information und Wissen, wie in Abbildung 3.5 dargestellt, herangezogen werden. In der sog. *Awareness Stage* wird sich der Beobachter der Daten bewusst. Ist sich der Beobachter auch über den Kontext der Daten im Klaren, bekommen die Daten Bedeutung für den Beobachter und werden folglich zu verwertbarer Information. In der nächsten Ebene, der sog. *Interpretation Stage*, ist der Beobachter weiters fähig, die Information im Sinne einer Sprache bzw. eines Konzeptes (z.B. Fähigkeit, eine Zeichnung zu lesen, eine Sprache zu verstehen) zu interpretieren.

3.5.1 Sensorik-Subsystem

Der Zweck des Sensorik-Subsystems[28] (engl.: Traffic Sensing Subsystem) ist die Erfassung und Verarbeitung von Umfelddaten. Folgend der erläuterten DIKW-Ebenenanalyse kann das Sensorik-Subsystem als *Daten*-Ebene im Sinne von ATMS gesehen werden. Dies ist darin begründet, dass

---

[26]Es werden im Folgenden aufgrund der besseren Zuordenbarkeit zur Originalliteratur die englischsprachigen ITS-Systembegriffe verwendet.
[27]Vgl. hierzu [94].
[28]siehe dazu auch "Verkehrsüberwachungssystem (Monitoring)" (Anwendungs-ID: 54) in der TTS-A-Datenbank des BMVIT [18].

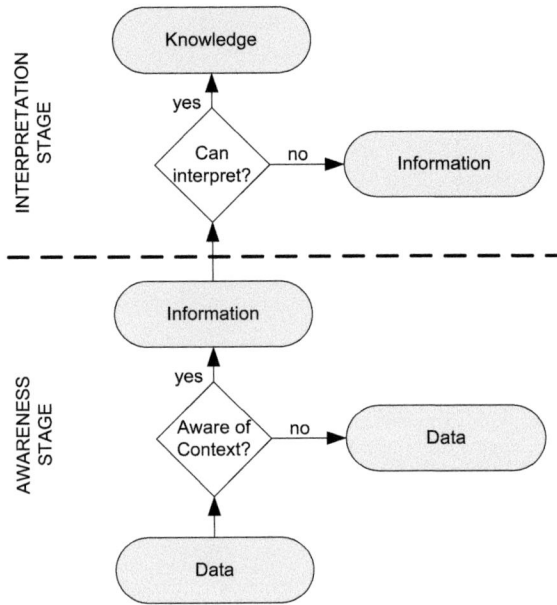

Abbildung 3.5: Stufen zwischen Daten, Information und Wissen nach Amidon (vgl. [6])

das Sensorik-Subsystem keine Kenntnis über den Kontext der gemessenen Daten im Sinne der aktuellen Gesamtsituation (d.h., Status des übergeordneten Verkehrsleit- bzw. Verkehrsmanagementsystems) hat.

Das Sensorik-Subsystem befindet sich auf der untersten Ebene der ATMS-Hierarchie, der sogenannten Sensor/Aktorebene (vgl. [88]). Es wird normalerweise als Teilsystem eines Verkehrsleit- bzw. Verkehrsmanagementsystems verwendet. Sensorsysteme[29] können nach Aufstellungsort (infrastrukturbasiert oder fahrzeugbasiert) oder Typ der gemessenen Daten (z.B. *Verkehrsdaten* wie Verkehrsintensität, Verkehrsfluss, Fahrzeugkategorisierung, elektronische Maut; *Umfelddaten* wie Luftfeuchtigkeit, Umgebungshelligkeit, Temperatur, Nebel) gruppiert werden (vgl. [54]).

---

[29] Einen Technologieüberblick zu aktuell verwendeten Sensortechnologien gibt [89].

3.5.2 Aktorik-Subsystem

Der Zweck des Aktorik-Subsystems (engl.: Traffic Information Subsystems) liegt in der Übermittlung bzw. Darstellung von Information[30, 31] für den Verkehrsteilnehmer. Nach der DIKW-Analyse ist das Informations-Subsystem der *Daten*-Ebene des ATMS zuzuordnen. Analog dem Sensorik-Subsystem ist auch im Fall des Aktorik-Subsystems keine Interpretation der Daten im Kontext[32] des übergeordneten Gesamtsystems bzw. dessen aktuellem Status möglich.

Das Aktorik-Subsystem befindet sich – wie das Sensorik-Subsystem – auf der untersten Ebene der ATMS-Hierarchie und kann sowohl in Verbindung mit Verkehrsleit- als auch Verkehrsmanagementsystemen[33] (als Subsystem), als auch autonom für reine Informationsfunktion[34] zur Anwendung kommen. Aktorik-Systeme im Bereich ITS können nach Technologie (z.B. Prismenwender, Signalgeber, Wechselverkehrszeichen) oder ihrer Rechtsverbindlichkeit (rechtsverbindliche Aktorik wie Ampelsignale oder zulässige Höchstgeschwindigkeit vs. reiner Informationscharakter wie z.B. "Abstand halten") gruppiert werden[35]. Beispiele für Aktorik-Komponenten sind in Abbildung 3.6 dargestellt.

3.5.3 Verkehrsleitsysteme

Zur Information der Verkehrsteilnehmer über Verkehrszustände oder zur Verkehrsflusssteuerung auf Streckenbereichen oder gesamten Verkehrsnetzen können Informations- oder Leitsysteme mit Verkehrszeichen (z.B. Wechselwegweiser) eingesetzt werden.

Verkehrsleitsystem[36] (engl.: Traffic Control System) ist der Sammelbegriff für Systeme[37], die für

---

[30]Wichtig ist hier auf die Unterscheidung und Abgrenzung zu den in Kapitel 3.4 genannten Advanced Traveler Information Systems (ATISs) hinzuweisen. Nachdem ATIS auf in-vehicle Informationssysteme fokussieren, handelt es sich beim Aktorik-Subsystem vielmehr um straßenseitige Einrichtungen, wie Variable Message Signs (VMSs), Signalgeber oder Prismenwender.

[31]Nicht-straßenseitige Informationssysteme werden im Verlauf der Arbeit nicht weiter behandelt. Es soll an dieser Stelle aus Gründen der Vollständigkeit und klaren Abgrenzung auf deren Existenz hingewiesen werden. Folgende Technologien können beispielhaft angeführt werden: RDS/TMC, Internet Technologien für Pre-Trip-Information oder Routenplanung, mobile Technologien, wie SMS Benachrichtigungen.

[32]Wichtig ist anzumerken, dass das Unterscheidungskriterium zwischen Daten und Information kein rein strukturelles, sondern ein funktionales im Sinne des Systemkontextes ist. Als Beispiel kann hier die Interpretation des Textes "Straßenglätte" herangezogen werden: Der Text wäre im Sinne strukturierter Daten zwar bereits als Information zu werten, gibt jedoch keine Auskunft über Zweck bzw. Funktion im Kontext von ATMS.

[33]siehe dazu auch "Verkehrslenkung" (Anwendungs-ID: 59), "Verkehrsleitung" (Anwendungs-ID:69) in der TTS-A-Datenbank des BMVIT [18].

[34]siehe dazu auch "Stauwarnsysteme" (Anwendungs-ID: 115), "Parkleitsysteme" (Anwendungs-ID: 101) in der TTS-A-Datenbank des BMVIT [18].

[35]vgl. hierzu auch [9], S10ff.

[36]siehe dazu auch "Verkehrsleitung" (Anwendungs-ID:69) in der TTS-A-Datenbank des BMVIT [18].

[37]Beispiele für Verkehrsleitsysteme nach RVS 05.04.21 (vgl. [49]) sind Fahrstreifensignale (FASI), Linienbeeinflussung und Netzbeeinflussung.

(a) Beispiel Signalgeber (b) Beispiel VMS

Abbildung 3.6: Technologien in Aktorik-Subsystemen

die Verkehrsleitung eingesetzt werden. *Verkehrsleitung*[38, 39] bezeichnet dabei das "Beeinflussen des Verkehrs durch Maßnahmen auf einer Strecke (inkl. dynamische Bevorzugung und Beschleunigung von Bussen, Trams und Interventionsdiensten)." [141]. Folglich koordinieren Verkehrsleitsysteme alle steuernden Maßnahmen[40], die mittels Aktorik[41] an den Verkehrsteilnehmer übermittelt werden. Weiters stellen sie dem Operator ein User-Interface zur Verfügung, um – basierend auf Daten aus dem Sensorik-Subsystem – auf Situationen mittels Information bzw. Beeinflussung unter Einsatz des o.g. Aktorik-Subsystems reagieren zu können.

Folgend der DIKW-Analyse können Verkehrsleitsysteme der *Informations*-Ebene des ATMS zugeordnet werden. Dies begründet sich damit, dass sowohl die vom Sensorik-Subsystem empfangenen Daten als auch die an das Aktorik-Subsystem übermittelten Stellzustände im Kontext der aktuellen Situation erscheinen. Das Verkehrsleitsystem kann aufgrund von fehlenden Automatismen[42] (die selbsttätig auf die Situation (pro-)aktiv einwirken) nicht als Wissensebene im Sinne des ATMS gesehen werden. Als klare Abgrenzung[43] zu Verkehrsmanagementsystemen[44] beschränken sich

---

[38]Der Begriff der Verkehrsleitung wird synonym mit dem Begriff Verkehrssteuerung verwendet, siehe dazu Absatz 30 in [141].

[39]Der Begriff der Verkehrsleitung ist von jenem der Verkehrslenkung zu unterscheiden. Lt. ASTRA ist Verkehrslenkung durch "Beeinflußen der Routenwahl in Straßennetzen und Empfehlungen zur Zeit- und Verkehrsmittelwahl" [141] definiert.

[40]Nach Kirschfink (vgl. [87]) kann zwischen sog. direkten und indirekten steuernden Maßnahmen (engl.: control measures) unterschieden werden. *Direkte Maßnahmen* bezeichnen z.B. Ampeln und VMS (also Aktorik mit rechtsverbindlichem Charakter); *indirekte Massnahmen* hingegen (informelle) Empfehlungen für den Verkehrsteilnehmer (z.B. pre-trip Information, Stauwarnungen, individuelle Routenplanung).

[41]Wie bereits in Kapitel 3.5.2 ausgeführt, wird an dieser Stelle nicht mehr auf andere Typen von ITS-Informationssystemen eingegangen.

[42]vgl. hierzu Control-Levels 2-5 in Kapitel 3.5.4.

[43]Es gilt anzumerken, dass die hier getroffene Abgrenzung in der Praxis zusehends verschwimmt.

[44]vgl. dazu Kapitel 3.5.4.

Verkehrsleitsysteme stattdessen auf die Präsentation von aufbereiteten Sensor- und Aktordaten als Entscheidungsbasis für den Operator. Der Aufbau eines Verkehrsleitsystems inkl. der Sensorik- und Aktorik-Subsysteme ist in Abbildung 3.7 dargestellt.

Folgend den *Levels of Control (LC)* nach Gartner et.al. (vgl. [51]), decken Verkehrsleitsysteme die Levels 0-LC[45] und 1-LC[46] ab. Die Grenze zur nächsten Hierarchiestufe – den Verkehrsmanagementsystemen – wird somit durch fortgeschrittene Algorithmen definiert, die sich in den LC's 2-5[47] wiederfinden. Beispielhafte Anwendungsfälle von Verkehrsleitsystemen sind a) Geschwindigkeitssteuerung zur Sicherheits- und Kapazitätsverbesserung, b) Stauwarnung, c) situationsabhängige Überholverbote, um Staus bei dichtem Verkehr zu verhindern, sowie d) Glatteis- und Nebelwarnung.

3.5.4 Verkehrsmanagementsysteme

Verkehrsmanagementsysteme[48] (engl.: Traffic Management Systems) stellen das höchste Komplexitätslevel von ATMS dar. Wie bereits in Kapitel 3.5.3 angeführt, wird hier der Funktionsumfang von Verkehrsleitsystemen um Automatismen erweitert, die den Operator bei seinen Entscheidungen unterstützen bzw. selbsttätig auf Basis von interpretierten Daten aus dem Sensorik-Subsystem reagieren. Dies schließt auch die Koordination und Verknüpfung unterschiedlicher Verkehrsträger (z.B. ÖPNV, MIV) und damit verbundener (Sub-)Systeme ein (vgl. "Verkehrssystem-Management/Kooperatives Verkehrsmanagement" in [18]). Es handelt sich dabei, je nach Funktions- und Komplexitätsgrad des Systems, um die Levels of Control 2-LC[49] , 3-LC[50] , 4-LC[51] bzw. 5-LC.[52]

Nach DIKW stellen Verkehrsmanagementsysteme die *Wissens*-Ebene des ATMS dar. Im Vergleich zum in Kapitel 3.5.3 erläuterten Verkehrsleitsystem wird das Verkehrsmanagementsystem um Funktionalität von Entscheidungsunterstützung (engl.: decision-support) bis künstliche Intel-

---

[45]0-LC bezeichnet die Grundsteuerung ("base control"). Sie beinhalten situationsbedingte Operationen bzw. Operationen nach fixen Zeitplänen. Beide werden jeweils durch den Operator manuell festgelegt.

[46]erweitert 0-LC um die automatische (off-line) Berechnung von Zeitplänen aus historischen Verkehrsdaten (statt manueller Definition durch den Operator).

[47]siehe dazu Kapitel 3.5.4.

[48]siehe dazu auch "Verkehrssystem-Management/Kooperatives Verkehrsmanagement" (Anwendungs-ID:117) in der TTS-A-Datenbank des BMVIT [18].

[49]2-LC ergänzt 1-LC um on-line Optimierung in fest definierten Zyklen. Zykluszeiten liegen typischerweise zwischen 5 und 10 Minuten. Beispiele für on-line Optimierungsalgorithmen sind Split Cycle and Offset Optimisation Technique (SCOOT) (vgl. [116]) und Sydney Co-ordinated Adaptive Traffic System (SCATS) (vgl. [154]).

[50]3-LC bezeichnet ein volladaptives Verkehrsmanagementsystem mit allen Features der darunterliegenden Levels. Im Gegensatz zu 0-2 LC ist jedoch keine Vorgabe von Zykluszeiten notwendig, da Optimierungen dynamisch durchgeführt werden. Ein Beispielsystem für 3-LC stellt OPAC dar.

[51]4-LC fügt dem System Intelligenz für proaktive Steuerung, wie Strategien zur Stauvermeidung oder Stauaufhebung, hinzu.

[52]5-LC ist die höchste Steuerungsebene. Hier wird das System um Funktionen für die situationsabhängige, autonome Strategieauswahl mittels künstlicher Intelligenz erweitert.

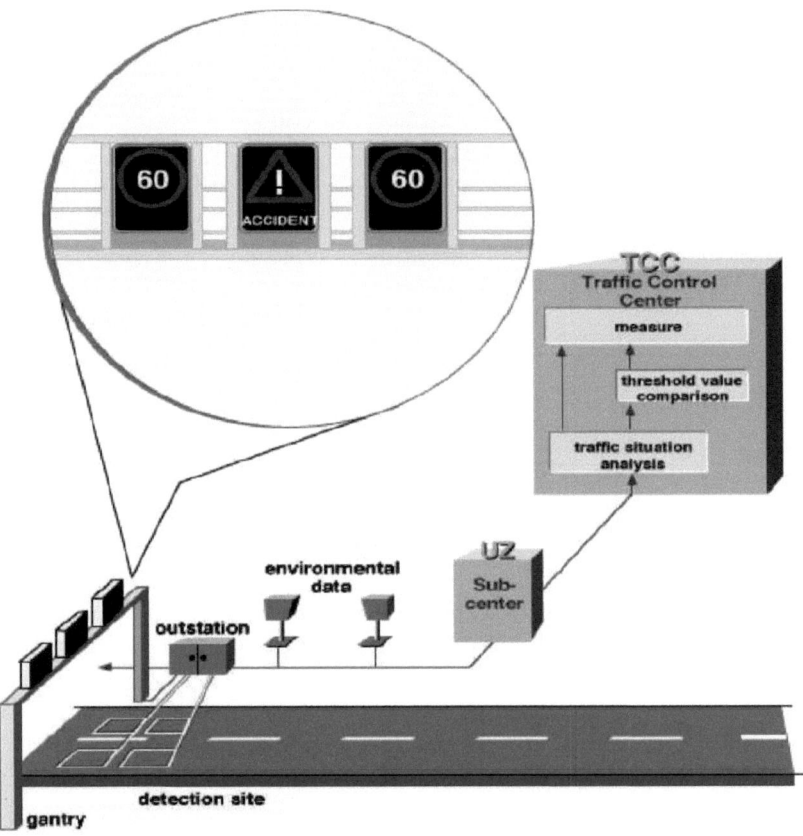

Abbildung 3.7: Architektur eines Verkehrsleitsystems nach Kirschfink (vgl. [87])

ligenz[53] erweitert, was einer Interpretation der Information im Sinne von Konzepten bzw. Regeln gleichkommt.

In den nachfolgenden Kapiteln wird aufgrund des Zugangs zu Informationen das Aktorik-Subsystem eines Verkehrsleitsystems als erste intendierte Anwendung der Theorie angenommen.

---

[53]vgl. dazu "artificial-intelligence based control" in [5].

Kapitel 4

Management-Referenzmodelle und -protokolle

Nachdem in Kapitel 3 ein Überblick über ITS und deren Teilsysteme gegeben wurde, beschäftigt sich dieser Abschnitt mit Management-Referenzmodellen und -protokollen. Diese werden in weiterer Folge als Eingangsdaten für die Modellbildung herangezogen. Im Rahmen dieser Modellbildung wird folglich versucht, die Kandidaten Management-Standards im intendierten Anwendungsbereich des Aktorik-Subsystems eines Verkehrsleitsystems anzuwenden.

Der Begriff *Management* wird in der einschlägigen Literatur in verschiedenen Kontexten (am häufigsten Network-Management) verwendet, weshalb sich Teilkapitel 4.2 der Begriffsdefinition und -abgrenzung widmet. Auf dieser Definition aufbauend geht Abschnitt 4.3 auf die funktionalen Dimensionen und Gegenstandsdimensionen von Management ein. Teilkapitel 4.4 führt danach unterschiedliche Management-Paradigmen ein. Abschnitt 4.5 stellt verschiedene Management Standards vor und gibt einen Überblick über deren Funktionsweise. Da die Arbeit auf die Modellierung eines homogenen Managements für heterogene Netze im intendierten Anwendungsbereich ITS abzielt, wird auf Managementplattformen[1] bzw. Managementanwendungen in weiterer Folge nicht näher eingegangen.

4.1 Die Notwendigkeit von standardisiertem Management

Wie in [37] ausgeführt, spielen Standards im Bereich von Management eine wichtige Rolle. Ohne den Einsatz von Standards in den vorwiegend heterogenen Einsatzbereichen wäre die Erreichung des gewünschten Grades an Integration, Flexibilität und durchgehender Interoperabilität nur schwer möglich. Standards bezeichnen dabei sowohl das zu verwendende Kommunikationspro-

---

[1]Beispielhaft können BTO-Software von HP (vormals OpenView) und Tivoli Management Software von IBM genannt werden.

tokoll als auch standardisierte Schnittstellen zu verwalteten Komponenten (vgl. [31]).
Ohne standardisiertes Management als Grundlage wurden in der Vergangenheit verschiedenste proprietäre Lösungen angeboten. Jede Lösung erfüllte dabei ihre geräte- bzw. applikationsspezifischen Anforderungen innerhalb des Herstellerportfolios. Wie leicht erkennbar, steigt mit der Größe des Systems und der Anzahl der eingesetzten Hersteller auch die Anzahl unterschiedlicher Management-Lösungen, die folglich durch den Benutzer des Systems gehandhabt werden müssen.

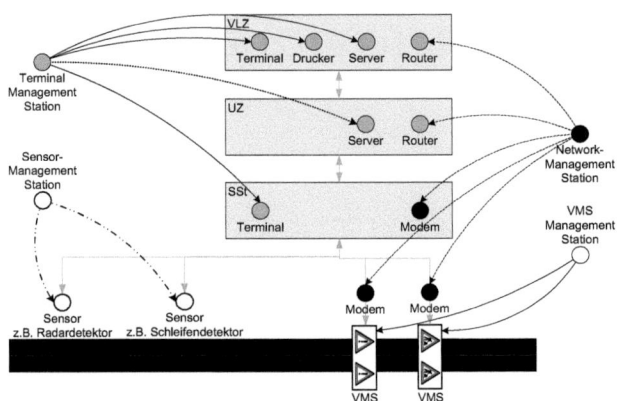

Abbildung 4.1: Proprietäres Management

Wie an dem in Abbildung 4.1 dargestellten Beispiel aus dem Bereich ITS ersichtlich, benötigt der Benutzer verschiedene Management-Schnittstellen, um das gesamte System verwalten zu können. Neben der Komplexität, die bereits aus dieser Aufgabe erwächst, ist auch eine fehlende ganzheitliche Management-Sicht der Teilbereiche sowie ein Mangel an Interoperabilität herstellerspezifischer Lösungen augenscheinlich. Auch die Implementierung einer zentralen Management-Plattform, die folglich die proprietären Lösungen für den Endbenutzer integriert, ist mit hohen initialen Aufwänden verbunden. Weiters kann oft über laufende Aufwendungen für Wartung, durch entstehende Komplexität des Systems und folgliche Auswirkung auf Performance und Funktion, keine Prognose abgegeben werden (vgl. [17]).

Eine Alternative dazu stellt der Einsatz von Management-Standards dar. Sie erlaubt den Einsatz einer zentralen Management-Plattform bzw. -Applikation, die über ein standardisiertes Management-Protokoll mit den herstellerspezifischen Komponenten (SW sowie HW) interagiert. Dieser Ansatz zwingt zwar die Komponentenhersteller zur Unterstützung von Management-Standards und damit verbundenen Aufwendungen, führt jedoch auch zur Behebung bzw. Verbesserung der o.a. Problematiken und folglichem Mehrwert für den Benutzer des Management-Systems.

4.2 Der Management-Begriff

Für den Bereich der Verwaltung (engl.: Management) von Systemen existieren mannigfaltige Definitionen, die jeweils auf den zu verwaltenden Gegenstand (die Entität) Bezug nehmen. Abhängig vom Typ der zu verwaltenden Entitäten sind mitunter auch die damit verbundenen Managementaufgaben unterschiedlich. So beinhalten diese für stand-alone Systeme beispielsweise Aufgaben wie 1) Systemsteuerung, 2) Installation und Wartung von Software, 3) Benutzerverwaltung, 4) Anschluss von Peripheriegeräten, oder 5) Backup von Daten. Für Netzwerke sind es Aufgaben, wie 1) Verwaltung der Kommunikationsfunktionalität (Wegewahl, Adresszuteilung, Zugangsüberwachung), 2) Überwachung des Netzwerks (Fehlererkennung und Behebung, Überlastungsbehandlung). Für Dienste (engl.: services) sind das beispielsweise 1) Einrichten und Anbieten von Diensten, 2) Finden von Diensten, 3) Dienstgütemanagement, 4) Nutzerverwaltung, oder 5) Verwaltung der Beziehungen zwischen Consumer und Provider.

Im Kontext der Verwaltung von Systemen scheint der Managementbegriff von "koordinierten Aktivitäten des Steuerns und Regelns" (vgl. [63]) gut geeignet. Sturm (vgl. [145]) fügt dieser Definition noch den Aspekt der Überwachung hinzu, was Management als folgende Gleichung erscheinen lässt:

$$\boxed{\text{Management} = \text{Monitoring} + \text{Control}}$$

Überwachung (engl.: monitoring) stellt dabei den passiven Vorgang der Informationsabfrage, Steuerung (engl.: control) aktive Vorgänge, wie Starten von Diensten oder Ändern von Konfigurationsparametern, dar[2].

4.2.1 Management versus Steuerung

In Anbetracht der gegebenen Definition für Management ist die Abgrenzung zum Begriff "Steuerung" von besonderem Interesse. Nach Hobbs Definition (vgl. [61]) werden Managementaufgaben von einem Operator mittels Eingabe von Befehlen an einer Management-Station durchgeführt. Steuerungsaufgaben werden im Gegensatz dazu autonom (d.h., ohne zusätzlichen Eingriff des Operators) durch die verwaltete Entität durchgeführt. Wenn beispielsweise die Verbindung zwischen zwei Knoten in einem Netzwerk ausfällt, rekonfiguriert sich das Netzwerk "automatisch", um alternative Routen zu finden.
Es gilt als heute allgemein akzeptiert, dass der moderne Management-Begriff Planung, Organisation, Überwachung, Abrechnung und Steuerung von Aktivitäten und Ressourcen beinhaltet (vgl. [17]). Folglich ist Steuerung von Aktivitäten ein inhärenter Teil von Management und kann nicht – wie lt. der Definition von Hobbs – gesondert betrachtet werden.

---
[2]vgl. dazu auch das **Management-Systemmodell** nach Sturm in [145].

4.2.2 Management versus Konfiguration

Der Begriff "Konfiguration" wird in verschiedenen Bereichen verwendet. Allgemein kann unter Konfiguration etwas zu einem bestimmten Zweck aufzusetzen ("to set up something for a particular purpose") verstanden werden. Konfiguration reicht dabei vom Setzen einer Adresse in einem Knoten bis zur Manipulation von Parametern einer SW-Komponente auf einem Knoten im Netzwerk. Im Vergleich dazu beschäftigt sich Management lt. Pitzek et.al. mit dem Handling von bereits aufgebauten Systemen und beinhaltet Wartung, Diagnose, Überwachung und Debugging (vgl. [119]).

Die o.a. Definitionen stellen nicht notwendigerweise einen Widerspruch zum Standard ISO/IEC 7498-4 (vgl. [65]) dar, der Konfiguration als Funktionsbereich von Management[3] definiert. Dies begündet sich damit, dass Konfiguration sowohl initiale Aktivität beim Setup eines Systems als auch Aktivität in den darauf folgenden Phasen des Lebenszyklus des Systems in Form von Rekonfiguration sein kann. Im Sinne eines ganzheitlichen Management-Ansatzes muss jedoch die Trennung nach Pitzek aufgegeben und Konfiguration als inhärenter Teil der Systemverwaltung gesehen werden.

4.3 Dimensionen von Management

Wie bereits in Abschnitt 4.2 beschrieben, ist Zielsetzung, Inhalt und Komplexität von Managementaufgaben von verschiedenen Aspekten abhängig. Diese Aspekte werden im Folgenden als *Dimensionen des Managements*[4] (vgl. [55]) strukturiert und in den nachfolgenden Teilkapiteln näher erläutert. Die neben der zeitlichen Dimension wichtigsten Aspekte sind dabei 1) die *Dimension des Gegenstands* und 2) die *Dimension der Funktion*. Als ganzheitliche Sichtweise können diese Dimensionen in Form einer Management-Pyramide (Abbildung 4.2) dargestellt werden. Aus den diversen gegenstandsspezifischen Definitionen des Managementbegriffs[5] wird im Folgenden jene von Clemm (vgl. [31]) verwendet.

> "*Network management* refers to the activities, methods, procedures, and tools that pertain to the operation, administration, maintenance, and provisioning of networked systems." [31]

Anzumerken gilt, dass der gegenstandsspezifische Begriff "networked systems" durch jegliche andere Entität (beispielsweise Element, Applikation, Dienst) ersetzt werden kann und so zu einer allgemeingültigen Definition führt. Im Folgenden wird als allgemeiner Entitätsbegriff in Verbindung

---
[3]für Details siehe Kapitel 4.3.1.
[4]Alternativ wird in der Literatur auch der Begriff "Management-Achsen" (vgl. [61]) verwendet.
[5]vgl. dazu exemplarisch [61] für "Device management", "Service management"; [145] für "Application management", [17] für "Network management".

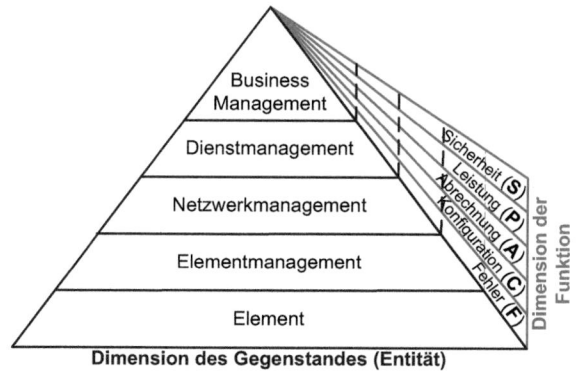

Abbildung 4.2: TMN Referenzmodell mit FCAPS-Kategorien (vgl. [31])

mit Management der Systembegriff nach ISO ("open system") im Sinne eines offenen Systems[6], das mit anderen Systemen interagiert verwendet.

Der gegebenen Definition folgend bezieht sich der *Betrieb* (engl.: operation) darauf, das System reibungslos am Laufen zu halten. Dies beinhaltet Überwachung von einzelnen Knoten als auch des Netzwerks und damit verbundenen (verteilten) Applikationen, um den Benutzer im besten Fall bereits von einem möglichen Problem zu informieren, noch bevor er effektiv davon betroffen ist. *Administration* (engl.: administration) beinhaltet die Überwachung von Ressourcen und deren Allokation (im Netzwerk) – also alle Maßnahmen, um das System unter Kontrolle zu halten. *Wartung/Instandhaltung* (engl.: maintenance) betrifft die Durchführung von Reparaturen (z.B. Austausch von Netzwerkkomponenten wie Routern) und Upgrades (z.B. neue SW oder Konfiguration für einen Knoten im Netzwerk) sowie korrektive und präventive Maßnahmen, um das System verfügbar zu halten bzw. dessen Leistung zu verbessern. *Bereitstellung* (engl.: provisioning) beschäftigt sich mit der Bereitstellung bzw. Konfiguration von Ressourcen, um einen spezifischen Dienst in einer bestimmten Güte zu unterstützen (z.B. Datenaustausch in Echtzeit).

Zusammenfassend lassen sich o.a. Aktivitäten, Methoden, Prozeduren udgl. in die funktionale Dimension des Managements – die sog. FCAPS-Funktionen nach IEC 7498-4 (vlg. [65]) – unterteilen. Diese Funktionsbereiche sind dabei nicht strikt voneinander getrennt. Vielmehr können einzelne Funktionen mehreren Bereichen zugeordnet werden. Wie in Abbildung 4.2 dargestellt, sind die Funktionen eines Bereichs Grundlage für die Funktionen eines anderen (darüberliegenden) Bereichs.

---

[6]Das Gegenteil dazu stellt ein geschlossenes System dar.

4.3.1 Funktionale Dimension von Management nach ISO/IEC 7498-4

Folgende Teilkapitel geben einen kurzen Einblick in die funktionale Dimension des Managements und dessen Teilbereiche nach ISO/IEC 7498-4[7]. Das Akronym *FCAPS* beschreibt dabei die Funktionsbereiche (**F**ault, **C**onfiguration, **A**ccounting, **P**erformance, **S**ecurity). Es wird in der einschlägigen Literatur oftmals verwendet, um auf diese Management-Funktionsbereiche zu referenzieren. Das OSI-Modell wurde aufgrund seiner weiten Verbreitung als Basis für die nachfolgenden Ausführungen verwendet. Aus Gründen der Vollständigkeit seien an dieser Stelle exemplarisch auch andere Modelle zur Strukturierung der funktionalen Dimension von Management angeführt:

- *Operations, Administration, Maintenance and Provisioning (OAM&P)*[8]
- *enhanced Telecom Operations Map (eTOM)*[9]

Fehlermanagement

Fehlermanagement (engl.: fault management) beschäftigt sich mit Fehlern, die in Systemen auftreten, sowie deren Erkennung und Behebung:

> "Fault management encompasses fault detection, isolation and the correction of abnormal operation of a system. Fault management includes functions to 1) maintain and examine error logs, 2) accept and act upon error detection notifications, 3) trace and identify faults, 4) carry out sequences of diagnostic tests, and 5) correct faults." (vgl. [65])

Fehler können dabei sowohl in SW- als auch in HW-Komponenten bzw. im Netzwerk auftreten, das die Knoten des Systems miteinander verbindet. Fehler sind dabei als Abweichung des Systemverhaltens von den gesetzten Zielen bzw. der erwarteten Leistung definiert. Ziel des Fehlermanagements ist es, durch Überwachung der Systemkomponenten einen möglichen Ausfall zu erkennen und durch Einleitung pro- bzw. reaktiver Maßnahmen die Ausfallszeiten des angebotenen Dienstes für den Consumer (bzw. User) so gering wie möglich zu halten. Fehlermanagement beinhaltet dabei 1) die Überwachung des Netzwerks inklusive Alarm-Management[10], 2) Fehlerdiagnose, Ursachenanalyse und Fehlerbehebung[11], 3) die Pflege von Log-Historien, 4) Trouble-Ticketing zur

---

[7]für Details vergleiche [46] S13 ff. bzw. [31] S131 ff.
[8]für Details vergleiche [31], S162.
[9]für Details vergleiche [31], S163.
[10]Dazu gehören beispielsweise 1) das verlässliche Kollektieren von Alarmmeldungen des Systems, 2) persistente Speicherung von Alarmmeldungen, und 3) das zur Verfügung stellen von Alarmmeldungen für eine weitere automatische Verarbeitung oder manuelle Intervention durch einen Operator.
[11]Fehlerdiagnose und Ursachenanalyse sind im Speziellen von hoher Wichtigkeit, um basierend auf der Alarmmeldung auf den kausalen Auslöser und die passende Intervention schließen zu können. Beispielhaft sei die Grundursache für einen Temperaturalarm eines Computers genannt. Dieser kann sowohl durch einen defekten Lüfter als

Sicherstellung eines koordinierten Fehlermanagement-Workflows, und 5) proaktives Fehlermanagement[12]. Im Vergleich zu lokalen Systemen stellt sich Fehlermanagement in Netzwerken und verteilten Systemen komplexer dar. Dies begründet sich in einer Vielzahl von Ursachen wie beispielsweise der großen Anzahl involvierter Knoten, der Verteilung der Knoten über große Entfernungen als auch der Heterogenität von SW- als auch HW-Komponenten. Für eine detaillierte Auflistung von Fehlermanagement-Aufgaben sei auf [46] S16ff verwiesen.

Konfigurationsmanagement

Dem Begriff des *Konfigurationsmanagement* (engl.: configuration management) kommt je nach Kontext unterschiedliche Bedeutung zu. So unterscheidet man zwischen *Konfigurationsbeschreibung* (die Beschreibung bzw. Dokumentation einer aktuellen bzw. gewünschten Konfiguration einer Komponente), dem *Konfigurationsprozess* des Übertragens bzw. Auslesens von Konfigurationsparametern in bzw. aus einer Komponente, und dem daraus resultierenden *Konfigurationsergebnis*. Nach ISO/IEC 7498-4 definiert sich Konfigurationsmanagement wie folgend:

> "Configuration management identifies, exercises control over, collects data from and provides data to systems for the purpose of preparing for, initializing, starting, providing for the continous operation of, and terminating interconnection services. Configuration management includes functions of 1) set the parameters that control the routine operation of the system, 2) associate names with managed objects and sets of managed objects, 3) initialize an close down managed objects, 4) collect information on demand about the current condition of the system, 5) obtain announcements of significant changes in the condition of the system and 6) change the configuration of the system." (vgl. [65])

Konfiguration bezeichnet dabei die Adaptierung eines Systems an Betriebsbedingungen und beinhaltet Änderungen an SW- als auch an HW-Komponenten und dem Netzwerk, das die Knoten eines verteilten Systems verbindet. Dies beinhaltet z.B. die Installation neuer bzw. Erweiterung bestehender Software, oder auch Änderung der Netzwerkeinstellungen bzw. des Datenverkehrs (z.B. Beschränkung der maximalen Bandbreite). Obwohl Konfiguration auch HW-spezifische Aspekte beinhaltet, ist diese normalerweise auf SW-gesteuerte Aktivitäten (z.B. Änderung von Parametern wie Adressen, Schnittstellen(-einstellungen), verwendete Protokolle, Benutzerberechtigungen, etc.) beschränkt.

---

auch durch erhöhte Raumtemperatur oder einen Brand des Gebäudes bedingt sein und folglich unterschiedliche Problemlösungsmaßnahmen bedingen.

[12]Dazu gehört z.B. die Durchführung von Tests im System, um Fehler festzustellen bzw. die Analyse von wiederkehrenden Fehlermustern zur Ableitung von Primärursachen.

Konfigurationsmanagement ist die fundamentale Management-Funktion eines verwalteten Systems. Sie ist über den gesamten Lebenszyklus von der initialen Konfiguration[13], über Konfigurationsänderungen bis zur zyklischen Überwachung der korrekten Konfiguration aller Komponenten im System durch Auslesen und Vergleich mit dem hinterlegten Soll der Managementplattform bzw. -anwendung allgegenwärtig. Eine korrekte Konfiguration aller Einzelkomponenten ist somit Grundvoraussetzung für die Verfügbarkeit als auch korrekte Funktion des Gesamtsystems. Weiters sind andere Management-Funktionen, wie z.B. Fehlermanagement, vom Konfigurationsmanagement abhängig. Wie leicht erkennbar, ist eine kausale Ursachenfindung für Probleme ohne Kenntnis über die Konfiguration des Systems[14] oft schwer bis gar nicht möglich. Für eine detaillierte Auflistung von Konfigurationsmanagement-Aufgaben sei auf [46] S15ff verwiesen.

Abrechnungsmanagement

Abrechnungsmanagement (engl.: accounting management) betrifft im Speziellen Organisationen, die Mehrwertdienste an deren Kunden anbieten und über dieses Angebot den primären Unternehmensertrag erwirtschaften (sog. Service-Provider). Abrechnungsmanagement kann jedoch auch für Unternehmen, die keine typischen Service-Provider sind, von Interesse bzw. Vorteil sein. Beispielsweise können die aus dem System generierten Informationen zum Vergleich mit Dritten[15] herangezogen werden. Da Abrechnungsmanagement buchhalterische Daten generiert und verwaltet, muss ein hoher Grad an Robustheit sichergestellt werden.

Wichtig ist an dieser Stelle auch die Abgrenzung zwischen Billing und Abrechnungsmanagement anzuführen: Abrechnungsmanagement stellt alle Basisinformationen, wie z.B. die konsumierte Leistung (WAS ist zu verrechnen?), der für den Kunden (WEM?) individuell anzuwendende Tarif (WIE wird verrechnet?) und möglicherweise auch die Zeit bzw. Qualität der Dienstleistung für eine daraus folgende Verrechnung zur Verfügung. Billing stellt folglich nur einen Teilaspekt des Abrechnungsmanagement dar.

Leistungsmanagement

Leistungsmanagement (engl.: performance management) kann als systematische Fortsetzung von Fehlermanagement gesehen werden. Nachdem sich Fehlermanagement mit im System auftretenden Fehlern und damit der Verfügbarkeit des Dienstes beschäftigt, fokussiert Leistungsmanagement auf die Leistung bzw. Qualität des Dienstes. Wie in ISO/IEC 7498-4 (vgl. [65]) definiert, umfasst

---

[13]Um den Nutzen von Konfigurationsmanagement hervorzuheben, sei hier beispielhaft die automatische Konfiguration eines Netzwerkes bestehend aus tausenden von Knoten genannt.

[14]Exemplarisch sei hier die Analyse von Routing-Problemen in einem IP-basierten Netzwerk ohne Kenntnis der Routing-Konfiguration angeführt.

[15]Als Beispiel kann hier der Vergleich der Performance einer internen IT-Abteilung bei Abarbeitung von Trouble-Tickets im Vergleich zu einer Outsourcing-Strategie genannt werden.

Leistungsmanagement die Evaluierung des Verhaltens von Komponenten und der Effektivität von Kommunikationsaktivitäten:

> "Performance management enables the behavior of resources in the OSI environment and the effectiveness of communication activities to be evaluated. Performance management includes functions to 1) gather statistical information, 2) maintain and examine logs of the system state histories, 3) determine system performance under natural and artificial conditions and 4) alter system modes of operation for the purpose of conducting performance management activities." (vgl. [65])

Leistungsmanagement ist durch verschiedene Metriken charakterisiert. Beispielsweise kann in einem verteilten System Datendurchsatz[16], Wartezeit[17] oder Qualität[18] Beispiele für Leistungsmetriken darstellen. Leistungsmetriken können folglich zur Überwachung und Optimierung der Systemleistung herangezogen werden. Dabei können Leistungsmetriken zur punktuellen Leistungsfeststellung oder in Form von Histogrammen zur Auswertung über einen längeren Zeitraum dienen. Daraus folgend können Muster bzw. Trends (z.B. Auslastung eines Netzwerkes oder eines Rechners) abgeleitet, und Maßnahmen zur Problemvermeidung (z.B. Erhöhung der Bandbreite in einem Netzwerk, Erhöhung der Rechenleistung eines Rechners, Beschränkung der Bandbreite für bestimmte Consumer, Umleitung von Traffic über weniger ausgelastete Pfade) bereits proaktiv abgeleitet werden. Für eine detaillierte Auflistung von Leistungsmanagement-Aufgaben sei auf [46] S19ff verwiesen.

Sicherheitsmanagement

Sicherheitsmanagement (engl.: security management) bezieht sich auf Management-Aspekte, die die Sicherheit des Systems gegenüber Angriffen von Hackern, Viren und anderen Bedrohungen betreffen. Grundsätzlich gilt es zwischen zwei Gesichtspunkten zu unterscheiden: 1) Sicherheit des Managements (engl.: security of management), das sich mit der Sicherheit der Management-Operationen an sich beschäftigt[19], und 2) Management der Sicherheit (engl.: management of security), das die sicherheitsrelevanten Attribute der Komponenten im System (z.B. Benutzer, Passwörter und deren Zugriffsberechtigungen) betrifft. Für eine detaillierte Auflistung von Sicherheitsmanagement-Aufgaben sei auf [46] S21ff verwiesen.

---

[16]Anzahl von Kommunikationseinheiten (z.B. Telegrammen), die pro Zeiteinheit durchgeführt (übertragen) werden.

[17]Z.B. auf Antwort der Gegenstelle, Bearbeitung einer Anfrage oder Übertragung von Daten zwischen zwei Knoten.

[18]Z.B. Anzahl bzw. Anteil der korrekt übertragenen Pakete, Anzahl der korrekt verarbeiteten Dienstanfragen.

[19]Dies beinhaltet sowohl die Sicherheit der übertragenen Management-Daten über das Management-Protokoll, als auch den Zugriff auf Management-Applikationen.

4.3.2 Gegenstandsdimension von Management (Managementbereiche)

Als Basis für die Strukturierung von Management-Funktionen nach der Gegenstandsdimension dient die im Telecommunication Management Network (TMN)-Standard M.3010 [75] definierte *Logical Layered Architecture (LLA)*. Jede Schicht (vgl. Abbildung 4.2) repräsentiert dabei Managementaspekte mit unterschiedlichem Abstraktionsgrad. Die Basis für alle Verwaltungsfunktionen bilden die *Elemente* des Systems und die von ihnen zur Verfügung gestellten Funktionen. Im Bereich Netzwerkmanagement wird hierfür der Begriff *Netzwerkelemente* (engl.: network elements (NEs)) verwendet. Elemente können dabei sowohl Hardware (sog. Managed-Nodes) als auch Software (verwaltete Applikationen oder Komponenten) sein.

Die unterste Managementebene ist der Bereich des *Elementmanagements*. Ihr fallen die folgenden Aufgaben[20] zu: 1) Steuerung und Koordination einer Teilmenge von Elementen, basierend auf den individuell von den Elementen zur Verfügung gestellten Funktionen, 2) kollektive Steuerung und Koordination einer Teilmenge von Elementen, und 3) Speichern von Statistiken, Logs und anderen Daten für individuelle Elemente. Der Bereich des Elementmanagements unterstützt die Funktionsbereiche Fehler-, Konfigurations-, Leistungs- und Sicherheitsmanagement.

Die zweite Managementebene stellt der Bereich *Netzwerkmanagement* (engl.: network-management) dar: Er bildet folgende Aufgaben[21] ab: 1) Steuerung und Koordination aller Elemente innerhalb eines definierten Bereichs aus Netzwerksicht, 2) Bereitstellung von Netzwerkressourcen zur Unterstützung der Dienstbereitstellung (z.B. Optimierung der Netzwerkperformance), 3) Wartung von Netzwerkressourcen, 4) Speichern von Statistiken, Logs und anderen Daten das Netzwerk betreffend, und 5) Verwaltung der Relationen zwischen Funktionen, die von Elementen zur Verfügung gestellt werden. Der Bereich des Netzwerkmanagements unterstützt die Funktionsbereiche Fehler-, Konfigurations-, Leistungs- und Sicherheitsmanagement.

Die dritte Managementebene ist der Bereich *Dienstmanagement* (engl.: service-management). Er beinhaltet vorwiegend Aufgaben, die vertragliche Aspekte zwischen Dienstanbieter und Dienstkonsument abbilden[22]. Dazu gehören: 1) Interaktion mit Dienstanbietern (z.B. Abrechnung (Billing), Vertragsschließung (Contracting)), 2) Speichern von statistischen Daten den Dienst betreffend (z.B. quality of service (QoS)), und 3) Interaktion zwischen Diensten. Der Bereich des Dienstmanagements unterstützt die Funktionsbereiche Fehler-, Konfigurations-, Abrechnungs-, Leistungs- und Sicherheitsmanagement.

Auf der obersten Ebene findet sich der Bereich des *Business Management* wieder. Er beschäftigt sich mit dem strategischen und taktischen Aspekt des angebotenen Dienstes. Dazu gehört beispielsweise die Unterstützung des Management von Budgets und Ressourcen. Der Bereich des Business

---

[20]vgl. dazu [75], Abschnitt 9.5.1.1.
[21]vgl. dazu [75], Abschnitt 9.5.1.2.
[22]vgl. dazu [75], Abschnitt 9.5.1.3.

Managements unterstützt die Funktionsbereiche Leistungs-, Abrechnungs- und Sicherheitsmanagement.

In der heutigen Systemlandschaft werden verschiedene Entitäten wie Netzwerk, Applikation, Desktop, System oder Enterprise in Verbindung mit dem Begriff Management verwendet. Eine Differenzierung zwischen diesen Managementbegriffen ist oft schwierig und verschwimmt in der heutigen Systemlandschaft – auch ob der sich immer weiter verbreitenden ganzheitlichen Sichtweise[23] – zusehends. Obwohl im Fortlauf der Arbeit von einem Systemmanagement-Begriff im Sinne eines offenen Systems und einer Gliederung der Managementbereiche nach der zuvor erläuterten Schichtenarchitektur nach TMN ausgegangen wird, wird aus Gründen der Vollständigkeit im Folgenden kurz auf verschiedene oft verwendete Managementbegriffe eingegangen. Als Basis dafür dient der historische Ansatz von Westerinen et.al. (vgl. [163]).

Netzwerkmanagement

Anfang der 1970er stellte die Verwaltung von verteilten Systemen noch kein Problem dar. Systeme folgten einem zentralistischen Paradigma und waren normalerweise in einer Räumlichkeit untergebracht, was auch das Management zu einer zentralen Angelegenheit machte. Mit Beginn des PC-Zeitalters in den 1980ern veränderte sich Management jedoch grundlegend: Obwohl PCs autonome Einheiten darstellten, entwickelte sich ein Bedarf nach zentralistischer Datenhaltung und gemeinsamer Nutzung von Ressourcen (z.B. Druckern), was folglich zur Entwicklung der heute vielseitig eingesetzten Client/Server-Architektur führte. In dieser Architektur agieren PCs als Dienstanforderer ("Clients"), die Anfragen an einen Dienstanbieter ("Server") richten. Daher betrifft die Verwaltung solcher Systeme nicht mehr alleinig einen zentralen Knoten, sondern eine Vielzahl örtlich verteilter Knoten, die Teil des Systems sind.

Mit der Einführung von Local Area Networks (LANs) als Industriestandard war folglich auch der Weg für die Standardisierung von Management-Schnittstellen geebnet. In den späten 1980ern folgte Simple Network Management Protocol (SNMP) (vgl. [27]) als Standard, der einen einheitlichen Mechanismus für das Management von Netzwerken zur Verfügung stellte. Wie von Sylor et.al. (vgl. [149]) angeführt, betrifft *Netzwerkmanagement* primär die Verwaltung von Netzwerkkomponenten (z.B. Switches, Router) und dazugehöriger Steuerungssoftware. Mit der Etablierung der Client/Server-Architektur verschwamm die Abgrenzung zwischen System- und Netzwerkmanagement jedoch zusehends, da die einzelnen Knoten im Netz zu einem sog. verteilten System zusammenwuchsen. Als Abgrenzung zu anderen Management-Entitäten beinhaltet Netzwerkmanagement in der eigentlichen Definition jedoch kein Terminal-Equipment (d.h., Endgeräte im Netz) sondern

---

[23]Auf diesen Trend wurde bereits von Sellin im Jahr 1995 wie folgend hingewiesen: "So scheint das Zusammenwachsen der Vermittlungs- und Übertragungstechnik langsam Realität zu werden. Das wiederum wird einen unmittelbaren Einfluss auf das Management von Vermittlungs- und Übertragungseinrichtungen haben, das ebenfalls zusammenwächst und eine integrierte Betrachtungsweise des Netzes erlaubt." [134]

beschränkt sich auf das Netzwerk und die dafür vorgesehenen HW- und SW-Komponenten[24].

Desktop-Management

Mit der Forderung nach einer Managementlösung, die auch o.a. Terminal-Equipment integriert, begann auch die Suche nach alternativen Managementtechnologien zu SNMP, die den damit verbundenen neuen Anforderungen gerecht werden konnten. Da sich verschiedene Hersteller gleichsam mit dieser Anforderung wiederfanden, führte dies im Jahr 1992 zur Gründung der Distributed Management Task Force (DMTF) – einer Organisation von IT-Herstellern mit dem Ziel der Entwicklung von Industriestandards für Managementanwendungen – und folglich zur Entwicklung des ersten Standards für *Desktop-Management*, dem sogenannten Desktop Management Interface (DMI)[25] (vgl. [36]). Das Ziel des Desktop-Managements lag dabei in der Vereinheitlichung der Manipulation von Information auf einer steigenden Anzahl von PCs verschiedener Hersteller in einem Netzwerk über ein gemeinsames Interface.

Der Begriff Desktop-Management wird (speziell bei DMI) oft synonym mit dem Begriff *Application-Management* verwendet. Der Defintion von Sturm et.al (vgl. [145]) folgend, zielt Application-Management auf die Überwachung und Steuerung von Software-Komponenten ab, aus denen sich eine Applikation zusammensetzt. Diese Software-Komponenten können sowohl lokal als auch über mehrere Knoten verteilt sein. Folglich kann Application-Management als die Weiterentwicklung des lokal ausgerichteten Desktop-Management verstanden werden.

Systemmanagement

Bei *Systemmanagement* im eigentlichen Sinne handelt es sich um die erste Evolutionsstufe von Managementtechnologien. Noch vor Aufkommen von PCs und verteilten Systemen verfolgte Systemmanagement das Ziel der Verwaltung von zentralen Rechnern (z.B. Main-frames). Dies geschah meist zu geplanten Zeitpunkten außerhalb der Hauptnutzungszeiten. Mit der aufkommenden Vernetzung und Dezentralisierung änderte sich auch das Begriffsverständnis für Systemmanagement:

> "System management deals with the management of end systems that are connected to networks. For example, this includes hosts and servers in a data center, or personal computers on user's desktops" [31].

Wie bereits im Abschnitt Netzwerkmanagement beschrieben, verschwamm dadurch die Abgrenzung zwischen System- und Netzwerkmanagement zusehends. Dies führte auch zur Forderung nach Management-Standards, die beide bisher getrennt betrachteten Bereiche abzudecken vermochten

---

[24]Für Details zur Abgrenzung zwischen System- und Netzwerkmanagement sei an dieser Stelle auf Hegering et.al. ([55], S101ff) verwiesen.
[25]Siehe dazu auch http://www.dmtf.org/standards/dmi.

(vgl. [153]). Daraus folgt eine neue, systemzentrierte Sichtweise, die das System als Aggregation von Subsystemen und Modulen definiert (vgl. [149])[26]. Weiters wird die Unterscheidung zwischen logischen und physikalischen Objekten eingeführt: *Logische Objekte* (z.B. Betriebssysteme oder Applikationen) können dabei auf einem *physikalischen Objekt* oder über mehrere physikalische Objekte verteilt sein. Dies führt auch von der getrennten ("application running on a system", [66]) zu einer ganzheitlichen Sichtweise ("application is part of the system", [149])), die logische als auch physikalische Objekte gleichermaßen beinhaltet.

Im Fortlauf der Arbeit wird der Systembegriff im Sinne der ganzheitlichen Definition nach Sylor (vgl. [149]) verwendet. Dies begründet sich darin, dass heutige Applikationen vielfältig hinsichtlich ihrer Verteilung sind und folglich eine integrierte Sichtweise einer Applikation als Teil eines (lokalen oder verteilten) Systems zeitgemäßer erscheint.

Enterprise-Management

State-of-the-art Management ist auf eine Vielzahl von verteilten Verarbeitungs- als auch Kommunikationsumgebungen anwendbar. Diese Umgebungen reichen von LANs, die kleine Systeme verbinden, bis zu großen unternehmensweiten oder auch nationalen Netzwerken von globalem Ausmaß (vgl. [77]). Wie von DMTF ausgeführt, ist es daher nicht mehr hinreichend PCs, Server, Netzwerke, Software udgl. isoliert voneinander zu verwalten. Nachdem bereits Informationsaustausch über die Grenzen der einzelnen Bereiche hinaus erfolgt, ist auch ein ganzheitliches Management, das diese Grenzen überschreitet erforderlich (vgl. [37]). Folglich soll Management als ganzheitlicher Geschäftsprozess gesehen werden, der alle zuvor genannten Managementbereiche im Unternehmen (engl.: enterprise) integral abdeckt.

4.4 Strukturen von Managementsystemen (Managementparadigmen)

Wie in Kapitel 4.3 ausgeführt, sind Inhalt, Ziele und Komplexität von Managementsystemen von verschiedenen Faktoren abhängig. Um Management-Technologien auf Systemen unterschiedlicher Architektur aufsetzen zu können, sind folglich verschiedene Strukturen von Managementsystemen vonnöten. Nach Fuggetta et.al. (vgl. [50]) sind *Design Paradigmen* dabei die architektonischen Grundstile, die der Systemdesigner für die Definition der Systemarchitektur verwendet. Ein architektonischer Stil bestimmt eine spezifische Konfiguration der Komponenten im System und deren Interaktionen. In Abgrenzung dazu sind *Technologien* Sprachen und Systeme, die Mechanismen

---

[26] Als Beispiel für Subsysteme können dabei Betriebssysteme, Dateisysteme, Kommunikationssysteme aber auch Applikationen oder Software-Komponenten gesehen werden.

zur Unterstützung von Management zur Verfügung stellen. Daher besteht die Aufgabe des Systemdesigners in der Analysephase in der Auswahl des *Management Paradigmas* (z.B. zentralistisch), in der Design-Phase in der Auswahl der *Management Technologie* (z.B. WBEM) (vgl. [98]).

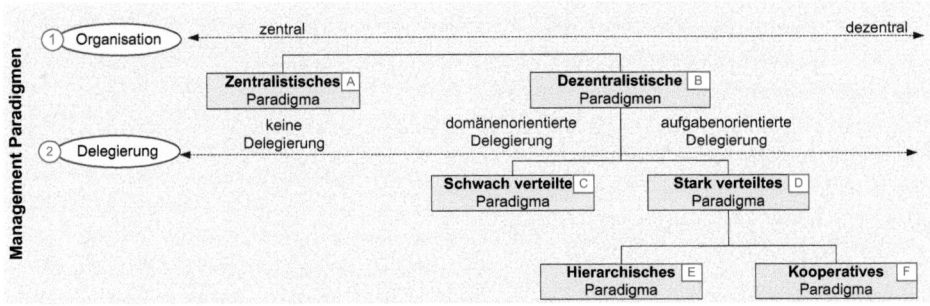

Abbildung 4.3: Management Paradigmen

Management Paradigmen können, wie in Abbildung 4.3 dargestellt, nach unterschiedlichen Kriterien gruppiert werden. Nach der Klassifizierung von Martin-Flatin et.al für Enterprise- Netzwerk- und Systemmanagement (vgl. [98]) werden die Kriterien *Organisationsmodell* (engl.: organizational model) und *Granularität der Delegierung* (engl.: delegation granularity) im Folgenden näher beschrieben.

4.4.1 Organisationsmodell

Die Klassifikation nach dem Organisationsmodell (siehe ① in Abbildung 4.3) beinhaltet das *zentralistische* und *dezentralistische* Paradigma (vgl. [98]).
Im zentralistischen Ansatz (in Abbildung 4.4(a) dargestellt) übernimmt eine zentrale Management-Station[27] die Überwachungs- und Steuerungsaufgaben für das gesamte zu verwaltende System. Agenten sind dabei auf die Funktion der Kollektierung von Daten ohne jegliche zusätzliche Intelligenz beschränkt.

Die Nachteile dieses Ansatzes liegen dabei in der Management-Station als "single-point of failure" und beschränkter Skalierbarkeit (vgl. [84]). Trotz dieser Limitierungen ist das zentralistische Paradigma weit verbreitet. Beispieltechnologien, die diesen Ansatz verfolgen sind dabei *SNMPv1* und *SNMPv2c*[28] (für Details siehe Kapitel 4.5). Eine Ausprägung des zentralistischen Paradigmas

---

[27]Aufgrund der Zentralisierung wurde die Management-Station bzw. die darauf laufende Management-Applikation früher oft als "Management-System" bezeichnet (vgl. [98]). Dieser Terminus ist jedoch aufgrund der heutigen verteilten Systemstrukturen nicht mehr zulässig.
[28]vgl. hierzu [99], S5.

ist der sog. *Platform approach* (vgl. [139]), bei dem die Management-Station in zwei logische Teile, die Management-Plattform[29] und die Management-Applikation[30] unterteilt wird.

Der Vorteil dieses Ansatzes liegt in der zusätzlichen Abstraktionsebene. Dabei obliegt das Handling komplexer und heterogener Management-Protokolle der Management-Plattform, die Darstellung für den Benutzer der Management-Applikation. Der Nachteil liegt jedoch – wie im allgemeinen zentralistischen Paradigma – in der eingeschränkten Skalierbarkeit der Lösung (vgl. [84]).

Dezentrale Ansätze (siehe Abbildung 4.4(b)) charakterisieren sich durch die Verlagerung von Aufgaben (der Datenverarbeitung) auf nachgelagerte Hierarchiestufen – sog. *Manager* und *Agenten*. Dezentrale Paradigmen leisten dabei, was zentralistische Ansätze nicht vermögen: Skalierbarkeit, Flexibilität und Robustheit ([53]). Diese Ansätze können nach ihrer Granularität der Delegierung, wie im nächsten Teilkapitel erläutert, weiter untergliedert werden.

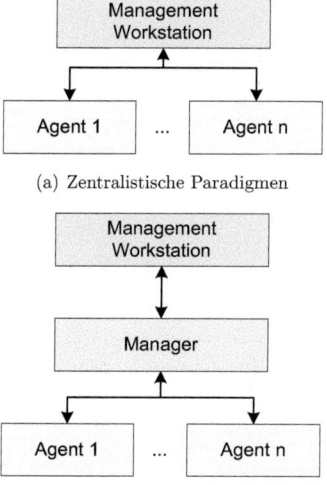

(a) Zentralistische Paradigmen

(b) Dezentralistische (verteilte) Paradigmen

Abbildung 4.4: Zentralistische und dezentralistische Paradigmen

4.4.2 Granularität der Delegierung

Unter *Delegierung* versteht man im Allgemeinen den Prozess der Weitergabe einer bestimmten Aufgabe, Verpflichtung oder eines Rechts an einen Dritten, sodass dieser für einen tätig wird. Die Klassifikation nach der Granularität der Delegierung (vgl. ② in Abbildung 4.3) beinhaltet sowohl schwach als auch stark verteilte Paradigmen (vgl. [99]). Während zentralistische Paradigmen keine Delegierung unterstützen, ermöglichen verteilte Ansätze ein Delegieren im Sinne der Weitergabe von Aufgaben der Management-Applikation an verschiedene Manager bzw. Agenten. Im Falle von schwach verteilten Paradigmen ist die Rolle der Agenten auf die Kollektierung von Daten beschränkt. Die Verarbeitung dieser Daten erfolgt ausschließlich auf Manager- bzw. Ap-

---

[29]Die Management-Plattform beschäftigt sich mit Datenbeschaffung im System und zugehöriger Aufbereitung.

[30]Die Management-Applikation verwendet die von der Management-Plattform angebotenen Dienste und stellt diese dem Benutzer als abstrahierte Funktionen zur Verfügung.

plikationsebene. Beispiele für schwach verteilte Managementtechnologien[31] sind *CMIP*, *SNMPv2* und *RMON* (für Details siehe Kapitel 4.5). Stark verteilte Ansätze delegieren hingegen die Datenverarbeitung auf die Agenten-Ebene[32, 33] und nutzen damit die steigende Leistungsfähigkeit von dezentralen HW-Komponenten. Beispiele für stark verteilte Managementtechnologien sind Mobile Code, Distributed Objects und Web-Based Enterprise Management (WBEM).

Eine Differenzierung von Delegierung kann – wie in den folgenden beiden Teilabschnitten ausgeführt – nach *Gegenstand* (was wird delegiert?) und *Richtung* (wohin wird delegiert?) erfolgen.

Gegenstand der Delegierung

Nach Martin-Flatin (vgl. [99]) kann Delegierung domänen- oder aufgabenorientiert passieren. *Domänenorientierte Delegierung* (engl.: delegation by domain) bezeichnet das Delegieren aller Aufgaben eines spezifischen Bereiches (d.h., einer Domäne). Im Sinne von Systemmanagement betrifft dies normalerweise einen geographischen Bereich[34], kann sich jedoch auch auf einen Funktionsbereich beziehen. Im Anwendungsbereich ITS kann domänenorientierte Delegierung beispielsweise die Weitergabe aller Verwaltungsaufgaben eines Subsystems (z.B. eines Tunnels) an die zuständige Unterzentrale sein.

Aufgabenorientierte Delegierung (engl.: Delegation by Task) geht davon aus, dass der Manager der Ebene N, die detaillierten Aufgaben der untergeordneten Ebene N-1 kennt. Aufgaben können dabei in Mikro- und Makro-Tasks unterteilt werden: Unter *Mikro-Tasks* wird dabei eine einfache Vorverarbeitung (z.B. Formatierung) von Daten verstanden, bevor diese an die übergeordnete Einheit übermittelt werden. Die Aggregation der Ergebnisse der einzelnen delegierten Aufgaben erfolgt jedoch weiterhin durch den Manager bzw. die Management-Applikation. *Makro-Tasks* werden im Gegensatz dazu vollständig an die ausführende Einheit weitergegeben. Beispielsweise kann so die Generierung eines Fehlerreports delegiert werden. Im Fehlerfall können korrektive Maßnahmen autonom durch den Aufgabenempfänger durchgeführt und lediglich das Resultat (z.B. der fertige Gesamtbericht) an den Manager retourniert werden.

Richtung der Delegierung

In Managementsystemen ist Delegierung eng mit der Systemhierarchie verbunden. Die Komponente auf Ebene N delegiert die Verwaltungsaufgabe an eine oder mehrere Komponenten in der Hierarchie.

---

[31]vgl. hierzu [99], S5.
[32]Dieser Ansatz wird auch oft unter dem Begriff *management by delegation* beschrieben (vgl. [115]).
[33]Im Marketing-jargon werden die an den Agenten delegierten Funktionen oft auch als "embedded management intelligence" bezeichnet (vgl. [31], S79).
[34]Zum Beispiel delegiert die Zentrale eines internationalen Konzerns die Verwaltungsaufgaben eines lokalen Netzwerks an einem Standort an seine Landesorganisationen.

Diese Komponenten können entweder auf der gleichen oder auf einer unter- bzw. übergeordneten Ebene liegen. Delegierung auf eine niedrigere Hierarchieebene (N-1) wird als *downward delegation*, auf ein höheres Level als *upward delegation*[35] bezeichnet. Upward- und Downward-Delegierung kann unter dem Begriff der *vertikalen Delegierung* (in Abbildung 4.5(a) als rote Linie dargestellt) zusammengefasst werden. Im Gegensatz dazu kann *horizontale Delegierung* (in Abbildung 4.5(b) dargestellt) als Weitergabe von Aufgaben zwischen Komponenten auf gleicher Hierarchieebene verstanden werden. Ein Beispiel dafür ist die Weitergabe einer Aufgabe von

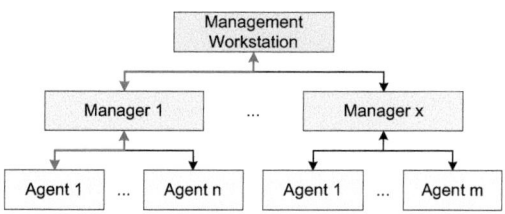

(a) Hierarchische Paradigmen mit vertikaler Delegierung

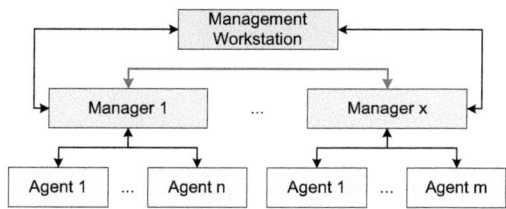

(b) Kooperative Paradigmen mit horizontaler Delegierung

Abbildung 4.5: Horizontale und vertikale Delegierung

einer Komponente zu einer anderen, um diese fertigzustellen[36]. Bei horizontaler Delegierung ist daher die Unterscheidung zwischen *Delegierung* und *Kooperation* nur schwer zu ziehen.

4.4.3 Andere Kriterien

Zusätzlich zu den soeben ausgeführten Klassifikationen nach Organisationsmodell und Granularität der Delegierung können auch noch andere Kriterien zur Einteilung von Management-Paradigmen herangezogen werden. Beispiele dafür sind der Grad der Abstraktion oder der Grad der Automation. Für Details sei an dieser Stelle auf die weiterführende Literatur verwiesen (vgl. [98], [99], [61]).

---

[35] Als Beispiel für "upward delegation" kann die Übertragung von Aufgaben eines Mitarbeiters an seinen Linienvorgesetzten (z.B. im Fall von Abwesenheit) verstanden werden. Dies hat jedoch keine Relevanz im Kontext von Systemmanagement.
[36] Z.B. einen gemeinsamen Report, der Daten von beiden Komponenten benötigt.

4.5 Kandidaten Management-Standards

Im Allgemeinen besteht ein Management-System aus den in Abbildung 4.6 dargestellten Komponenten[37].

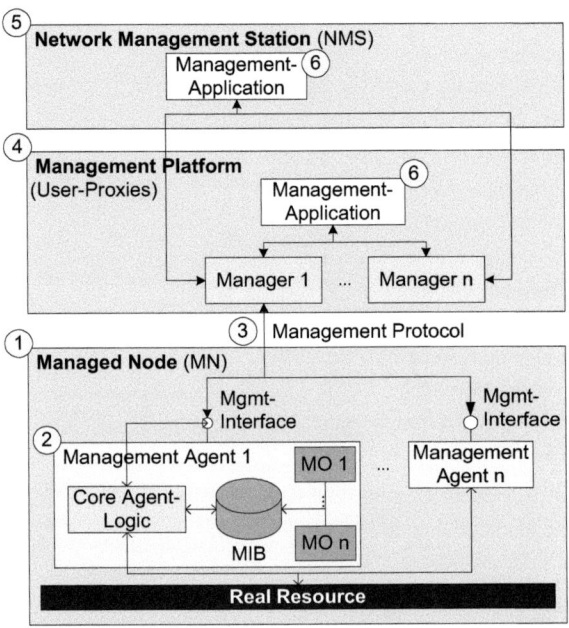

Abbildung 4.6: Komponenten eines Management-Systems

- Ein oder mehrere *verwaltete Knoten* (engl.: managed nodes)[38] (vgl. ① in Abbildung 4.6), wobei jeder einen oder mehrere *Agenten* (②) beinhalten kann.

- Ein *Management-Protokoll* (③), mit dem Management-Information zwischen Manager und Agenten ausgetauscht wird.

- Eine *Management-Plattform*[39] (④), die dem Administrator die Tools bzw. Zugriffspunkte für die Verwaltung des Netzwerks zur Verfügung stellt.

---
[37]Die folgende Gliederung von Management-Systemen folgt der Literatur von Rose (vgl. [127], S61ff) und Clemm (vgl. [31], S75ff). Um eine allgemeine Anwendbarkeit des Begriffssystems zu gewährleisten, wird jedoch von Netzwerkmanagement-spezifischen Begriffen abgesehen. Stattdessen werden allgemeingültige Termini verwendet.
[38]Im Bereich des Netzwerkmanagement wird hier synonym der Begriff network element (NE) verwendet.
[39]Der an dieser Stelle gewählte Begriff der "Managemement-Plattform" wird, abweichend von der verwendeten Basisliteratur, aus Gründen der Begriffsklarheit verwendet. Es sei an dieser Stelle hingewiesen, dass Clemm (vgl. [31])

- Die *Management-Applikation* (**⑥**), die das Front-End für den Administrator repräsentiert. Sie kann entweder auf dem Rechner der Management-Plattform (**④**) oder aber auf einer beliebigen Networked Management Station (NMS) (**⑤**) ausgeführt werden[40]. Bei zentralistischen Paradigmen wie etwa SNMPv1 fallen die Management-Plattform und Management-Applikation in eine Management-Applikation zusammen (vgl. [82], S200ff und [61], S4ff). Eine Trennung ist erst mit moderneren Ansätzen wie dem Manager-to-Manager Ansatz bei SNMPv2 (vgl. RFC1451, [28]) möglich.

Wie bereits zuvor ausgeführt, muss jeder zu verwaltende Knoten zumindest ein Management-Interface anbieten, um mit der übergeordneten Management-Plattform (d.h., dem Manager) zu kommunizieren und auf diesem Weg Zugriff auf die verwalteten Objekte (sog. Managed Objects (MOs))[41] zu ermöglichen. Dieses Management-Interface wird von einer vom verwalteten Knoten gehosteten SW-Komponente – dem *Management Agent* – implementiert. Der Management-Agent besteht dabei aus drei Hauptkomponenten:

1. dem bereits zuvor genannten *Management Interface*, dass das für das Management-System definierte Management-Protokoll unterstützt und somit die Kommunikation mit dem Manager ermöglicht,

2. der *Management Information Base (MIB)*, die eine konzeptionelle Sicht des verwalteten Gerätes in Form von MOs repräsentiert,

3. der sog. *Core Agent-Logic*, die den logischen Verbindungspunkt zwischen Management-Interface und der realen Komponente und deren Eigenschaften darstellt[42].

Nach der Einführung der allgemeinen Struktur eines Management-Systems kann folgend auf die verfügbaren Standards eingegangen werden, die auch dieser allgemeinen Struktur folgen. Die vier wichtigsten verfügbaren Frameworks[43, 44] sind in Tabelle 4.1 zusammenfassend dargestellt und

---

stattdessen den Begriff "Management System" verwendet, der im Verlauf der Arbeit jedoch das Managementsystem als Ganzes (nicht nur den Teil Agent plus Management-Applikation) repräsentieren soll.

[40]Wie bereits zu Beginn des Kapitels angesprochen, wird auf Management-Applikationen im Rahmen dieser Arbeit nicht näher eingegangen.

[41]Managed Objects (MOs) sind Teile von Management-Information, die einen Aspekt der realen Komponente (der sog. "Real Resource") modellhaft widerspiegeln (vgl. dazu [31], S81). Ein MO kann dabei – abhängig vom eingesetzten Management-Standard – beispielsweise ein MIB-Objekt in SNMP, ein Kommandozeilenparameter oder ein Element eines XML-Dokuments sein.

[42]Die Core Agent-Logic kann im Rahmen eines streng verteilten Management-Paradigmas (vgl. Kapitel 4.4) auch um komplexere Management-Funktionen, sogenannte "embedded management intelligence", erweitert werden (vgl. dazu [31], S79).

[43]Auf weitere Management-Standards, wie TL1, Syslog, RMON, wird aufgrund des geringen Durchsatzes nicht weiter eingegangen.

[44]Auf einzelne OSI-Schichten bezogene Management-Protokolle (sog. N-Layer Management – vgl. [133], S25), wie ICMP, sei aus Gründen der Vollständigkeit hingewiesen. Diese haben jedoch für den weiteren Verlauf der Arbeit keinerlei Relevanz und werden daher nicht weiter behandelt.

werden in den folgenden Teilkapiteln näher erläutert.

Tabelle 4.1: Management Frameworks: Überblick

Framework	Herausgeber	Kommunikationsprotokoll(e)
Internet Network Management Framework	Internet Engineering Task Force (IETF)	SNMPv1 (Internet Full Standard) SNMPv2 (Internet Full Standard) SNMPv3 (Internet Prop. Standard)
OSI Network Management Framework (ISO 7498-4 / ITU-T X.700)	Joint Standard by International Standards Organization (ISO) and International Telecommunications Union (ITU)	CMIP
Web-Based Enterprise Managment Framework (WBEM)	Distributed Management Task Force (DMTF)	xmlCIM over HTTP
Java Management Extensions	Sun Microsystems	JRMP (RMI)

4.5.1 Internet Network Management Framework

Bereits Mitte der 1980er Jahre mit der Verbreitung des Internets wurde der Bedarf an technologischen Möglichkeiten zur Verwaltung des Netzes deutlich. Als Reaktion auf diese Anforderung wurde im Jahre 1987 das *Simple Gateway Monitoring Protocol (SGMP)* ([33]) entwickelt, mit dem Gateways des Internets verwaltet werden konnten. Um dies zu erreichen, wurden alle Gateway-Managementfunktionen als Änderung oder Abfrage verschiedener Parameterwerte nachgebildet, die den Zustand des Gateways beschreiben ([133]). Das einfache und effiziente SGMP Protokoll diente folglich auch als Basis für das durch die Internet Engineering Task Force (IETF) entwickelte *Internet Network Management Framework*. Dieses setzt sich aus folgenden drei Hauptteilen (vgl. [133], S33ff) zusammen:

1. Die Struktur und Identifikation von Management-Information (engl.: *structure of management information (SMI)*, definiert in RFC 1155, [126][45]) enthält Regeln zur Definition von Objekten, die Gegenstand des Netzwerkmanagements sein sollen, wobei diese Regeln nicht von einem speziellen Managementprotokoll abhängen dürfen.

2. Die Management-Informationsbasis (*Management Information Base (MIB)*, definiert in RFC 1156, [102]) definiert einen Basissatz von MOs, der von allen Geräten bereitgestellt werden muss, die im Rahmen des Internet-Managements verwaltet werden sollen und bestimmte Funktionen aufweisen.

---
[45]Im Folgenden werden jeweils die letztgültigen RFCs referenziert.

3. Das *Simple Network Management Protocol (SNMP)* (definiert in RFC 1157, [27]) stellt Kommunikationsbefehle zum Austausch bzw. zur Änderung von Management-Information zwischen einem Agenten und einem Manager zur Verfügung.

SNMP in der Version 1 (SNMPv1) wurde im Jahr 1990 als sog. "full standard" als Teil des Internet Network Management Frameworks veröffentlicht. SNMP ist damit das einzige Management-Protokoll, das den Status eines "full standard" des Internet Information Boards IAB erreichte und in verschiedensten Anwendungsbereichen weite Verbreitung fand (vgl. [93]). Wie in [61] angeführt, liegt der Haupteinsatzbereich von SNMP dabei nicht in der Konfiguration von komplexen Komponenten sondern in der Überwachung und Abfrage von Parametern. Hobbs folgert daraus, dass SNMP mit dem Trend in Richtung Business-level Management und damit steigender Komplexität der Managementaufgaben keine adäquate Technologie mehr darstellt (vgl. [61]).

Die in SNMPv1 evidenten Probleme, wie fehlende Security-Mechanismen, führten zur Entwicklung der Nachfolgeversion des Internet Network Management Frameworks in der Version 2 (kurz *SNMPv2*[46] genannt). Das in den RFCs 1441 bis 1452 definierte Framework brachte jedoch mit erweiterter Funktionalität auch einen erhöhten Grad an Komplexität[47] und eine schwierigere und aufwändigere Implementierung mit sich und konnte sich trotz der komplexen Sicherheitsmechanismen nicht durchsetzen.

Im Rahmen der aktuellesten Version von SNMP (SNMPv3 aus dem Jahr 2002), die in den RFCs 3411 bis 3415 definiert ist, wurde daher das Security-Konzept vollständig überarbeitet. Diese Version des Internet Network Management Frameworks stellt bis heute einen etablierten Standard im Bereich (Internet-basierter) Managementtechnologien dar.

4.5.2 OSI Network Management Framework (TMN)

Wie in [114] beschrieben, bedarf der Zusammenschluss von Komponenten verschiedener Hersteller gut definierter Interface-Standards. In Reaktion auf diesen Bedarf im Bereich von Telekommunikationsnetzen begann International Telecommunication Union (ITU)[48] im Jahr 1985 mit der Spezifikation eines Standards für die Verwaltung solcher Netze – dem sog. *Telecommunication Management Network (TMN)* Standard. Parallel dazu wurden von ISO/IEC seit 1980 Aktivitäten im Bereich Netzwerkmanagement als Teil der Entwicklung des Open Systems Interconnection (OSI)-

---

[46]Im Detail ist hier von Party-based SNMPv2 (SNMPv2p) die Rede.

[47]Wie von Knizak (vgl. [90]) beschrieben, war die Spezifikation von SNMPv2p etwa 10 mal umfangreicher als deren Vorgängerversion.

[48]International Telecommunication Union (ITU) (vormals CCITT) wurde im Jahre 1965 als eine Teilorganisation der Vereinten Nationen gegründet. Sie war damit die erste und einzige Organisation, die sich mit technischen Aspekten der Telekommunikation beschäftigte. ITU unterteilt sich in drei Bereiche, wobei der Sektor für Telekommunikationsstandardisierung (ITU-T) für den im Rahmen dieser Arbeit relevanten TMN-Standard verantwortlich zeichnet.

Basisreferenzmodells vorangetrieben. Aufgrund der Ähnlichkeit der Zielsetzung und bereits bestehenden (losen) Zusammenarbeit wurden in den Jahren 1988 bis 1992 die bisher eigenständigen Standards von International Organization for Standardization (ISO) und ITU zu einem gemeinsamen Standard angepasst. Im eigentlichen Sinne handelt es sich bei diesem Standard um ein Framework bestehend aus mehreren Standards, die sich in folgende Hauptbereiche[49] gliedern:

- Standards, die die Struktur der Management-Information und damit der verwalteten Objekte beschreiben (vgl. ITU-T Dokumente X.720–X.725). Verwaltete Objekte (engl.: managed objects) stellen dabei die OSI-Managementsicht einer Netzressource in einer OSI-Umgebung dar, die unter Zuhilfenahme eines OSI-Managementprotokolls verwaltet werden kann (vgl. [133]). Ein verwaltetes Objekt ist dabei die Realisierung eines Templates gemäß Guidelines for the Definition of Managed Objects (GDMO) (vgl. ITU-T X.722, [67]).

- Standards, für die Normung von Systemmanagement-Funktionen (vgl. ITU-T Dokumente X.730–X.748)

- Standards, die Protokolle (vgl. ITU-T X.711, [79]) und Dienste (vgl. ITU-T X.710, [78]) zum Austausch von Management Information zwischen Manager und Agent definieren[50]. Common Management Information Protocol (CMIP) stellt dabei das Protokoll dar, das den Common Management Information Services (CMIS) Dienst erbringt.

Das über o.a. Standards definierte Management-Framework zielt primär auf die Verwaltung von ISDN, B-ISDN, ATM, und GSM Netzen ab. Es existiert auch eine Implementierung für IP-basierte Netze – *CMIP Over TCP/IP (CMOT)* – die sich trotz verbesserter Sicherheitsmechanismen aufgrund höherer Komplexität in der Implementierung nicht gegen SNMP durchsetzen konnte.

4.5.3 Web-Based Enterprise Management Framework

Web-Based Enterprise Management (WBEM) entstand Mitte der 1990er mit dem Ziel der Verwaltung von Desktop-Computern. Ende der 1990er folgte dann die Weiterentwicklung zu einer generelleren Managementtechnologie. WBEM repräsentiert dabei einen Satz aus Standard Internet-Technologien mit dem Ziel, die Verwaltung von unternehmensweiten Rechner- bzw. Netzwerkumgebungen zu vereinheitlichen (vgl. [61], S23ff). Folgende Technologien finden sich im WBEM-Standard wieder:

- Das *Common Information Model (CIM)* als Format für die Beschreibung von MOs bzw. der MIBs,

---

[49]Einen Überblick dazu gibt das ITU-T Dokument X.701 ([77]) bzw. [133] S14ff, [134] S17ff.
[50]Grundlegend unterscheidet OSI hier zwischen 3 Management-Ebenen (N-Layer Operations, N-Layer Management und Systems Management) wobei im Folgenden nur der Begriff des Systems Management von Relevanz ist. Für Details sei auf Seitz ([133], S25ff) verwiesen.

- *xmlCIM* als Codierung der zu transportierenden Management-Information,
- Ein Satz von HTTP-Operationen mit Hilfe derer codierte Management-Information zwischen Manager und Agent ausgetauscht werden.

CIM ist ein weit verbreiteter und akzeptierter Standard für einen plattformunabhängigen und technologieneutralen Austausch von Management-Information. Mittels sogenannter CIM-*Schemen* können verwaltete Komponenten (z.B. ein managed node) in Form von Klassen, Attributen und Relationen modellhaft beschrieben werden und machen so eine klare Strukturierung von Management-Information in einem verwalteten System möglich. Ein CIM-Schema definiert dabei drei Ebenen (vgl. [23]): 1) das *Core-Schema* (beinhaltet allgemeine, anwendungsunabhängige Managementinformationen wie z.b. generische Systemelemente, Statistiken oder Relationen, auf denen dann konkrete anwendungsspezifische Objektdefinitionen aufgesetzt werden können), 2) das *Common-Schema* (erweitert das Core-Schema in domänenspezifische Bereiche[51] als auch domänenunabhängige Elemente wie Statistiken) 3) das *Extension Schema* definiert applikationsspezifische Erweiterungen des Core- bzw. Common-Schemas (z.b. für eine Komponente oder ein Produkt). Die formale Definition eines CIM-Schemas erfolgt in Form einer Managed Object Format (MOF)-Datei. Für die Übertragung von CIM-Daten zwischen Manager und Agenten werden diese mittels "Metaschema mapping"[52] codiert und via HTTP oder HTTPS an den Empfänger übertragen.

4.5.4 Java Management Extensions (JMX)

Anfangs bekannt als Java Management API (JMAPI) wurde die Java Management-Instrumentierung auf Java Management Extensions (JMX) umbenannt und in den Java Community Process[53] integriert. Die unter der Zusammenarbeit von Sun, IBM, Powerware, Computer Associates und anderen führenden Unternehmen im Bereich Enterprise Management erarbeitete Spezifikation wurde folglich im Jahr 1999 freigegeben[54].

JMX ist ein Java-Framework (bestehend aus Architekturen, Design-Patterns, APIs und Services) für die Verwaltung und Überwachung von Applikationen, Geräten und Service-orientierten Netzwerken. Die verwalteten Komponenten werden dabei von Objekten – sog. *Managed Beans (MBeans)* – repräsentiert.

---

[51]Domänenspezifische Bereiche sind dabei "Systems", "Applications", "Networks", "Databases" und "Devices" (vgl. [23], S9ff).

[52]Es sei an dieser Stelle auch noch das zweite Kodierungsverfahren "Schema mapping" erwähnt, das sich jedoch aufgrund höherer Komplexität nicht durchsetzen konnte. Für Details zur Codierung von CIM-Daten siehe [23].

[53]Der Java Community Process ist eine Vorgehensweise zur Entwicklung von Spezifikationen für Java-Technologie. Es entspricht einer öffentlichen Plattform, in der jeder registrierte Benutzer seine Kommentare zu Spezifikationen abgeben, und diese mitentwickeln kann. Für Details siehe http://jcp.org/en/home/index.

[54]Der letztgültige Java Specification Request (JSR) ist die Maintenance Release 3 aus dem Jahr 2006. Siehe dazu http://jcp.org/en/jsr/detail?id=3.

JMX basiert auf einer 3-Ebenen-Architektur: 1) das *Probe-Level*, das mittels MBeans die zu verwaltenden Komponenten instrumentiert, 2) das *Agent-Level* (oder auch *MBeanServer*), das als Schnittstelle zwischen der verwalteten Komponente (d.h., den MBeans) und der Management-Applikation fungiert, und 3) dem *Remote Management Level*, das verteilten Management-Applikationen den Zugriff auf den MBeans-Server ermöglicht[55].

Wie in [147] angeführt, müssen die Java-basierten SW-Komponenten erst durch Implementierung von *MBeans* instrumentiert werden, bevor sie mittels JMX verwaltet werden können. Ein auf JMX-Technologie basierter Agent steuert und überwacht verwaltete Komponenten und macht deren Parameter für verteilte Management-Applikationen verfügbar. Die Kernkomponente des JMX-Agenten ist dabei der zuvor genannte *MBeans-Server*, der die registrierten MBeans als Managed Objects (MOs) verwaltet und die Parameter über eine Schnittstelle der Außenwelt (d.h., einer Management-Applikation) zugänglich macht. Über die Schnittstellendefinition sowohl zum darunterliegenden Probe-Level als auch zum übergeordneten Remote Management Level ist der JMX-Agent völlig unabhängig von dessen Funktion. Als Schnittstelle zwischen JMX-Agenten und Management-Applikationen werden zwei verschiedene Optionen angeboten: *Connectoren*, die das Interface des JMX-Agenten transparent für Remote-Zugriffe zur Verfügung stellen[56]. Die von JMX standardmäßig zur Verfügung gestellte Implementierung ist Java Remote Method Invocation (RMI). *Adaptoren* stellen im Gegensatz dazu eine Management-Sicht des JMX-Agenten durch ein bestimmtes Management-Protokoll (z.B. SNMP) dar[57]. Sie "adaptieren" die Funktionen bzw. Parameter des MBean-Server bzw. der von ihm verwalteten MBeans in das gewünschte Management-Protokoll[58]. Für weitere Details sei auf die JMX-Spezifikation (vgl. [146]) verwiesen.

Aus den Management Standards lassen sich folgende Kandidaten Management-Protokolle in die Datenbasis der Theoriemodellierung ableiten:

THEORIEMODELLIERUNG:

Menge der Management-Protokolle $MP = \{"SNMP", "CMIP", "xmlCIM", "JRMP"\}$

---

[55] Dieser Zugriff kann mittels Adaptern oder Connectoren implementiert werden, die jeweils unterschiedliche Management-Protokolle (wie z.B. SNMP) unterstützen (vgl. dazu http://www.javaworld.com/community/node/1267).

[56] vgl. dazu "Connectors" in [146], S113ff.

[57] vgl. dazu "Adaptors" in [146], S114ff.

[58] Gegebenenfalls beinhaltet dies auch die Überführung der Management-Information in eine Ziel-MIB.

Kapitel 5

Anforderungen an das Management von Aktorik-Subsystemen

Wie von Clemm erläutert, ist die Problemstellung der Management-Integration im Allgemeinen zu komplex, um in einem einzigen Schritt bewältigt werden zu können (vgl. [31], S351ff). Oftmals ist auch eine vollständige Integration aller Funktionen über alle Teilbereiche des Zielsystems weder notwendig[1] noch sinnvoll[2]. Wie in [46] beschrieben, sind Management-Anforderungen vom jeweiligen Anwendungsbereich abhängig. Es ist daher sinnvoll, die allumfassende Management-Aufgabenstellung in Funktionsbereiche zu gliedern und folglich die einzelnen Management-Aufgaben jedes Bereichs im Detail zu beschreiben (vgl. [46]). Ein möglicher strukturierter Ansatz liegt daher in der Betrachtung des Gesamtsystems aufgrund der in Abschnitt 4.3 erläuterten Management-Dimensionen. Schrittweise kann so jeder Bereich (Element, Netzwerk, etc.) mit dessen Managementfunktionen (Fehler, Konfiguration, etc.) bewertet[3] und ggf. ins Gesamtkonzept eingegliedert werden. Auf diesem Weg kann somit auch eine Priorisierung der einzelnen Schritte im Integrationsprojekt erfolgen. Eine ganzheitliche Sichtweise der Managementdimensionen und deren Wechselwirkungen ist jedoch in jedem Fall unerlässlich[4].

Es gilt an dieser Stelle nochmals hervorzuheben, dass das Ziel der vorliegenden Arbeit in der Konzeption der grundlegenden Management-Strukturen im intendierten Anwendungsbereich liegt und damit verbundene Möglichkeiten aufzeigen soll. Auf diese Strukturen können folglich sowohl

---
[1]Es können beispielsweise Teilbereiche von einer Integration betroffen sein, deren Funktionen sehr selten zur Anwendung kommen und für diesen Fall bereits eine hinreichende Lösung anbieten.
[2]Man denke an Teilbereiche, wo die notwendigen Aufwendungen und daraus folgenden Kosten den Nutzen eines integrierten Managements übersteigen und die Investition damit unrentabel machen (vgl. dazu [23], S187).
[3]Zur Bewertung der Effektivität von Management-Lösungen siehe [31], S407ff.
[4]Hier geht es im Speziellen im Fall von komplexeren Systemen mit mehreren Hierarchieebenen um folgende Problematiken: 1) die Kommandoabfolge über die Hierarchiestufen, um mögliches Bypassing zu verhindern (vgl. dazu [31], S363ff). 2) die Koordination von Zugriffen von mehreren Managern bzw. Management-Applikationen auf die gleichen MOs über Mechanismen wie *Umbrella Coordination* (vgl. dazu [31], S364ff), um mehrfache Übertragung derselben Daten zu vermeiden.

heutige als auch zukünftige Stakeholder-Anforderungen als Management-Funktionen auf der dafür passenden Gegenstandsebene (z.B. in Form einer Management-Applikation) implementiert werden. Die im Folgenden gegebene Auflistung von Management-Anforderungen für Aktorik-Subsysteme soll daher lediglich ein anschauliches Beispiel für die Anforderungen in der Zieldomäne geben, erhebt aus oben genannten Gründen jedoch keinen Anspruch auf Vollständigkeit.

In dem in dieser Arbeit angenommenen intendierten Anwendungsbereich eines Aktorik-Subsystems (siehe Kapitel 3.5.2) sind die Funktionsbereiche Fehler-, Konfigurations- und Leistungsmanagement nach ISO/IEC 7498-4 [65] von Bedeutung. Der Funktionsbereich Abrechnungsmanagement ist nicht von Relevanz, da alle Systemkomponenten von der gleichen Organisation geeignet und betrieben werden[5]. Gleiches gilt für den Bereich Sicherheitsmanagement, da der intendierte Anwendungsbereich auf privaten Netzen basiert und die Systemkomponenten nur für akkreditiertes Personal zugänglich bzw. zugreifbar sind.

In den folgenden Teilkapiteln wird auf die Anforderungen im jeweiligen Gegenstandsbereich (Element-, Netzwerk-, Dienstmangement) näher eingegangen[6]

5.1 Gegenstandsbereich Element-Management

Der Gegenstandsbereich des *Element-Managements* beschäftigt sich mit der Verwaltung von einzelnen Komponenten in einem System (bzw. Netzwerk). Dies beinhaltet Auslesen und Ändern der Konfiguration der Komponente, Fehlerüberwachung und Triggern von Selbsttests (vgl. [31], S119). Im konkreten Anwendungsfall wird folgend ein VMS[7] exemplarisch als zu verwaltendes Element herangezogen und die Management-Anforderungen im jeweiligen Funktionsbereich (Fehler-, Konfigurations-, Leistungsmanagement) herausgearbeitet.

5.1.1 Funktionsbereich Fehlermanagement

Wie in ISO/IEC 7498-4 (vgl. [65]) beschrieben, umfasst Fehlermanagement das Erkennen, Eingrenzen und Korrigieren von abnormen Operationen eines Systems. Fehlermanagement beinhaltet dabei Funktionen, die 1) Fehlerlogs warten und kontrollieren, 2) Fehlermeldungen akzeptieren und aufgrund dieser handeln, 3) Fehler nachverfolgen und identifizieren, 4) Tests zur Selbstdiagnose durchführen, und 5) Fehler korrigieren. Auf das gewählte Beispiel VMS eingehend kann (wie in

---

[5]Es gilt anzumerken, dass Abrechnungsmanagement im Rahmen von Systemen, die als Private Public Partnership (PPP)-Modell realisiert werden, schlagartig an Relevanz gewinnt. Dieser Aspekt wird im Rahmen dieser Arbeit nicht weiter behandelt. Die geschaffenen Management-Strukturen stellen jedoch eine Basis dar, auf der die notwendigen Funktionen bedarfsorientiert als Erweiterung aufgesetzt werden können.
[6]Eine detaillierte Liste von Einzelanforderungen inkl. Zuordnung zu o.g. Gegenstandsbereichen kann bei Bedarf beim Autor angefragt werden.
[7]für Details zu VMS siehe [92].

Abbildung 5.1 dargestellt) zwischen Hardware-, Software- und Systemfehlern (auch die übergeordnete Steuerebene betreffend) unterschieden werden. Weiters beinhaltet der Funktionsbereich Diagnosefunktionen, die zum Erkennen von Fehlern bei Bedarf ausgeführt werden können.

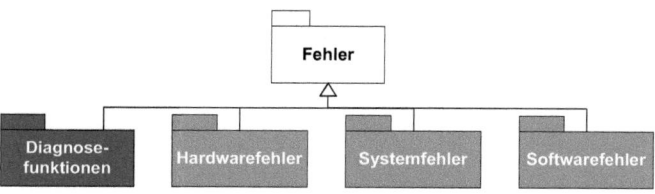

Abbildung 5.1: Fehlerarten

Fehlermanagement kann daher, wie folgend, gruppiert werden:
- *Hardwarefehler:* Meldung von LED-Fehlern (wenn eine konfigurierte Anzahl defekter LEDs überschritten wird), Spannungsfehlern (wenn die Versorgungsspannung außerhalb eines definierten Bereichs liegt) oder Temperaturfehlern (wenn die von der Steuerung gemessene Temperatur außerhalb eines definierten Bereichs liegt).
- *Kommunikationsfehler:* Meldung von Kommunikationsfehlern bzw. Kommunikationsunterbrechung 1) zur übergeordneten Steuerebene, 2) zu internen Subkomponenten des VMS (z.B. LED-Module, Temperatur- oder Helligkeitssensoren) oder 3) der Interprozesskommunikation zwischen SW-Komponenten der lokalen Steuerung.
- *Meldungen über kritische Zustände:* Indikatoren für jeden kritischen Zustand bzw. Zustandsänderung der Komponente (z.B. Neustart des VMS, USV-Aktivität).
- *Softwarefehler:* Speicherfehler, Fehler im Dateisystem, komponenteninterne Konflikte (z.B. Soll/Ist-Fehler von vorgegebener Helligkeit und gemessener Helligkeit) oder Fehler im Datenformat.
- *Diagnosefunktionen:* Neben Fehlermeldungen soll es auch möglich sein, eine Abfolge von Diagnosetests durchführen zu können. Dies ist notwendig, um die Fehlerindikatoren unabhängig von den internen zyklischen Selbsttests im Bedarfsfall aktualisieren zu können.

5.1.2 Funktionsbereich Konfigurationsmanagement

Auf das gewählte Beispiel VMS eingehend kann (wie in Abbildung 5.2 dargestellt) zwischen zwei Arten von Konfiguration nach deren Veränderlichkeit (vgl. [143]) unterschieden werden.
In der sogenannten *statischen* Konfiguration werden Konfigurationsparameter in die Software kompiliert. Eine Veränderung der Parameter bedarf daher einem neuerlichen Build-Vorgang und Update (Austausch) der betroffenen SW-Komponente in der Steuerung. Im Gegensatz dazu sind die

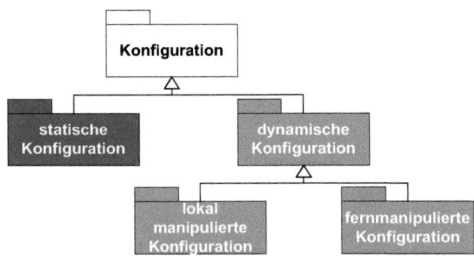

Abbildung 5.2: Konfigurationsarten

Parameter der *dynamischen* Konfiguration im persistenten Speicher der Steuerung hinterlegt und können lokal (z.b. mittels Service-Tools oder Manipulation von Konfigurationsdateien) oder aus der Ferne (z.b. über das Managementprotokoll) verändert werden.

Um ein VMS im Einklang mit den Kundenanforderungen korrekt konfigurieren zu können, ist eine große Zahl an Parametern notwendig, die, wie folgend, gruppiert werden können:

- *Externe Kommunikationsschnittstelle:* Parameter für die Konfiguration der Kommunikationsschnittstellen (z.B. zu übergeordneten Steuerungen als auch interne Schnittstellen, z.B. zu Sensoren), wie serielle Schnittstellen (z.B. Baud-Rate, Parität) oder Ethernet-Schnittstellen (z.B. MAC-Adresse).
- *Externes Kommunikationsprotokoll*: Parameter betreffend dem Kommunikationsprotokoll zur übergeordneten Steuerung, wie Protokolltyp, Timeouts, oder Adressen.
- *Debug- bzw. lokale Service-Schnittstelle:* Gleiche Parameter, wie für das externe Kommunikationsprotokoll, jedoch für Debug- bzw. Serviceschnittstellen (z.B. RS-232).
- *VMS Hardware-Architektur:* Parameter, die die logischen Einheiten (z.B. Grafikteil, Textzeilen, Blinker) des VMS und deren Adressierung definieren.
- *VMS Hardware:* Parameter, die Information über den Typ der eingesetzten LED-Hardware pro logischer Einheit (z.B. 8x16-Pixel monochrome LED-Module) und die physikalische Verbindung dieser Module untereinander und zur VMS-Steuerung definieren.
- *Inhalte:* Bilder und Texte, die vom VMS im Betrieb angezeigt werden können.
- *Schriftarten:* Schriftarten, die für die Anzeige von Texten auf Textzeilen des VMS verwendet werden.
- *Autonome Operationen:* Parameter für Einstellungen von autonomen Operationen, wie LED-Test (zulässige Anzahl von LED-Fehlern, Zykluszeit für Testwiederholung) oder Grenzwerte für Temperatur- oder Spannungsüberwachung.
- *Identifikation und geographische Information:* Parameter, die das VMS eindeutig identifizieren (z.B. Seriennummer) und dessen Standort bestimmen (z.B. GPS-Koordinaten, Straßenkilometer).

5.1.3 Funktionsbereich Leistungsmanagement

Im Anwendungsfall von VMS kann Leistungsmanagement, wie folgend, gruppiert werden:
- *Verfügbarkeitsindikatoren:* Indikatoren betreffend der Verfügbarkeit des VMS bzw. Verfügbarkeit von einzelnen Teilkomponenten, die z.B. den Schluss auf systematische Frühausfälle zulassen.
- *Protokollindikatoren:* Indikatoren, die Übertragungseinrichtungen bzw. -protokolle für Prozess- als auch Managementdaten betreffen[8]. Beispiele sind 1) *Datendurchsatz* (engl.: throughput) aufgrund der Anzahl gesendeter und empfangener Protocol Data Units (PDUs) pro Zeiteinheit, 2) durchschnittliche, minimale und maximale *Antwortzeiten* (engl.: response times) im Allgemeinen bzw. für bestimmte Befehle, 3) *Verzögerungszeiten* (engl.: delay times) für interne Verarbeitungen des VMS, oder 4) *Qualität* der Datenübertragung aufgrund der Anzahl von korrekten Antworten pro Zeiteinheit.
- *Indikatoren über Wartung:* Informationen, wann das nächste planmäßige Service des Gerätes bzw. von Teilkomponenten[9] durchgeführt werden muss.

5.2 Gegenstandsbereich Netzwerk-Management

Der Gegenstandsbereich des *Netzwerk-Managements* beinhaltet die Verwaltung von Beziehungen und Abhängigkeiten zwischen Netzwerk-Komponenten, die für die durchgehende Verbindung innerhalb des Netzwerks notwendig sind (vgl. [31], S119). Dies beinhaltet die Verwaltung von einzelnen Komponenten in aufeinander abgestimmter Weise. Dazu gehören wiederum Auslesen und Ändern der Konfiguration der einzelnen involvierten Komponenten, Fehlerüberwachung des Netzwerks als auch das Triggern von Selbsttests.

Im exemplarischen Anwendungsfall des Aktorik-Subsystems kann dies beispielsweise:
- die Überwachung eines Feldbusses sein, der eine Streckenstation mit den VMS verbindet.
- die Konfiguration von Timings, um ein optimiertes Verhalten aller Komponenten am Feldbus erreichen zu können.
- die Identifikation einer defekten Komponente am Bus durch Verbindungsunterbrechung (d.h., in Fehlerfällen, wo es der Komponente nicht mehr möglich ist, den Fehler an die übergeordnete Einheit zu übertragen).
- Erkennen von unzulässigen Zuständen des Subsystems (z.B. des gemeinsamen Stellzustandes aller Aktoren eines Anzeigequerschnittes).

---
[8]Die bespielhaft angegebenen Leistungsindikatoren können entsprechend des Aufbaus des Protokollstacks jeweils pro Übertragungsschicht differenziert betrachtet werden.
[9]Nach dem Business-Modell für System und Netzwerkmanagement nach Terplan (vgl. [151], S17ff) kann diese Funktion auch den sog. "Operations Support Processes" zugeordnet werden. Das VMS als Managed Node würde folglich nur die Datenbasis für die Planung von Serviceeinsätzen auf Systemverwaltungsebene darstellen.

5.3 Gegenstandsbereich Dienst-Management

Der Gegenstandsbereich des *Dienst-Managements* beinhaltet alle Aufgaben die Verwaltung der Dienste betreffend, die das Netzwerk und die damit verbundenen Elemente anbieten. Dies betrifft sowohl die Sicherstellung der Verfügbarkeit und korrekten Funktion der Systemdienste als auch Ursachenfindung von Fehlern und Einleitung von Behebungsmaßnahmen (vgl. [31], S120). Darunter fällt auch eine systemweit automatisierte Planung von Fehlerbehebungs- und Wartungsaufgaben.

Im exemplarischen Anwendungsfall des Aktorik-Subsystems sind dies beispielsweise:

- *Planung von Vororteinsätzen zur Fehlerbehebung:* Informationen über aktuell im System anstehende Fehler und deren Ursache. Dies kann von einer optimierten Routenplanung für den Vororteinsatz bis zur Ersatzteilplanung bzw. (automatisierten) -bewirtschaftung reichen.
- *Planung von Wartungseinsätzen:* Basierend auf Leistungsindikatoren der einzelnen Komponenten (z.B. VMS) im Feld kann ein Wartungsplan inkl. der notwendigen Ersatzteile aufgestellt werden.
- *Überwachung der Systemverfügbarkeit:* Oftmals ist ein Wartungsvertrag eines Herstellers an die Verfügbarkeit des Systems bzw. einzelner Systemkomponenten gebunden. Basierend auf den von den Elementen gelieferten Leistungsindikatoren können auf Systemebene SLAs zur automatisierten Überwachung der Einhaltung von Verfügbarkeitszeiten aufgesetzt werden.
- *Trouble Reporting und Ticketing:* Basierend auf den Fehlerinformationen auf Netzwerk- und Elementebene kann auf Dienstebene ein automatisiertes Trouble-Reporting und Ticketing eingerichtet werden, das eine prozessorientierte Abwicklung von Problemen im System unter direkter (automatisierter) Einbeziehung von Herstellern bzw. Wartungspartnern ermöglicht.
- *Automatisierte Updates bzw. Rekonfiguration:* Geräte gleichen Typs bzw. desselben Herstellers können von einem zentralen Punkt mit neuer Software bzw. Konfiguration versorgt werden. Auf diesem Weg kann die ständige Aktualität des gesamten Systems sichergestellt werden.

Die zusammengefassten Einzelanforderungen ergeben folglich auch die Datenbasis der Theoriemodellierung. Die Anforderungen sind im Folgenden nach ihrer ID angeführt.

THEORIEMODELLIERUNG:

Menge der Management-Funktionen $MF = \{1.2, 1.5, 1.6, 1.7, 2.2, 2.3, 10, 12, 14, 16, 18, 19, 20, 31, 32.1, 32.3, 34, 36\}$

Menge der optionalen Management-Funktionen $MF_O = \{1.1, 1.3, 1.4, 2.1, 3, 4, 5, 6, 7, 8, 9, 11, 13, 15, 17, 21, 22, 23, 24, 25, 26, 27, 28, 29, 30, 32.2, 33.1, 33.2, 35, 37, 38, 39, 40, 41, 42\}$

Kapitel 6

ITS-Systeme und Protokolle

Kapitel 6 gibt einen Überblick über ITS-Systeme auf Netzwerk- und Protokollebene. Die im Systemüberblick (vgl. Abschnitt 3.5.3) definierten Teilsysteme und deren Zusammenhang werden genauer spezifiziert. Dabei wird ein top-down Ansatz ausgehend von der Verkehrsleitzentrale gewählt und so die Einordnung des intendierten Anwendungsbereichs der Aktorik (d.h. der VMSs) im Gesamtsystem ATMS erläutert. Kapitel 6.2 geht näher auf die im ITS-Gesamtsystem verwendeten Kommunikationsprotokolle, Kapitel 6.3 auf die im Aktorik-Subsystem verwendeten Steuerungstypen ein. Beide Teilkapitel liefern damit einen Teil der für die Theoriebildung notwendigen Datenbasis. Folglich werden in Teilkapitel 6.4 die existierenden Voraussetzungen für Management in Form von unterstützten Management-Funktionen und zur Verfügung gestellten Management-Daten betrachtet.

In Kapitel 6 wird die forschungsleitende Frage 3 "Welche Management Daten- und Funktionen werden von existenten Protokollen bereits zur Verfügung gestellt?" beantwortet.

6.1 VMS im Kontext von Advanced Traffic Management Systems

Wie in Kapitel 3.5 ausgeführt, bestehen Advanced Traffic Management Systems (ATMSs) aus verschiedenen Subsystemen. Diese Subsysteme sind physikalisch in einem hierarchischen Verbund von Steuereinheiten (engl.: Control Units), Sensoren und Aktoren abgebildet. Die Komponenten jeder Hierarchieebene sind in Form einer Kommunikationstechnologie (z.B. Ethernet oder Feldbus) miteinander verbunden, über die Daten mittels verschiedener Kommunikationsprotokolle übertragen werden (vgl. Abbildung 6.1).

Die Anzahl der Hierarchieebenen des Systems ist von der Größe und Komplexität des ATMS und auch von den gestellten Anforderungen abhängig. Eine minimale Systemkonfiguration kann beispielsweise aus einem einzelnen VMS bestehen, das über die lokale Steuerung gesteuert und überwacht wird. Im Vergleich dazu kann sich eine maximale Systemkonfiguration aus multiplen Steuerebenen (z.B. Verkehrsleitzentrale (VLZ), Unterzentrale (UZ), Streckenstation (SSt), Sensor/Aktor) zusammensetzen, wobei jeder dieser Level als Rückfallebene im Fall eines Ausfalls der übergeordneten Ebene durch die Implementierung von autonomen Operationen ausgelegt sein kann. Auf der obersten Hierarchieebene sammelt die VLZ[1] Daten von darunterliegenden Steuereinheiten[2] bzw. Sensoren und Aktoren und stellt diese dem Benutzer in einer repräsentativen Form als Entscheidungsbasis für globale Strategien der Verkehrsleitung und -überwachung zur Verfügung. Die Hauptaufgabe einer UZ liegt in der Kollektierung von Daten des darunterliegenden Teilsystems. Die Sammlung von Daten passiert dabei aus zwei Gründen (vgl. [87]):

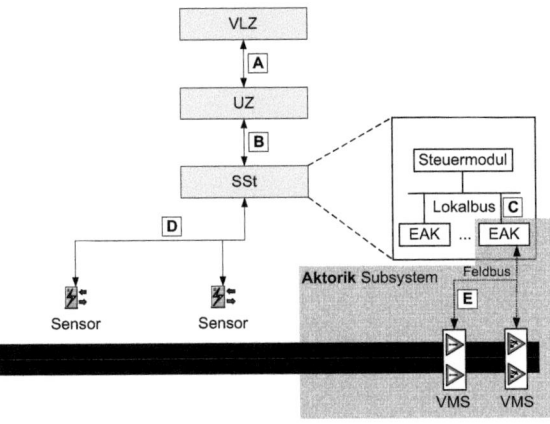

(a) Externe LCU (Streckenstation)

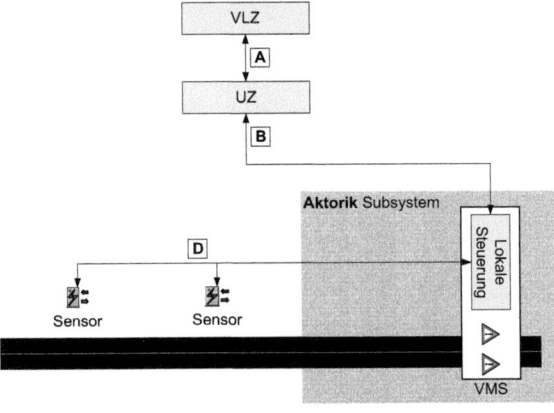

(b) Interne LCU

Abbildung 6.1: VMS im Kontext von ATMS

1. der Regelung von bestimmten Fahrstreifen durch VMSs auf Basis der kollektierten Daten[3],

---

[1]Anstatt des hier verwendeten Begriffes "VLZ" werden auch oftmals synonyme Begriffe wie Verkehrsmanagement-, Verkehrsrechner- oder Verkehrsinformationszentrale (vgl. [7], S13) verwendet.
[2]Nach TLS sind das Unterzentralen (UZ) bzw. Streckenstationen (SSt).
[3]vgl. dazu Kapitel 3.5.3 bzw. Linienbeeinflussung nach RVS 05.04.21 (vgl. [49]).

2. der Aggregation von Daten eines spezifischen Bereichs und Weiterleitung der Sammelinformation an die VLZ.

Neben der Detektion von Verkehrsdaten (sog. *Verkehrsdatenerfassung (VDE)*) ist die Erfassung von Umweltdaten (sog. *Umweltdatenerfassung (UDE)*) relevant. UZs sind mit einer oder mehreren lokalen Steuerungen (engl.: *local control unit (LCU)*) verbunden. Die LCU bildet dabei das Verbindungsglied zur Feldebene der *Sensoren* (z.B. Schleifendetektoren, Radardetektoren, Helligkeitssensoren, Wetterstationen) und *Aktoren* (z.B. VMS, Prismenwender, Signalgeber) und stellt Funktionen für lokale Steuerung (z.B. mit einem Benutzerbedienfeld) als auch autonome Regelung (z.B. Helligkeit der Aktoren aufgrund von Umgebungshelligkeit) zur Verfügung.

Wie in Abbildung 6.1 dargestellt, kann die LCU auf zwei Arten abgebildet werden:

- Als eigenständige Komponente (einer sog. *Streckenstation (SSt)* nach TLS) zur Steuerung eines Bereichs (vgl. Abbildung 6.1(a)). Im Normalfall handelt es sich dabei um einen Anzeigequerschnitt bestehend aus Sensorik- und/oder Aktorikkomponenten (vgl. [9], S13). Auf SW-Komponentenebene besteht eine SSt aus einem *Steuermodul* und optionalen *Eingabe-Ausgabe Konzentratoren (EAKs)*. Die Aufgabe eines Eingabe-Ausgabe Konzentrator (EAK) liegt dabei in der Umsetzung einer vom Steuermodul eingehenden Anfrage auf das Protokoll bzw. die spezifische Schnittstelle[4] des Endgeräts auf der Feldebene[5] (vgl. $\boxed{E}$ in Abbildung 6.1(a)).
- Funktional integriert in die Steuerung der Sensorik- bzw. Aktorikkomponente (vgl. Abbildung 6.1(b)). Speziell bei komplexen VMS ist eine Integration der LCU-Funktionalität in den Aktor wahrscheinlich.

Auf der Sensor-/Aktor-Ebene agieren *VMS* als User-Interface zum Verkehrsteilnehmer. Die Grundfunktionen von VMS können wie folgend gegliedert werden:

Anzeigeinhalte steuern und überwachen:
- ein- und ausschalten des VMS
- vordefinierte Anzeigeinhalte anzeigen
- frei-programmierbare Bilder anzeigen[6]
- frei-programmierbare Texte anzeigen[6]
- Anzeigeinhalte (Bilder, Texte) in einer definierten Ein- und Ausschaltzeit blinken lassen
- Blinktakt mit der übergeordneten Steuerung synchronisieren

Helligkeit der Anzeige steuern und überwachen:
- Helligkeit des VMS setzen

---
[4] Hier kann es sich auch um diskrete I/Os handeln, die kein Protokoll unterstützen.
[5] Der EAK kommt in seiner Funktion somit einem *Protokoll-Gateway* gleich.
[6] Abhängig von der VMS-Technologie.

- aktuell eingestellte Helligkeit des VMS zurücklesen

Integrierte I/O Funktionen:
- zurücklesen der Umgebungshelligkeit
- zurücklesen der aktuellen Messwerte von verbundenen analogen/digitalen Inputs
- verbundene analoge/digitale Outputs setzen

Diagnose- und Monitoringfunktionen:
- Status- und Fehlerinformationen zurücklesen
- aktuell angezeigten Anzeigeinhalt des VMS zurücklesen
- aktiven Blinkmodus zurücklesen

Konfigurations- und Wartungsfunktionen:
- Anzeigeinhalte (Bilder, Texte) des VMS auslesen und verändern
- Parameter für autonome Operationen (z.B. zyklische Selbsttests) auslesen und verändern
- Parameter für kritische Fehlerlimits (z.B. minimale Eingangsspannung, maximale Anzahl an defekten LEDs) auslesen und verändern
- auslesen und aktualisieren der Firmware der VMS-Steuerung (d.h. der LCU)

Autonome Funktionen:
- Automatische Regelung der Helligkeit basierend auf den gelesenen Messwerten (Umgebungshelligkeit)
- Überwachung jedes einzelnen Lichtpunkts auf korrekte Funktion
- Überwachung der internen Kommunikation
- Überwachung von internen Subkomponenten
- einnehmen des fail-safe state im Fall eines Kommunikationsfehlers (z.B. Ausschalten des VMS)
- einnehmen des fail-safe state im Fall eines kritischen Fehlers

Die aufgelisteten Funktionen des VMS[7] werden der übergeordneten Steuerung (Higher Order Control Unit (HOCU)) mittels verschiedener Kommunikationsprotokolle zur Verfügung gestellt. Auf diese wird im folgenden Teilkapitel näher eingegangen.

6.2 Kommunikationstechnologien und -protokolle im Aktorik-Subsystem

Wie bereits einleitend dargestellt, sind die Komponenten jeder Hiearchieebene des ATMS in Form einer Kommunikationstechnologie miteinander verbunden, über die Daten mittels verschiedener Kommunikationsprotokolle übertragen werden (vgl. Abbildung 6.1). Die Anforderungen an

---

[7]davon ausgenommen sind autonome Funktionen.

Kommunikations-standard	Herkunftsland	Physikalische Schnittstelle	Ebenen	Protokollunterstützung Gerät	Gerät
TLS	Deutschland	Seriell (EIA-485)	A-B	VLZ/UZ	SSt/LCU
			C	SM	EAK
DAP	Holland	Seriell (EIA-485)	A-C	VLZ/UZ/LCU	Sensor/Aktor
NMCS2	UK	Seriell (EIA-485) / Ethernet	A-C	VLZ/UZ/LCU	Sensor/Aktor
UTMC	UK	Seriell (EIA-485) / Ethernet	A-C	VLZ/UZ/LCU	Sensor/Aktor
DATEX II	Europa	Ethernet	A-C	VLZ/UZ/LCU	Sensor/Aktor
NTCIP	USA	Seriell (EIA-485) / Ethernet	A-C	VLZ/UZ/LCU	Sensor/Aktor

Tabelle 6.1: Kommunikationsstandards

die Kommunikationseinrichtungen können je nach Hierarchieebene differieren. Als physikalische Schnittstelle dienen im Allgemeinen folgende Technologien:

- Datenkommunikationsnetze (engl.: data communication networks), wie z.b. Ethernet 100Base-T
- Serielle Schnittstellen basierend auf z.B. EIA-422 oder EIA-485
- Automatisierungsnetze (engl.: control networks), wie z.B. Profibus-DP
- Diskrete I/O (parallele Schnittstelle)

Neben den oben genannten kabelgebundenen Kommunikationstechnologien sind auch Tendenzen zu kabellosen Technologien erkennbar. Diese befinden sich jedoch noch im Forschungs- bzw. Pilotstadium[8] und werden in Endanwendungen nur selten gefordert. Dies scheint im Speziellen in den Problematiken wie quality of service (QoS) und daraus folgenden SLA-Problematiken begründet.

Auf Protokollebene kommen verschiedene Standards (Tabelle 6.1) oder de-facto Standards (Tabelle 6.2) zur Anwendung. Diese sind auf bestimmte Märkte (z.B. DAP in den Niederlanden) bzw. Hierarchieebenen[9] des Gesamtsystems (z.B. TLSoverIP) ausgerichtet. Die referenzierten Abbildungen stellen diese Protokolle und die Ebene ihrer Anwendung in der Systemhierarchie dar. Wie leicht erkennbar, sind die Kommunikationsprotokolle in den meisten Fällen auf eine bzw. mehrere Ebenen der Systemhierarchie des ATMS beschränkt. Dies ist im Speziellen damit begründet, dass

---

[8]Aus Gründen der Vollständigkeit sei an dieser Stelle auf folgende aktuelle Forschungsförderungsprojekte mit dem Fokus kabelloser Kommunikation im gegebenen Anwendungsbereich verwiesen:
- CO-OPerative SystEms for Intelligent Road Safety (*COOPERS*) im Rahmen des 4. Rahmenprogramms der europäischen Kommission (für Details siehe http://www.coopers-ip.eu/).
- Cooperative Systems for Sustainable Mobility and Energy Efficiency (*COSMO*) im Rahmen der 4. Ausschreibung ICT-PSP der europäischen Kommission (für Details siehe http://ec.europa.eu/information_society/apps/projects/factsheet/index.cfm?project_ref=270952).
- Wireless Sensor and Actuator Networks für technische Anlagen in der Verkehrstelematik (*WiTAV*) im Rahmen des FFG Bridge-Programms.

[9]Aus Gründen der Vollständigkeit sei an dieser Stelle auf Kommunikationsstandards zum Austausch von Daten zwischen Verkehrsleitzentralen (VLZ), wie beispielsweise DATEX (vgl. [85]), hingewiesen. Diese sind im Rahmen dieser Arbeit jedoch nicht von Relevanz und werden daher nicht weiter behandelt.

Kommunikations-standard	Herkunftsland	Physikalische Schnittstelle	Ebenen	Protokollunterstützung Gerät	Gerät
TLS over IP	Österreich	Ethernet	A	VLZ	UZ
			B	UZ	LCU
Sign-XML-DA	Schweden	Ethernet	A-C	VLZ/UZ	Sensor/Aktor
BERM-Protokoll	Niederlande	Seriell (EIA-485) / Ethernet	A-C	VLZ/UZ	Sensor/Aktor

Tabelle 6.2: De-facto Kommunikationsstandards

die existierende Infrastruktur auf der Feldebene (D und E) oftmals auch im Fall einer Systemerneuerung beibehalten wird und lediglich ein Ersatz der Sensoren und Aktoren erfolgt. Folglich ist der Einsatz eines durchgängigen Standards über alle Ebenen des ATMS von der höchsten (A) bis zur niedrigsten Ebene (D bzw. E) nicht bzw. nur mit großem Aufwand möglich.

Folgende Protokolle werden aufgrund ihrer im Vergleich zu anderen de-facto Standards größeren Verbreitung als relevant für den intendierten Anwendungsbereich eines Aktorik-Subsystems erachtet und folglich als Datenbasis ins Forschungsdesign übernommen:

- der deutsche *Technische Lieferbedingungen für Streckenstationen (TLS)*-Standard (vgl. [14]),
- der Britische *National Motorway Communications System Mark 2 (NMCS2)* (vgl. [57]),
- der Amerikanische *National Transportation Communications for ITS Protocol (NTCIP)*-Standard (vgl. [1]),
- und das europäische Gegenstück *DATEX II* (vgl. [85]).

THEORIEMODELLIERUNG:
Menge der ITS-Protokolle $P = \{"TLS", "NMCS2", "NTCIP", "DATEX II"\}$

6.3 Steuerungstypen im Aktorik-System

Nachdem in Kapitel 6.2 die Kommunikationsprotokolle über die verschiedenen Ebenen des ATMS eingeführt wurden, geht dieser Abschnitt näher auf die im Aktorik-Subsystem verwendeten Steuerungskomponenten ein.

Die von den Steuerungen unterstützten Hardware- und Software-Schnittstellen bilden die Grundlage für die Unterstützung der geforderten Management-Funktionalität auf Elementebene. In der vorliegenden Arbeit werden exemplarisch die Steuerungstypen *Embedded-PC* und *Microcontroller* als Datenbasis der Theoriebildung herangezogen[10]. Die beiden Steuerungstypen charakterisieren sich wie in den folgenden Teilabschnitten ausgeführt.

---

[10]Die Auswahl der ersten Anwendungsfälle passiert folgend der pragmatischen Methode nach Stegmüller. Die genauere Untersuchung dieser liefert die Daten (das sind z.B. die hier genannten Steuerungstypen), die aus diesen wirklichen Systemen stammen (vgl. [13]). Weitere intendierte Systeme können folglich zu einer Erweiterung bzw. Reduktion der Datenbasis (d.h., z.B. der in der Theorie abgebildeten Steuerungstypen) führen.

6.3.1 Steuerungstyp "Embedded-PC"

Der Steuerungstyp Embedded-PC ist ein Single Board Computer. Der Controller hostet *Windows XP-Embedded* oder *Linux* als Betriebssystem. Das Betriebssystem stellt die Basisfunktionen für die Applikationssoftware zur Verfügung. Auf diesem Wege werden auch verschiedene ins Betriebssystem integrierte Dienste[11] als funktionale Basis für den Austausch von Managementdaten zur Verfügung gestellt. Alternativ können bestehende Applikationen für die Unterstützung von Managementdaten durch den Einsatz von SW-Frameworks[12] erweitert bzw. das System um zusätzliche SW-Komponenten ergänzt werden, die diese Aufgabe erfüllen. Eine Kapselung der Management-Funktionalität, unabhängig von der möglicherweise mit Zulassungsverfahren nach Sicherheitsnormen verbundenen Prozessdaten-Funktionalität, ist in dieser Struktur gut umsetzbar.

6.3.2 Steuerungstyp "Microcontroller"

Der Steuerungstyp Microcontroller ist eine applikationsspezifische Steuerung. Die Funktion des Controllers ist in Form von Firmware abgebildet, die im Programmspeicher des Prozessors hinterlegt ist. Die Firmware beinhaltet damit sowohl die Betriebs- als auch Applikationssoftware. Zur Ergänzung zusätzlicher Funktionalität muss somit ein Update des Programmspeichers (d.h., der gesamten Firmware) erfolgen. Dies ist über ein applikationsspezifisches Protokoll aus der Ferne möglich. Grundsätzlich unterstützt der Steuerungstyp die für die unterschiedlichen Management-Standards (vgl. Kapitel 4.5) vorausgesetzten Hardware-Schnittstellen. Für die Funktionsunterstützung des jeweiligen Managementprotokolls ist jedoch eine Erweiterung der Firmware notwendig. Aufgrund der unterschiedlichen Komplexität der Management-Standards und der limitierten Performance bzw. Speicherkapazität des Steuerungstyps sind einer Erweiterung entsprechende Grenzen gesetzt. Weiters ist eine solche Erweiterung der Firmware in Anwendungsfällen aufgrund von Zulassungsverfahren nach Sicherheitsnormen nur eingeschränkt bzw. mit großen zusätzlichen Aufwänden möglich. Daher bedarf die Abbildung von Management-Funktionen für diesen Steuerungstyp spezielle Beachtung, worauf in Kapitel 7 noch näher eingegangen wird.

THEORIEMODELLIERUNG:
Menge der Steuerungstypen $C = \{$"Embedded-PC","Microcontroller"$\}$

---

[11] Als Beispiel sei hier die Windows Management Instrumentierung (WMI) genannt.
[12] Ein Beispiel für ein SW-Framework zur Unterstützung von SNMP ist Net-SNMP (vgl. `http://www.net-snmp.org/`).

6.4 Management Daten- und Funktionen in existenten Protokollen

Nachdem in Kapitel 6.2 die unterschiedlichen Kommunikationsprotokolle bezogen auf die Hierarchieebenen des ATMS eingeführt wurden, werden im Folgenden die unterstützten Management-Funktionen und zur Verfügung gestellten Management-Daten dieser Protokolle näher betrachtet. Dazu werden die in Kapitel 5 erarbeiteten Management Requirements[13] für die Funktionsbereiche Fehler-, Konfigurations- und Leistungsmanagement mit diesen Protokollen[14] in Relation gesetzt. Die Ergebnisse des jeweiligen Funktionsbereichs sind in den folgenden Tabellen dargestellt.

Die Ergebnisse können, wie folgend, zusammengefasst werden: Der in Tabelle 6.3 dargestellte Bereich *Fehlermanagement* wird von den Kandidatenprotokollen grundsätzlich behandelt. Dies ist dadurch erklärbar, dass die Rückmeldung von Fehlern einer Systemkomponente ein immanenter Teil der innerhalb des Systems ausgetauschten Prozessdaten ist. Hervorzuheben ist die augenscheinliche, je nach Standard unterschiedliche, Interpretation bzw. Sichtweise der Sensor-/Aktor-Ebene: Sowohl der TLS-Standard als auch NTCIP interpretieren das Feldgerät auf einer Mikroebene und stellen Daten im entsprechenden Detaillierungsgrad zur Verfügung. Beispielsweise wird bei NTCIP die Rückmeldung einzelner LED-Fehler, bei beiden Protokollen die Rückmeldung von Spannungsfehlern und Fehlern in der internen Kommunikation unterstützt. Im Vergleich dazu bilden die Standards NMCS2 und DATEX-II das Feldgerät auf einer Makroebene ab. Dabei ist lediglich die Information, ob ein Fehler anliegt (z.B. Anzahl der zulässigen LED-Fehler über Grenzwert), jedoch nicht die genaue Fehleranzahl oder deren Ursache von Bedeutung. Funktionen zum Triggern von Selbsttests bzw. Diagnosefunktionen sind in keinem der Kandidatenprotokolle in den Anforderungen genügendem Maße vorhanden.

Im Vergleich zum soeben behandelten Fehlermanagement stellt sich die Situation im Bereich *Konfigurationsmanagement* (in Tabelle 6.4 dargestellt) anders dar: Während bei NTCIP eine klare Ausrichtung im Hinblick auf die Unterstützung von Konfigurationsdaten erkennbar ist, sind die anderen Kandidaten sehr eingeschränkt bzw. gar nicht dafür ausgelegt. TLS unterstützt dabei noch den größeren funktionalen Anteil der Gesamtanforderung, jedoch ist auch hier eine klare Ausrichtung in Richtung prozessorientierter Konfigurationsparameter (z.B. Adressierung, Systemzeit setzen) erkennbar. Speziell die Unterstützung von sogenannten in-house Konfigurationsparametern (vgl. [143]) ist auch hier in keinem Fall berücksichtigt und lässt einen großen Bedarf an Verbesse-

---
[13]Im Folgenden wird zwischen verbindlichen, optionalen und wünschenswerten Requirements unterschieden. Diese sind in der zweiten Spalte der jeweiligen Tabelle mit "Mandatory" (M), "Optional" (O) und "Desirable" (D) erkenntlich gemacht.
[14]Um einen besseren Überblick über die Situation betreffend Unterstützung von Management-Funktionen in bestehenden ITS-Systemen zu erhalten, werden in diesem Kapitel alle in Abschnitt 6.2 erläuterten Standards und de-facto Standards berücksichtigt. Die getroffene Einschränkung im Rahmen des Forschungsdesigns ist erst im Rahmen der Modellbildung in Kapitel 7 von Relevanz.

rungen bzw. Erweiterungen[15] erkennen.

Alle analysierten Kandidatenprotokolle lassen eine Unterstützung von Parametern und Funktionen für Leistungsmanagement zur Gänze vermissen (vgl. Tabelle 6.5).

Zusammenfassend kann festgestellt werden, dass keines der analysierten Protokolle eine hinreichende, den Anforderungen aus Kapitel 5 genügende Unterstützung von Management-Daten und -Funktionen bietet, was zu unten angeführter Adaptierung unserer Theorie führt. Der Funktionsbereich Fehlermanagement ist aufgrund seiner Nähe zu den Prozessdaten bereits gut unterstützt.

---

[15]Im Rahmen der TLS in der Version 2009 sind bereits Erweiterungen in Richtung in-field Konfigurationsparameter wie Auslesen/Ändern von Bildern und Texten vorgesehen.

Req-Nr	M/O/D	Beschreibung	TLS 2002	NMCS2	DATEX II	NTCIP	DAP	UTMC	TLS over IP	Sign-XML-DA	BERM
		Fehlermanagement									
1		Das VMS soll es ermöglichen, Informationen über folgende Fehler auzulesen:									
1.1	O	Neustart des VMS (Restarted-Flag)	✓			✓		✓	✓		
1.2	M	Fehler jeder einzelnen LED				✓		✓			
1.3	O	Summe der LED-Fehler über definiertem Grenzwert	✓	✓				✓	✓	✓	✓
1.4	O	Spannungsfehler (Versorgungsspannung außerhalb der definierten Grenzwerte)	✓		✓	✓		✓	✓		
1.5	M	Fehler in der internen Kommunikation (z.B. zu Sensoren, LED-Hardware)	✓		✓	✓		✓	✓		✓
1.6	M	Temperaturfehler (Temperatur innerhalb des Gerätes außerhalb der definierten Grenzwerte)			✓	✓				✓	✓
1.7	M	Speicherfehler						✓			
2		Das VMS soll folgende Diagnosefunktionen zur Verfügung stellen:									
2.1	O	Prüfung aller LEDs		✓		✓					✓
2.2	M	Prüfung der internen Kommunikation									✓
2.3	M	Integritätstest der HW-Komponente (z.B. Dateisystem, Temperatur)									✓
3	D	Das System soll das Auslesen von (historischen) Aktions- und Fehler-Logs ermöglichen.	✓					✓			
4	D	Das System soll die ereignisorientierte Übertragung von Fehlerinformation ermöglichen.	✓			✓		✓	✓	✓	
5	D	Das System soll ein Filtern von Fehlerinformation ermöglichen.	✓			✓		✓	✓		
8	D	Das System soll Maßnahmen zur Fehlerbehebung vorschlagen können (z.B. Serviceeinsatz, benötigte Ersatzteile, Priorität der Behebung aus Gesamtsystemsicht).									

Tabelle 6.3: Protokollunterstützung für Fehlermanagement

Req-Nr	M/O/D	Beschreibung	TLS 2002	NMCS2	DATEX II	NTCIP	DAP	UTMC	TLS over IP	Sign-XML-DA	BERM
		Konfigurationsmanagement									
9	O	Das System soll ein Update der Firmware/Betriebssoftware eines einzelnen VMS ermöglichen.									
12	M	Das System soll ein Auslesen/Ändern von Texten eines einzelnen VMS ermöglichen	✓		✓	✓		✓	✓	✓ w	
14	M	Das System soll ein Auslesen/Ändern von Schriftarten eines einzelnen VMS ermöglichen.				✓					
16	M	Das System soll ein Auslesen/Ändern von Bildern eines einzelnen VMS ermöglichen				✓				✓ w	✓ w
18	M	Das System soll die Änderung/das Auslesen der (Prozessdaten-Protokoll-)Adresse des VMS ermöglichen.	✓					✓			
19	M	Das System soll ein Auslesen/Ändern der (Prozessdaten-Protokoll-) Schnittstelle des VMS ermöglichen.									
20	M	Das System soll das Auslesen der SW-Version des VMS ermöglichen.	✓	✓		✓		✓	✓		
21	O	Das System soll ein Auslesen/Ändern der Systemzeit ermöglichen.	✓			✓		✓	✓	✓	
22	O	Das System soll ein Auslesen/Ändern des Kommunikationstimeouts für das Prozessdatenprotokoll ermöglichen.				✓		✓	✓		
23	O	Das System soll das Auslesen/das Ändern von Blinkparametern (Blinkmodus, Einschaltzeit, Ausschaltzeit) des VMS ermöglichen.	✓		✓	✓			✓		
24	D	Das System soll das Auslesen der Controller-ID ermöglichen.	✓			✓			✓	✓	
25	O	Das System soll ein Auslesen/Ändern von Parametern des LED-Tests (Zykluszeit, erlaubtes Fehlerlimit für Warnungen, Fehler) des VMS ermöglichen.				✓					
26	O	Das System soll ein Auslesen/Ändern von Parametern für autonome Systemtests des VMS wie Zykluszeit, erlaubte Fehleranzahl (z.B. für Temperatur, Versorgungsspannung) ermöglichen.				✓					
27	O	Das System soll ein Auslesen/Ändern des Fehlerstatus (z.B. Bild, das im Fall eines Verbindungsabbruchs angezeigt werden soll) des VMS ermöglichen.	✓			✓			✓	✓	
28	D	Das System soll ein Auslesen/Ändern der HW-Konfiguration des VMS (z.B. Anordnung der Einzelkomponenten und deren Verbindung) ermöglichen.				✓ R			✓ R	✓ R	
29	D	Das System soll ein Auslesen/Ändern der Identifikation/geographischen Information des VMS ermöglichen.	✓		✓			✓	✓		

Tabelle 6.4: Protokollunterstützung für Konfigurationsmanagement

Req-Nr	M/O/D	Beschreibung	Protokollunterstützung							
			TLS 2002	NMCS2	DATEX II	NTCIP	DAP	UTMC	TLS over IP	Sign-XML-DA	BERM
Leistungsmanagement										
31	M	Das VMS soll Informationen über dessen Verfügbarkeit bzw. die Verfügbarkeit der einzelnen Teilkomponenten (SW sowie HW) zur Verfügung stellen.									
32		Das VMS soll folgende Informationen betreffend des Prozessdatenprotokolls zur Verfügung stellen:									
32.1	M	Datendurchsatz (Anzahl der gesendeten und empfangenen PDU's pro Zeiteinheit)									
32.2	O	Durchschnittliche, minimale und maximale Antwortzeit für einzelne Befehle									
32.3	M	Durchschnittliche, minimale und maximale Antwortzeit allgemein									
34	M	Durchschnittliche, minimale und maximale Verarbeitungszeit für einzelne Operationen (z.B. Aufschalten eines Bildes, Ausführen von Selbsttests)									
35	D	Das VMS soll Informationen betreffend Wartung (letzte Wartung, nächster vorraussichtlicher Wartungszeitpunkt aufgrund von Betriebszeit) zur Verfügung stellen.									
36	M	Das VMS soll Informationen über die Betriebszeit (Betriebsstundenzähler) zur Verfügung stellen.									

Tabelle 6.5: Protokollunterstützung für Leistungsmanagement

Die Bereiche Konfigurations- und Leistungsmanagement werden hingegen mangelhaft bis gar nicht abgedeckt. In jedem Fall ist eine funktionale Erweiterung der existierenden Protokolle notwendig, um die Voraussetzung zur Erfüllung der Management-Anforderungen auf Elementen- als auch Netzwerk- und Systemebene schaffen zu können.

> THEORIEMODELLIERUNG:
>
> Aufgrund mangelnder Passung wird die Hypothese 11 verworfen:
>
> 11 Für alle p ∈ P: $(\Gamma(p, Mandatory\_MF) = |Mandatory\_MF|)$ (d.h., alle verwendeten ITS-Protokolle im System unterstützen die mandatory Mgmt-Funktionalitäten)

Kapitel 7

Managementtechnologien im Aktorik-Subsystem

Kapitel 7 führt, ausgehend von Management-Requirements in der ITS-Domäne (Kapitel 5), die Erkenntnisse aus Kapitel 4 und 6 in einer Modellierung zusammen. Ziel ist es, durch die Modellierung eine Direktive für die Gestaltung eines homogenen Systemmanagements im intendierten Anwendungsbereich des Aktorik-Subsystems zu geben. Das Kapitel gliedert sich wie folgend:

Teilkapitel 7.1 leitet aus dem Konzept der Automatisierungspyramide Referenzarchitekturen für den intendierten Anwendungsbereich ab.

Abschnitt 7.2 betrachtet den Bedarf an Dezentralisierung aus *Systemsicht*. Dies dient als Basis für die Auswahl eines gut geeigneten Paradigmas und folglich einer passenden Basistechnologie für die Managementinstrumentierung im intendierten Anwendungsbereich.

Abschnitt 7.3 widmet sich der *Netzwerksicht*. Es werden unterschiedliche Kommunikationsarten (IKT-basierte und feldbusbasierte Kommunikation) definiert und deren Möglichkeit des Transports von Management-Daten analysiert.

Abschnitt 7.4 betrachtet die *Komponentensicht* in Form der Elemente auf der untersten Ebene der Automatisierungspyramide und deren Möglichkeit, eine Instrumentierung für Management durchzuführen.

Teilkapitel 7.5 führt folglich die System- Netzwerk- und Komponentensicht in ein generisches Management-Konzept für die jeweilige Referenzarchitektur zusammen.

In Kapitel 7 werden die forschungsleitenden Fragen 4), 5) und 6) beantwortet.

7.1 Analyse der Systemstruktur

Wie bereits in Kapitel 3.5 ausgeführt, bestehen ITS-Systeme aus verschiedenen Subsystemen und Komponenten, die – je nach Größe und Art – über mehrere Hierarchieebenen miteinander verbun-

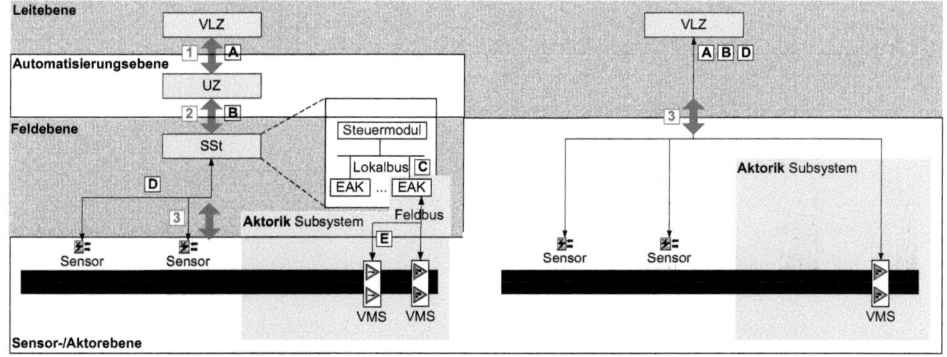

Abbildung 7.1: Automatisierungspyramide im Anwendungsbereich ITS

den sind. Diese Gliederung kann in Form einer *Automatisierungspyramide*[1] (vgl. [161]) des intendierten Anwendungsbereichs dargestellt werden (vgl. Abbildung 7.1). Den einzelnen Ebenen werden unterschiedliche Aufgaben des Gesamtsystems zugeordnet. Am Beispiel eines ATMS-Systems nach dem TLS-Standard [14], würde die VLZ der *Leitebene*, die UZ der *Automatisierungsebene*, die SSt der *Feldebene* und das VMS der *Sensor-/Aktorebene* entsprechen. Die einzelnen Ebenen sind über Schnittstellen, dem sogenannten

- *Fernbus* zwischen Leit- und Automatisierungsebene (vgl. 1 in Abbildung 7.1),
- *Inselbus* zwischen Automatisierungs- und Feldebene (2),
- und *Lokalbus* zwischen der Feldebene mit der Sensor-/Aktorebene (3)

miteinander verbunden. Im gegenständlichen Anwendungsbereich können folgende *Systemarchitekturen* (A1 – A3) modellhaft aus den realen Systemen[2] (vgl. Kapitel 6) abgeleitet werden:

A1 – Homogene Architektur ohne Hierarchie: Diese Architektur kommt vorwiegend bei kleinen und mittleren Systemen mit oder ohne Bestandsinfrastruktur zum Einsatz. Die Hierarchie wird auf zwei Ebenen – die Leitebene und Sensor-/Aktorebene – reduziert. Solche Systeme können je nach Anforderung sowohl feldbusbasiert[3] (in Abbildung 7.2 grau hinterlegt) als auch auf konventionellen Informations- und Telekommunikationstechnologien (IKT) basierend[4] (in Abbildung 7.2 grün markiert) ausgeführt werden. Beispielanwendungen dieser Architektur sind straßenseitige Informationssysteme.

---

[1]Synonym wird in der einschlägigen Literatur auch oftmals der Begriff der Informationspyramide verwendet (vgl. [130], S5).
[2]Die in den nachfolgenden Abbildungen dargestellten Control-Units und deren Verbindung untereinander zeigen den Bezug zu den Hierarchieebenen in Abbildung 6.1.
[3]Auf den Gegenstand der feldbusbasierten Kommunikation wird in Abschnitt 7.3.2 noch im Detail eingegangen.
[4]Auf den Gegenstand der IKT-basierten Kommunikation wird in Abschnitt 7.3.1 noch im Detail eingegangen.

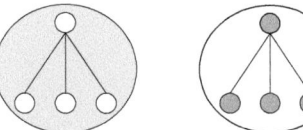 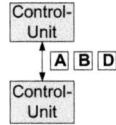

Abbildung 7.2: Homogene Architektur ohne Hierarchie

A2 – Homogene Architektur mit Hierarchie: Diese Architektur kommt bei Systemen zum Einsatz, die einem Standard (z.B. TLS [14]) folgen. Die feldbusbasierte Variante (Abbildung 7.3(a)) findet sich im Speziellen bei Systemen mit sicherheitskritischen Anforderungen (z.B. VDE 0832-400 [35]) wieder. Weiters wird diese auch bei Bestandssystemen verwendet, die durchgängig auf Feldbustechnologie basieren. Die IKT-basierte Variante wird im Gegensatz dazu bei Informationssystemen ohne zeit- bzw. sicherheitskritische Anforderung eingesetzt. Dazu zählen vor allem auch neue Systeme, die vollständig IP-basiert aufgebaut werden und Managementprotokolle, wie SNMP oder Supervisory Control and Data Acquisition (SCADA)-Technologien (z.B. OPC-DA [113]), verwenden.

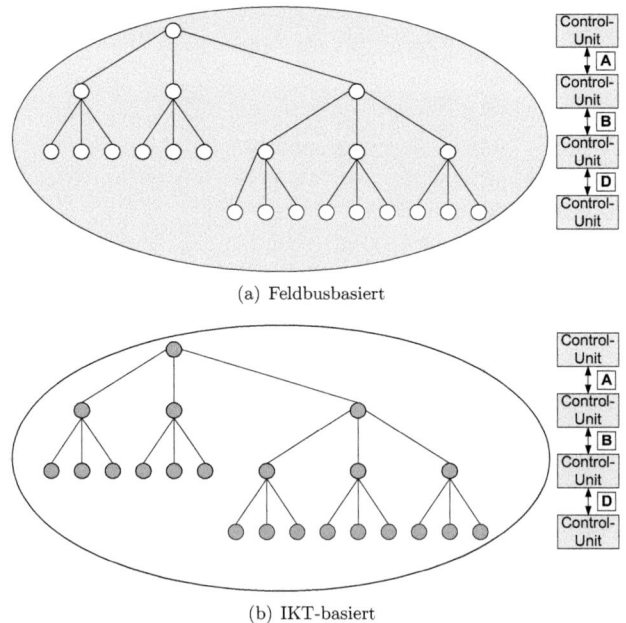

Abbildung 7.3: Homogene Architektur mit Hierarchie

A3 – Vertikal inhomogene Architektur mit Hierarchie: Diese Architektur kommt bei Systemen zum Einsatz, die die Vorteile einer Differenzierung der Schnittstellen über die Systemebenen nutzbar machen wollen (vgl. [131], S105 ff). Dies bedingt a) moderne (vorwiegend IP-basierte) IKT-Technologien auf Fernbus- und Inselbusebene zur Übertragung von großen Datenmengen (z.B. Echtzeit Videostreaming) und Sicherstellung der Skalierbarkeit des Gesamtsystems als auch b) die Nutzung der Vorteile von Feldbustechnologien[5] zur Kommunikation auf Lokalbusebene (in Abbildung 7.4 grau). Die Grenze bzw. der Übergang zwischen feldbusbasierter und IKT-basierter Kommunikation kann applikations- bzw. anforderungsspezifisch zwischen beliebigen Hierarchieebenen gezogen werden (vgl. [7], S13).

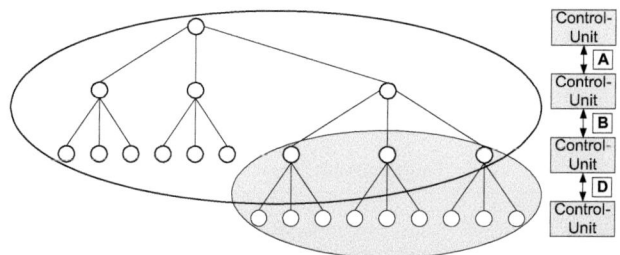

Abbildung 7.4: Horizontal inhomogene Architektur mit Hierarchie

Der Fall IKT-basierter Technologien auf der Lokalbusebene und Feldbustechnologie auf darüberliegenden Ebenen (Inselbus, Fernbus) kann aufgrund der technischen Voraussetzungen und Bewertung der Vor- und Nachteile (vgl. [131], S101 ff) als nicht realitätsnah ausgeschlossen werden. Weiters auszuschließen sind damit auch Systeme mit zwei Technologieübergängen der Form $\boxed{\text{FB}}$–$\boxed{\text{IKT}}$–$\boxed{\text{FB}}$ bzw. $\boxed{\text{IKT}}$–$\boxed{\text{FB}}$–$\boxed{\text{IKT}}$. Heterogene Architekturen ohne Hierarchie können von der Analyse ausgeschlossen werden, da diese durch die Architektur "A1" implizit abgedeckt sind.

Im Sinne der Theoriemodellierung ist die Hypothese 12 unserer Modellklasse zu verwerfen, da alle intendierten Anwendungen, die der Referenzarchitektur "A3" folgen einen Widerspruch dazu darstellen:

✗	THEORIEMODELLIERUNG: Aufgrund mangelnder Passung wird die Hypothese 12 verworfen: 12. Für alle $p \in P$: p $supp\_np$ np und np $trans\_mp$ m (wobei np $\in$ NP und m $\in$ M) (d.h., alle verwendeten ITS-Protokolle im System unterstützen das gleiche Netzwerk-Protokoll und transportiert das Management-Protokoll mp.)

Stattdessen gilt es im Folgenden, die Hypothesen 13a bis 15 auf Ihre Passung hin zu untersuchen.

---

[5]Hier geht es neben der Nutzung der allgemeinen feldbusbasierten Kommunikation (siehe Abschnitt 7.3.2) wiederum – wie bei feldbusbasierter homogener Architektur mit Hierarchie (A2) – um die Einhaltung von sicherheitsrelevanten Anforderungen.

7.2 Bestimmung des Bedarfes für Dezentralisierung

Wie in Abschnitt 4.4 ausgeführt, folgen Management-Standards unterschiedlichen Strukturen. Die Differenzierung erfolgt dabei nach den Kriterien Organisationsmodell und Granularität der Delegierung (vgl. Abschnitt 4.4). Für die Auswahl eines gut geeigneten Paradigmas und folglich einer passenden Basistechnologie muss zuerst der Bedarf für Dezentralisierung im Anwendungsbereich bestimmt werden. Als Analysehilfsmittel dafür werden im Folgenden Metriken in Anlehnung an Meyer et.al. [104] verwendet. Um diese Kriterien auch quantifizieren zu können, wird in der vorliegenden Arbeit die in der Originalliteratur undefinierte Skala (vgl. Abbildung 7.5) durch eine äquidistante Skala mit den Werten 1 (niedrig) bis 4 (hoch) ersetzt. Folgende Metriken werden in die Betrachtung miteinbezogen:

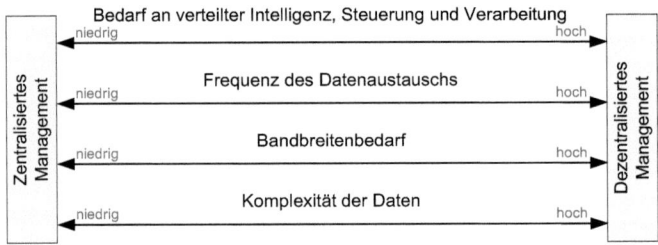

Abbildung 7.5: Metriken für Dezentralisierung nach Meyer et.al [104]

Bedarf an verteilter Intelligenz, Steuerung und Verarbeitung: Die Forderung nach lokaler Intelligenz ergibt sich aus der Forderung nach performanter Verarbeitung und Minimierung des Datenaufkommens im Management-System. So kann eine lokale Berechnung von Parametern (z.B. die Verfügbarkeit des Geräts anstatt der Übermittlung einzelner Status-Meldungen) die zum Zielhost transferierte Datenmenge verringern und so zur besseren Performance des Kommunikationssystems beitragen. Weiters geht mit dem Bedarf an verteilter Intelligenz die Bildung von Rückfallebenen einher. Beispielsweise kann im Fall einer Kommunikationsunterbrechung das Gerät unabhängig vom Kommunikationskanal eine reduzierte Management-Funktion aufrechterhalten (z.B. Speicherung von Fehler- oder Leistungsparametern) und die geforderte Information zu einem späteren Zeitpunkt an die Management-Applikation weiterleiten.

Frequenz des Datenaustauschs: Diese Metrik beschreibt die Kommunikation zwischen Management-Applikation und Agenten im Management-System[6]. Eine hohe Frequenz[7] kann beispielsweise in sicherheitskritischen Anwendungen von Nöten sein, wenn die Management-Station innerhalb einer definierten Zeit über die Änderung der Management-Information in Kenntnis gesetzt werden muss.

Bandbreitenbedarf: Diese Metrik definiert sich aus dem Verhältnis der Netzwerk-Kapazität zur Menge der zu übertragenden Managementinformation pro Operation. Am unteren Ende der Skala liefert das Netzwerk genügend Kapazität zum Transport der benötigten Managementinformation. Dem gegenüber steht ein Bedarf an Information, der mit der bestehenden Bandbreite nicht bzw. nicht in der dafür vorgesehenen Zeit übertragen werden kann. Ein Beispiel für eine Applikation mit niedrigem Durchsatz / hohem Informations-Verhältnis ist die Verwaltung von großen Anlagen bzw. Systemen aus der Ferne über Verbindungen mit geringer Bandbreite[8].

Komplexität der Daten: Applikationen am unteren Ende der Skala repräsentieren Anwendungen, die lediglich den Austausch simpler Datentypen bedürfen. Auf dem anderen Ende der Skala finden sich Anwendungen, die komplexe Datenstrukturen oder ausführbaren Code übertragen. Als Beispiel kann eine Applikation genannt werden, die Diagnosefunktionen in Form von Scripts auf Agenten uploadet und bei Bedarf ausführt.

Im Folgenden werden die Funktionsbereiche *Fehler-, Konfigurations-, und Leistungsmanagement* unter den zuvor definierten Metriken für Dezentralisierung genauer betrachtet. Wir verwenden an dieser Stelle wieder beispielhaft ein VMS als repräsentative Aktorik-Komponente. Es gilt hervorzuheben, dass die Analyse der Funktionsbereiche auf den Gegenstandsbereich des *Element-Managements* abzielt. Die Bereiche Netzwerk- und Dienst-Management werden aus Gründen der Ganzheitlichkeit in der Gesamtbetrachtung in Abschnitt 7.2.4 einbezogen.

7.2.1 Funktionsbereich Fehlermanagement

1. **Bedarf an verteilter Intelligenz:** Fehlermeldungen werden vom VMS an die Management-Station gemeldet. Dabei führt das VMS die dafür benötigten Diagnosefunktionen autonom in definierten Zeitabständen oder auf Anforderung der übergeordneten Steuerung durch. Die

---

[6]Da in Fall eines zentralistischen Managementparadigmas Manager und Management-Applikation zusammenfallen können, wird im Folgenden auf die Unterscheidung zwischen Management-Applikation und Manager bzw. Manager und Agent – wie von Meyer et.al [104] beschrieben – verzichtet. Der Begriff Management-Applikation wird daher synonym zum Begriff des Managers verwendet.

[7]Es gilt anzumerken, dass die Frequenz des Datenaustauschs nicht notwendigerweise eine von der Management-Station initiierten Kommunikationsablauf bedeutet. Der Datenaustausch kann – je nach Möglichkeit des Management-Standards – auch ereignisbasiert erfolgen.

[8]Es gilt anzumerken, dass eine Einschränkung der Netzwerk-Kapazität nicht nur durch die Bandbreite der Verbindung, sondern auch durch die Verbindungsqualität beeinträchtigt werden kann.

Resultate werden dabei nicht weiter verarbeitet, sondern lediglich an die übergeordnete Einheit weitergeleitet. Die Berechnung des Status des Systems "VMS" (d.h., die Subsummierung aller einzelnen Fehlerindikatoren zu einem Systemstatus) erfolgt normalerweise in dezentraler Form, kann jedoch auch zentralisiert aus den einzelnen Fehlerindikatoren abgeleitet werden. Zusammenfassend führt dies zu einem geringen Bedarf an verteilter Intelligenz und einer Bewertung von 2 auf der vierstufigen Skala.

2. **Frequenz des Datenaustauschs:** Fehlermeldungen müssen im Anwendungsbereich so schnell als möglich vom Agenten an die Management-Station übertragen werden[9]. Die Minimierung der Übertragungszeit von Fehlermeldungen ist im Speziellen von Interesse, um auf den Fehler zeiteffizient reagieren und folglich die Ausfallzeit so gering als möglich halten zu können. Da auf dem Lokalbus (vgl. $\boxed{3}$ in Abbildung 7.1) oft limitierte Bandbreite zur Verfügung steht, es jedoch häufigen Datenaustauschs bedarf, gilt es in der folgenden Modellierung spezielles Augenmerk darauf zu legen, um die Anforderung einer schnellen Übertragung der Information über die Hierarchieebenen des Systems sicherzustellen. Auch strikte Timingvorgaben für die Prozessdatenkommunikation auf Lokalbusebene verdeutlichen die gegenständliche Problematik, was zu einer Bewertung von 4 führt.

3. **Bandbreitenbedarf:** Heutige ATMS Infrastrukturen stellen auf höheren Ebenen (vgl. $\boxed{1}$ und $\boxed{2}$ in Abbildung 7.1) moderne Netzwerke (z.B. IP-basierte Glasfasernetze) mit hinreichender Bandbreite[10] zur Verfügung (vgl. Referenzarchitektur "A3"). Im Gegensatz dazu stehen auf dem Lokalbus ($\boxed{3}$) geringere Bandbreiten zur Verfügung. Da die Menge der zu übertragenden Managementinformation als gering einzustufen ist, ist auch von einem geringen Bandbreitenbedarf am Lokalbus in der realen Anwendung auszugehen, was zu einer resultierenden Bewertung von 1 führt.

4. **Komplexität der Daten:** Im Fall eines VMS ist die Fehlerinformation im Allgemeinen auf wenige Bytes an Daten beschränkt, wobei die Information normalerweise binär codiert übertragen wird. Zusätzlich zu dieser allgemeinen Fehlerinformation können auch Detailinformationen zu speziellen Fehlerkategorien bzw. Fehlern, wie z.B. Status der einzelnen Pixel des VMS, übertragen werden. Der Datenbedarf dafür kann – abhängig von der Konfiguration des VMS – mehrere Kilobytes erreichen. Scripts oder ausführbarer Code werden im heutigen Anwendungsfall nicht an die Agenten übertragen. Resultierende Bewertung: 2.

---

[9]Wie im Rahmen der Anforderungsanalyse festgestellt ist der Funktionsbereich Fehlermanagement bereits in den Prozessdatenprotokollen gut abgebildet. Damit ist auch die zeitliche Anforderung an die Übertragung dieser Information mit der Prozessdatenprotokolldefinition determiniert. Sollten in zukünftigen Anwendungsfällen weitere Prozessdatenfunktionen durch die Management-Schnittstelle übernommen werden ist auf diese Timing-Anforderungen nochmals speziell einzugehen.

[10]Aktuelle Netzwerkinfrastrukturen werden für verschiedenste Anwendungen bis hin zur Übertragung von Echtzeit-Video verwendet.

Die Bewertungen für den Funktionsbereich *Fehlermanagement* lassen sich in Abbildung 7.6 zusammenfassen.

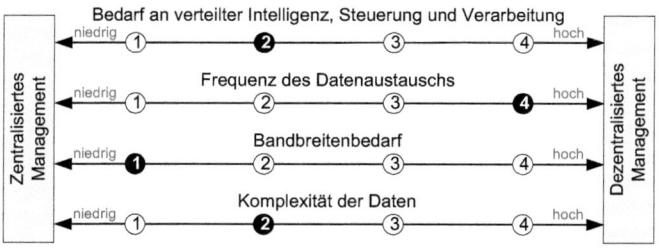

Abbildung 7.6: Dezentralisierungsmetriken für Fehlermanagement

7.2.2 Funktionsbereich Konfigurationsmanagement

1. **Bedarf an verteilter Intelligenz:** Nachdem die Konfiguration des VMS im Rahmen der Inbetriebnahme initial hinterlegt wurde, ist diese im Normalfall nur sehr selten Änderungen unterworfen. Die verwendeten Konfigurationsparameter sind im Allgemeinen einfach und bedürfen keiner lokalen Intelligenz oder aufwändiger Verarbeitung. Lediglich der Up- und Download von Inhalten (z.B. Bilder) bedarf einer dezentralen Verarbeitung in Form von Konvertierungsroutinen der übertragenen Daten in gerätespezifische Formate. Resultierende Bewertung: 2.

2. **Frequenz des Datenaustauschs:** Wie bereits im vorangehenden Punkt angeführt, werden Konfigurationsdaten nur selten geändert. Sollte es trotzdem einer Änderung bedürfen, ist das Ziel des Management-Systems, die Änderung von einem zentralen Punkt (d.h., der Management-Station) aus durchführen zu können. Da es im regulären Betrieb des ATMS zu keiner Änderung der Konfiguration kommt, ist eine zyklische Abfrage nicht notwendig[11] bzw. als nicht zeitkritisch einzustufen. Resultierende Bewertung: 1.

3. **Bandbreitenbedarf:** Wie bereits bei der Analyse des Funktionsbereichs Fehlermanagement ausgeführt, steht in heutigen ATMS im Normalfall genügend Netzwerkkapazität zur Verfügung. Weiters ist die zu übertragende Konfigurationsinformation als gering einzustufen, was zu einer Bewertung von 1 führt.

---

[11] Es gilt anzumerken, dass trotz des Zieles einer zentralistischen Änderung der Konfiguration von der Möglichkeit als auch Durchführung von Rücklesevorgängen nicht abgesehen werden kann. Eine wiederkehrende Abfrage zum Zwecke von Soll/Ist-Vergleichen, z.B. zur Feststellung von korrupten Konfigurationen bzw. lokaler Manipulation, ist aus Gründen der Sytemintegrität in jedem Fall als sinnvoll zu erachten.

4. **Komplexität der Daten:** Konfigurationsparameter sind normalerweise durch einfache Datentypen repräsentiert. Im Fall von Up- und Download von Inhalten steigt die Komplexität der Kommunikation zwischen Management-Applikation und Agent, da komplexere Information in Form von Binary Large Objects (BLOBs) unterstützt werden müssen. Resultierende Bewertung: 2.

Die sich ergebenden Bewertungen für den Funktionsbereich Konfigurationsmanagement lassen sich in Abbildung 7.7 zusammenfassen.

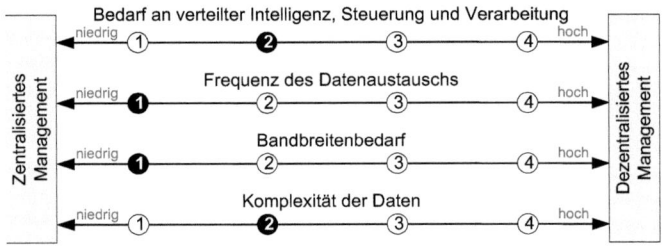

Abbildung 7.7: Dezentralisierungsmetriken für Konfigurationsmanagement

7.2.3 Funktionsbereich Leistungsmanagement

1. **Bedarf an verteilter Intelligenz:** Leistungsparameter werden im Anwendungsfall VMS hauptsächlich im Rahmen der Fehleranalyse in der Intersystemkommunikation, Langzeitanalyse des Systemverhaltens bzw. als Basis für SLAs verwendet. Die zu übermittelnden bzw. zu verarbeitenden Daten sind einfach und benötigen auf Elementenebene keine Intelligenz in der Verarbeitung. Resultierende Bewertung: 1.

2. **Frequenz des Datenaustauschs:** Aufgrund der zuvor genannten Anwendungsbereiche der Leistungsparameter auf Applikationsebene ist die Übertragung dieser als nicht zeitkritisch zu betrachten. Der Informationsaustausch zwischen Agent und Management-Applikation kann folglich bei Bedarf erfolgen. Resultierende Bewertung: 1.

3. **Bandbreitenbedarf:** Im Falle von Leistungsmanagement gilt die gleiche Argumentation wie im zuvor behandelten Funktionsbereich Konfigurationsmanagement. Auch hier steht geringe Information bzw. einer nicht zeitkritischen Übertragung ausreichende Bandbreite gegenüber, was zu einer Bewertung von 1 führt.

4. **Komplexität der Daten:** Leistungsparameter sind im Anwendungsfall durch einfache Datentypen repräsentiert. Im Fall der Übertragung von Leistungshistorien über längere

Zeiträume muss – wie im Fall von Konfigurationsmanagement – mit einer erhöhten Komplexität durch die Übertragung von BLOBs gerechnet werden. Resultierende Bewertung: 2.

Die sich ergebenden Bewertungen für den Funktionsbereich Leistungsmanagement lassen sich in Abbildung 7.8 zusammenfassen.

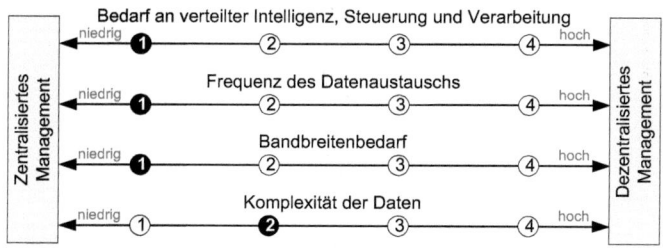

Abbildung 7.8: Dezentralisierungsmetriken für Leistungsmanagement

7.2.4 Zusammenfassende Gesamtbetrachtung

Für die Gesamtbetrachtung des Bedarfs an Dezentralisierung im intendierten Anwendungsbereich werden im Folgenden die Resultate der einzelnen zuvor analysierten Management-Funktionsbereiche in eine Gesamtbewertung zusammengeführt[12]. Dabei werden die jeweiligen Höchstwerte übernommen und so ein worst-case Szenario über alle Funktionsbereiche gezeigt. Das Ergebnis ist in Abbildung 7.9 dargestellt.

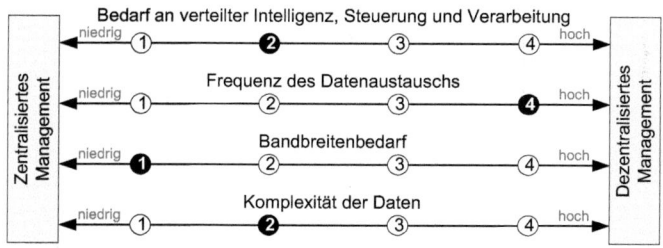

Abbildung 7.9: Dezentralisierungsmetriken – Gesamt

Zusammenfassend ist ein geringer Bedarf an Dezentralisierung für die Ebene des Element-Management erkennbar. Dies ist im Speziellen im geringen Bedarf an dezentraler Intelligenz und

---

[12] Es gilt anzumerken dass im Falle der Gestaltung eines Management-Systems für lediglich einen Funktionsbereich (d.h., Fehler-, Konfigurations- bzw. Leistungsmanagement) die in den vorhergehenden Kapiteln beschriebenen Metriken als Basis herangezogen werden können. Die zusammenfassende Gesamtbetrachtung dient der Generalisierung im Sinne eines für alle Funktionsbereiche offenen Management-Systems.

Verarbeitung in diesem Gegenstandsbereich begründet. Auch ist die Menge, Komplexität und semantische Hochwertigkeit der ausgetauschten Information als gering einzustufen. Die primäre Herausforderung liegt hingegen in der Geschwindigkeit der Informationsverarbeitung und -übertragung – d.h., wie schnell die Information im erwarteten Zielformat vom Agenten zur Management-Station übertragen werden kann. Dies ist im Speziellen – wie bereits in Abschnitt 7.2.1 erläutert – im Funktionsbereich Fehlermanagement von Bedeutung.

In Sinne einer ganzheitlichen Betrachtung im Gegenstandskontext Netzwerk- oder Dienst (vgl. Kapitel 4.3.2) ist sowohl die Anzahl der auf einer Hierarchieebene zu verwaltenden Geräte als auch die Anzahl an Hierarchieebenen selbst ein limitierender Faktor für ein zentralistisches Paradigma. Die Veränderung der Anforderungen für Dezentralisierung auf höheren Systemebenen ist in Abbildung 7.10 dargestellt.

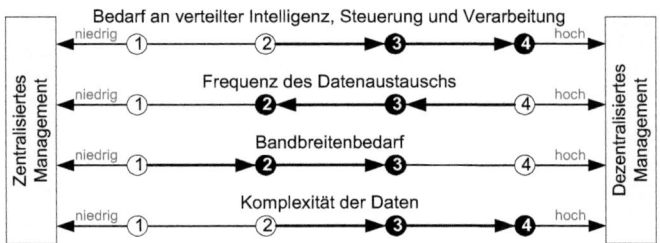

Abbildung 7.10: Veränderung der Dezentralisierungsmetriken über die Systemebenen

Der Bedarf an verteilter Verarbeitung steigt dabei mit der Hierarchieebene. Exemplarisch ist die Zusammenfassung des Status aller angeschlossenen Geräte zum Status des Teilsystems zu nennen. Die geforderte Abfrage-Frequenz sinkt tendenziell mit der Hierarchieebene. Das wirkliche Ausmaß der Veränderung ist jedoch von der systemspezifischen Implementierung, wie etwa der zuvor genannten Verarbeitung und lokalen Pufferung von Management-Information, abhängig. Der Bandbreitenbedarf pro Abfrage ist aufgrund der Zusammenfassung von Management-Daten einzelner Geräte als über die Systemebenen steigend zu beurteilen. Die Kollektierungsfunktion der höherwertigen Systemebenen bringt auch eine höhere Komplexität in den verwendeten Datentypen mit sich.

Die Wahl der korrekten Systemebene im ATMS zur Abbildung der SW-Komponenten des dezentralen Managementsystems ist dabei von mannigfaltigen Einflussfaktoren abhängig. Stellvertretend können folgende Faktoren genannt werden:

- Netzwerktopologie und verwendete Prozessdatenprotokolle im speziellen Anwendungsfall (vgl. dazu Kapitel 6).

- Bedarf an lokaler Intelligenz zur Filterung von transienten Ereignissen: Die sofortige Übermittlung von Fehlermeldungen an die Management-Station kann im Fall von transienten Fehlern zur Belastung des Netzwerks führen und so die korrekte Funktion von anderen Systemvorgängen beeinflussen. Folglich kann ein dezentraler Agent die Aufgabe einer ersten Validierung der Fehlermeldung und Ableitung der notwendigen Sofortaktion übernehmen. Dies ist auch im Speziellen bei Systemen mit hohen Anforderungen betreffend Reaktionszeit von Bedeutung, wenn Management-Schnittstellen mittelfristig auch Funktionen der Prozessdatenschnittstelle übernehmen sollen (vgl. Kapitel 9) bzw. die zentralistische Abhandlung der Entscheidungsfindung aufgrund der Latenzzeit gar nicht bzw. nicht garantiert möglich ist.

- Abzubildende Funktionen der Gegenstandsbereiche Netzwerk- bzw. Dienstmanagement: Wie in der Anforderungsanalyse in Kapitel 5 erläutert, bedürfen Funktionen, wie beispielsweise die Identifikation von Fehlerquellen eines Teilsystems oder die Überwachung der Verfügbarkeit einer breiten Datenbasis[13], die transportiert und verarbeitet werden muss. Folglich ist die Wahl der Systemebene sowohl von der abzubildeten Funktion als auch darunterliegenden Struktur des Teilsystems abhängig.

- Bedarf an dezentralen Management-Schnittstellen: Bisher wurde bei Management immer von einer Aufgabe ausgegangen, die von einem zentralen Zugangspunkt aus erfolgt. Im gegenständlichen Anwendungsbereich ergeben sich jedoch vielfältige Anwendungsbereiche für Management, die eine dezentrale Verfügbarkeit dieser Schnittstellen notwendig machen. Beispielhaft sei hier die in-house Konfiguration (vgl. [143]) im Rahmen der Herstellerinbetriebnahme eines VMS oder die Vorort-Fehleranalyse oder -Parametrierung an einem Streckenabschnitt bzw. einem Anzeigequerschnitt zu nennen. Diese Anwendungsfälle bedürfen der Verlagerung des Managers auf die jeweilige Systemebene, um die zuvor erläuterte Voraussetzung für Management überhaupt erst zu schaffen.

- Bedarf an elastischen Prozessen (vgl. [52]) die den Download von Funktionen an die Agenten unterstützen. Solche Funktionen können vor allem im Rahmen der Gegenstandsbereiche Netzwerk- und Dienstmanagement von Interesse sein, da diese (auf einer mittleren Systemebene) Informationen weiterverarbeiten und so zu einer besseren Skalierbarkeit des Gesamtsystems im Vergleich zu einem rein zentralistischen Paradigma führt.

Im Fall von Systemen ohne Hierarchie (Referenzarchitektur "A1") kann folglich von einer Dezentralisierung abgesehen und ein zentralistisches Paradigma verfolgt werden. Im Gegensatz dazu ist bei Systemen mit Hierarchie (Referenzarchitekturen "A2" und "A3") eine dezentrale Variante

---

[13]d.h., es müssen Management-Daten verschiedener Geräte des (Teil-)Systems transportiert werden.

anzustreben. Diese soll eine Verlagerung von Aufgaben, entsprechend der zuvorgenannten exemplarischen Faktoren, auf nachgelagerte Hierarchiestufen ermöglichen und so eine skalierbare Basis ohne die zuvor genannten Einschränkungen bilden.

7.3 Analyse der Kommunikationsinfrastruktur

Nachdem in Abschnitt 7.2 der Bedarf an Dezentralisierung eines Management-Systems im intendierten Anwendungsbereich (d.h., die Systemsicht) analysiert wurde, wird im Folgenden näher auf die *Netzwerksicht* eingegangen. Wir unterscheiden dabei zwischen Informations- und Kommunikationstechnologie (IKT) basierter Kommunikation (Abschnitt 7.3.1) und feldbusbasierter Kommunikation (7.3.2).

7.3.1 IKT-basierte Kommunikation

IKT-basierte Kommunikation (z.B. Ethernet IEEE 802.3) dient hauptsächlich zur Vernetzung von Rechnersystemen und Steuerungen (vgl. [130], S69). Technische Fortschritte, wie Fast Ethernet und Gigabit Ethernet, erweiterte Switching-Funktionalitäten und Full-Duplex-Verfahren tragen zur Eignung von Ethernet auch in der Feldebene und folglich einer weiteren vertikalen Integration bei (vgl. [41], S65). Da das Transmission Control Protocol (TCP) jedoch nicht echtzeitfähig ist, wird immer ein Bruch der vertikalen Durchgängigkeit bei den Kommunikationsprotokollen bleiben, die im Feldbereich auf diese Kommunikationsschicht verzichten oder aber eine Einschränkung in der Echtzeitfähigkeit bei den Protokollen bleiben, die konsequent TCP/IP als Transportschicht beibehalten [130].

Für auf IKT-basierte Kommunikation wird im Rahmen dieser Arbeit IP (RFC 791, [64]) bzw. ISO-IP (ISO 8473 bzw. ITU-T X.233, [76]) als Basis auf Layer 3 angenommen[14]. Auf die Spezifikation der darunterliegenden Schichten wird sowohl aufgrund der per Definition bestehenden Unabhängigkeit der einzelnen Layer als auch der daraus folgenden breiteren Anwendbarkeit des Modells verzichtet. Es seien jedoch exemplarisch folgende charakteristische Eigenschaften für konventionelle Netzwerke genannt[15], die eine klare Abgrenzung zu feldbusbasierter Kommunikation[16] ermöglichen:

- keine deterministische Medienzugangskontrolle[17],

---

[14]Es gilt darauf hinzuweisen, dass es sich hierbei um keine willkürliche Annahme der Daten handelt. Für die detaillierte Begründung der Datenkonstruktion sei auf Abschnitt 7.3.3 verwiesen.

[15]Bei den getroffenen Annahmen handelt es sich um eine Zusammenfassung der Eigenschaften von IP-basierten Netzen im nicht-industriellen Umfeld. Eine höhere Spezifikation, wie z.B. für Industrial Ethernet oder zukünftige Standards, ist jedoch in jedem Fall zulässig und stellt keinen Widerspruch zu den getroffenen Annahmen dar.

[16]Siehe dazu auch Anhang A.

[17]Der Netzzugang wird über CSMA/CD geregelt, was zum Schluß führt, dass Ethernet keinen Determinismus

- dezentral gesteuerter Buszugriff (CSMA/CD-Verfahren),
- abhängig vom eingesetzten Protokoll kurze Telegramme (z.B. beim verbindungslosen User Datagram Protocol (UDP) oder verbindungsorientierte Kommunikation (z.b. beim verbindungsorientierten TCP),
- abhängig vom eingesetzten Protokoll keine bis sehr zuverlässige Fehlererkennung,
- meist Twisted-Pair-Kabel (im Fall von Fast-Ethernet) oder auch Lichtwellenleiter (Gigabit-Ethernet) als Kommunikationsmedium mit durchwegs standardisiertem Endgeräteanschluss,
- meist nur OSI-Schichten 1, 2, 3, 4 und 7^{18} implementiert

7.3.2 Feldbusbasierte Kommunikation

Feldbussysteme sind, wie der Begriff schon andeutet, direkt im Feld, also in der Anlage bzw. im Prozess angesiedelt [130]. Feldbussysteme verbinden dabei Sensoren und Aktoren mittels serieller Kommunikation mit der Steuerung. Die Topologie ist meist eine Busstruktur, die sich durch einen geringen Verkabelungsaufwand bei hoher Teilnehmerzahl charakterisiert. Eine weitere zentrale Anforderung gilt dem Determinismus bzw. der Echtzeitfähigkeit, sowohl im Sinne der "Rechtzeitigkeit" (Garantie von Mindestverzögerungszeiten des Datenverkehrs) als auch noch als höhere Anforderung im Sinne der "Gleichzeitigkeit" (Synchronismus) (vgl. [41], S65). Weitere typische Merkmale von Feldbussen sind:

- eine deterministische Medienzugangskontrolle durch zentrale (Master/Slave) oder dezentrale (Token-Bus bzw. -Ring oder TDMA) Zuteilung,
- kurze Telegramme, in denen oft nur wenige Bytes an Daten übertragen werden,
- zuverlässige Fehlererkennung,
- meist geschirmte Zweidrahtleitung als Kommunikationsmedium,
- meist nur Implementierung der OSI-Schichten 1, 2 und 7^{19}.

Von den in Abschnitt 6.2 in die Datenbasis der Theorie übernommenen Kommunikationsstandards und de-facto Standards ist der deutsche TLS-Standard ein typischer Vertreter der feldbusbasierten Kommunikation. Mit geringeren Anforderungen in Richtung Rechtzeitigkeit ist auch die EIA-485 Kommunikationsebene [57] der NMCS2 Steuerungshierarchie (vgl. [58], S33) als Beispiel anzuführen.

Eine Annahme eines Basisprotokolls auf Layer 3 (wie im Abschnitt 7.3.1 für IKT-basierte Kommunikation getroffen) kann aufgrund der für das verwendete Protokoll oft individuellen Spe-

---

aufweist. Es gibt jedoch Ansätze, die bei geringer Buslast (<10%) nahezu Determinismus aufweisen. Ebenso sind neue Verfahren wie Deterministic Ethernet im Gespräch (vgl. [130], S70).

[18] die Ebenen 5-7 fallen im Falle IP-basierter Kommunikation zur Applikationsschicht zusammen.

[19] Diese Struktur wird auch als *Architektur zur Leistungssteigerung* (engl.: Enhance Performance Architecture (EPA)) (vgl. [30], S5 bzw. [62], S25) bezeichnet. Diese wurde speziell für Fernwirksysteme entwickelt, die in Übertragungsnetzen niedriger Bandbreiten besonders kurze Reaktionszeiten erfordern, entwickelt.

zifikation der Schichten 2-3 (siehe Beispiele oben) nicht vorgenommen werden. Vielmehr würde eine solche Hilfshypothese lediglich eine unzulässige Einschränkung des Problembereichs mit sich bringen, von welcher aufgrund der Offenheit des Modells und Anwendbarkeit der Theorie für weitere intendierte Anwendungen in jedem Fall abzusehen ist.

7.3.3 Kommunikationsinfrastruktur: Zwischenbilanz

Zusammenfassend können im gegenständlichen Anwendungsbereich drei Systemarchitekturen unterschieden werden. In diesen Architekturen kommt sowohl feldbusbasierende als auch auf konventionellen IKT-basierende Kommunikation zum Einsatz. Wie in Abschnitten 7.3.1 und 7.3.2 verdeutlicht, sind es verschiedene Charakteristika, die den Einsatz dieser Kommunikationstechnologien in den Referenzarchitekturen bedingen. Als Beispiel hierfür ist das Planungshandbuch der ASFINAG [9] zu nennen, das zwar verschiedene hierarchische Strukturen mit unterschiedlicher Reichweite von Internet Protocol (IP)-basierter Kommunikation zulässt, diese jedoch in keinem Fall die Feldebene einschließen. Dies kann wiederum mit der zeitkritischen Anforderung auf der Feldebene, als auch anderen – sich aus der Verwendung von IKT-Technologien ergebenden – Nachteilen im Vergleich zu Feldbussystemen[20] erklärt werden. Damit stellt die spezifische Anforderung im gegenständlichen Anwendungsbereich auch einen der von Enste et.al. [41] genannten Ausnahmefälle dar:

> "Als allgemeine Aussage kann festgehalten werden, dass für die überwiegende Anzahl an Anwendungsfällen in der Prozessindustrie die vertikale Durchgängigkeit von höherer Relevanz ist als die Garantien harter Echtzeitanforderungen."

Es ergeben sich daher folgende Annahmen für die Modellierung einer Gestaltungsdirektive für Management im intendierten Anwendungsbereich:

1. Im Falle von IKT-basierter Kommunikation besteht die Möglichkeit das Management-Protokoll "parallel" zum Prozessdatenprotokoll über den definierten *Network-Layer* ohne weitere Maßnahmen zu übertragen.

2. Im Falle von feldbusbasierter Kommunikation kann das Management-Protokoll durch Enkapsulierung der Nutzdaten in OSI-2/3 Pakete über das *Feldbusprotokoll* übertragen werden (Transport).

3. Im Falle von feldbusbasierter Kommunikation kann die Feldbussteuerung als *Gateway* fungieren, das die Befehle des Management-Protokolls auf das Prozessdatenprotokoll abbildet.

Die von den ITS-Protokollkandidaten verwendeten IKT-basierten als auch feldbusbasierten Kommunikationsprotokolle werden in Tabelle 7.1 zusammengefasst. Wie bereits in den vorangegangenen

---

[20]Siehe dazu auch Anhang A.

ITS-Protokoll	IKT-basierte Kommunikation			feldbusbasierte Kommunikation		
	physikalische Schnittstelle	Link-Layer (OSI-2)	Network-Layer (OSI-3)	physikalische Schnittstelle	Link-Layer (OSI-2)	Network-Layer (OSI-3)
DAP	Ethernet	Ethernet	IP			
	Seriell (EIA-485)	PPP bzw. PMPP	IP			
NMCS2	Ethernet	Ethernet	IP			
				Seriell (EIA-485)	HDLC bzw. proprietär	-
DATEX II	Ethernet	Ethernet	IP			
NTCIP	Ethernet	Ethernet	IP			
	Seriell (EIA-485)	PPP bzw. PMPP	IP			
TLS				Seriell (EIA-485)	EN 60870-5	TLS

Tabelle 7.1: Link- und Network-Layer der Kandidaten ITS-Protokolle

Abschnitten beschrieben, sind die Merkmale der (EIA-485 basierten) seriellen Kommunikation für feldbusbasierte Kommunikation gut erkennbar. Für die Kandidaten der IKT-basierten Kommunikation ist IP als gemeinsamer Network-Layer charakteristisch. Aus den in Abschnitt 6.2 in die Datenbasis der Theorie übernommenen Kommunikationsstandards und de-facto Standards kann somit IP als Datum in die Datenbasis der Theorie übernommen werden. Weiters gilt es, ISO-IP als Network-Protokoll für den Management-Standard CMIP zu berücksichtigen[21].

Für die Menge der Feldbusprotokolle können sowohl der auf EN 60870-5 [29] basierende de-facto Standard TLS [14] als auch die proprietäre Definition nach NMCS2 [59] als Daten in die Theoriemodellierung übernommen werden.

THEORIEMODELLIERUNG:
Menge der Network-Layer Protokolle NP = {"ISO-IP (ISO8473)","IP (RFC791)"}
Menge der Feldbusprotokolle FP = {"TLS","NMCS2 EIA-485 proprietär"}

Weiters ergeben sich folgende offene Fragen und mögliche Probleme, auf die in den nachfolgenden Teilkapiteln im Detail eingegangen wird:
- ad 1: Mögliche Einschränkung von Telegrammlängen im Management-Protokoll durch das eingesetzte Network-Layer Protokoll.
- ad 2: Mögliche Einschränkung von Telegrammlängen im Management-Protokoll durch das eingesetzte Feldbusprotokoll.

---

[21]Es gilt anzumerken, dass die hier getroffene Erweiterung der Datenbasis eine Abweichung von der Datumsdefinition nach Balzer (vgl. [13], S159ff) darstellt, wonach "...ein Datum für eine Theorie ... von einem intendierten System stammen muss". Aus Gründen der Vollständigkeit als auch Flexibilität der Anwendbarkeit soll im Folgenden jedoch nicht auf dieses Datum verzichtet werden.

- ad 1, 2: Mögliche Auswirkungen auf die Performance des Prozessdatenprotokolls, im Speziellen bei Systemen mit normativem Hintergrund (z.B. VDE 0832-400 [35]). Kann Management im Rahmen des laufenden Systembetriebs (d.h., online) erfolgen?
- ad 3: Klärung der Problematik, ob ein Mapping von Befehlen des Management-Protokolls auf das Prozessdatenprotokoll ohne Erweiterung des Funktionsumfanges überhaupt möglich ist.
- Lösung des Übergangs zwischen IKT-basierender und feldbusbasierender Kommunikation im Fall von inhomogener Architektur mit Hierarchie (A3).
- Welche Management-Standards sind für die unterschiedlichen Kommunikationsarten bzw. Referenzarchitekturen am besten geeignet?
- Welche Management-Standards sind auf den Steuerungstypen des intendierten Anwendungsbereichs überhaupt umsetzbar?

7.3.4 Transport von Management-Protokollen bei IKT-basierter Kommunikation

Im Rahmen dieses Teilkapitels wird auf die im vorangegangenen Abschnitt getroffene Annahme 1 näher eingegangen, die der Bedingung 14 unserer Modellklasse[22] entspricht:

"Im Falle von IKT-basierter Kommunikation besteht die Möglichkeit, das Management-Protokoll "parallel" zum Prozessdatenprotokoll über den definierten Network-Layer ohne weitere Maßnahmen zu übertragen."

Um die Gültigkeit dieser Hypothese zu überprüfen, werden folglich die im Rahmen der Theoriemodellierung in die Datenbasis aufgenommenen Management-Standards zu den Network-Layer Protokollen aus Abschnitt 7.3.3 in Relation gesetzt. Dabei wird zuerst auf die OSI-basierten, dann auf die IP-basierten Mangementprotokolle eingegangen.

OSI-basierte Managementprotokolle

Das *OSI Netzwerkmanagement-Framework* ist eine gemeinsame Initiative von ISO und ITU. Das zugehörige CMIP findet folglich als einziges der Kandidaten Managementprotokolle seine Basis im OSI-Referenzmodell (vgl. [71]). Jeder OSI-Layer ist dabei durch mehrere Dokumente – sogenannte *Recommendations* – definiert, wobei ein Dokument den Dienst (engl.: service[23]) und zumindest ein weiteres, das das/die Protokoll(e) (engl.: protocol) definiert, über welche(s) der Dienst zur

---
[22]Siehe dazu Abschnitt 2.4.
[23]ITU definiert *Service* wie folgend: "Throughout the set of OSI Recommendations the term "service" refers to the abstract capability provided by one layer of the OSI Reference Model to the layer above it" [73]. Im Detail handelt es sich dabei um die Definition der *Primitiven*, die als sog. *Operationen* im entsprechenden Protokoll realisiert werden.

Verfügung gestellt wird. Bei Protokollen wird weiters zwischen *verbindungslosen* (engl.: connection-less) und *verbindungsorientierten* (engl.: connection-oriented) Protokollen[24] unterschieden. Im Fall des OSI Netzwerkmanagement-Framework definiert die Recommendation X.710 [78] den Dienst – CMIS, das Dokument X.711 [79] das Protokoll – CMIP. Wie in Abbildung 7.11 dargestellt, kann das CMIP-Protokoll über verschiedene Wege durch die OSI bzw. IP-Layer übertragen werden.

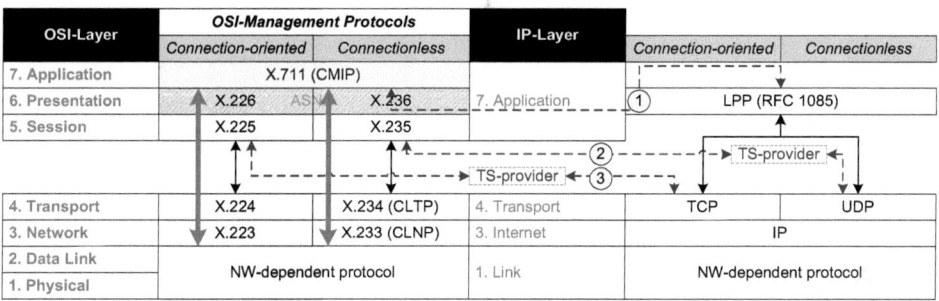

Abbildung 7.11: OSI Management-Protokolle und Übergänge zu IP

Im Fall des OSI-Stacks (als grüne Pfeile in Abbildung 7.11 dargestellt) stehen auf den darunterliegenden Schichten (Presentation, Session, Transport, Network) jeweils verbindungsorientierte als auch verbindungslose Protokolle zur Verfügung, die wahlweise zur Übertragung des Applikationsdatenprotokolls verwendet werden können[25]. Für den in diesem Abschnitt relevanten Network-Layer definiert die ITU-T Recommendation X.213 (vgl. [80]) den Netzwerkdienst mit dem Ziel einer transparenten Übertragung von Daten (sog. *Network Service (NS) User-Daten*) zwischen NS-Usern.

Der Netzwerkdienst stellt dabei folgende Grundfunktionen[26] zur Verfügung:

- Er stellt die Unabhängigkeit von darunterliegenden Übertragungsmedien sicher, sodass die NS-User von allen Angelegenheiten, betreffend die Nutzung von Subnetzen und deren Heterogenität entlastet sind,
- Er stellt die durchgängige Übertragung von NS-User-Daten in Endsystemen zur Verfügung. Jegliche Routing- und Vermittlungsfunktionen (engl.: relaying) werden sowohl für ein als auch mehrere parallele oder aufeinanderfolgende Übertragungen vom NS-Provider zur Verfügung gestellt,

---

[24]Wie bereits zuvor beschrieben erfolgt die Definition für beide Typen im Rahmen der gleichen Servicebeschreibung.
[25]Es gilt an dieser Stelle darauf hinzuweisen, dass CMIP die Unterstützung der Dienste A-ASSOCIATE, A-RELEASE, A-ABORT, und A-P-ABORT des Association Control Service Element (ACSE) annimmt. Diese stellen die Dienste des verbindungsorientierten Kommunikationsmodus dar. Der ACSE-Dienst A-UNIT-DATA hingegen impliziert die verbindungslose Variante (vgl. [74], S7).
[26]Vergleiche dazu [80], S14.

- Er stellt eine transparente Übertragung von Daten unabhängig von Inhalt, Format und Codierung zur Verfügung,
- Er gibt NS-Usern die Möglichkeit, die Dienstgüte (engl.: quality of service (QoS)) abzustimmen bzw. eine bestimmte Dienstqualität anzufordern. Die Qualität des Dienstes ist dabei durch Parameter, wie Datendurchsatz, Übertragungszeit, Genauigkeit und Verlässlichkeit, charakterisiert,
- Er verwendet ein Adressierungssystem, das den NS-Usern eine eindeutige Referenz zueinander erlaubt.

Im Gegensatz zum IP-Modell[27] stellt der Network-Layer im OSI-Modell sowohl einen verbindungslosen als auch einen verbindungsorientierten Dienst zur Verfügung. Der verbindungsorientierte Netzwerkdienst wird dabei durch das X.25 Protokoll[28] (ITU-T Rec. X.223, [70]) definiert. Es erlaubt den Auf- und Abbau einer Verbindung zur Übertragung von sog. Network Service Data Units (NSDUs), wobei auch mehrere gleichzeitige Verbindungen zwischen NS-Usern möglich sind.

Im Fall des verbindungslosen Netzwerkprotokolls (vgl. [76]) werden NSDUs von einem sog. NS Quell-Access-Point an einen oder mehrere Ziel-Access-Points übertragen. Dabei ist kein Verbindungsauf- oder -abbau notwendig. Die Größe eines NSDU-Pakets ist dabei auf 64.512 Bytes (vgl. [70], S36) beschränkt.

Obwohl das OSI-Modell oftmals als Referenzmodell herangezogen wird, sind die zugehörigen Dienst- und Protokolldefinitionen aufgrund ihrer Komplexität nicht weit verbreitet. Stattdessen erfreuen sich einfachere, auf dem IP-Referenzmodell basierende Protokolle, seit dem Aufkommen des Internets immer größerer Beliebheit und stellen heute den Stand der Technik dar. Folglich wurden Initiativen[29] gegründet, um OSI-Management auch in IP-basierten Systemen im Sinne von a) Management von IP-basierten Endgeräten und b) Übertragung von OSI-Managementprotokollen (CMIP auf Layer 7) über Protokolle aus dem IP-Referenzmodell zu ermöglichen.

"The protocol suite defined by these implementors' agreements will facilitate communication between equipment of different vendors, suppliers, and networks and consequently allow the emergence of powerful multivendor network management based on ISO models and protocols." (vgl. [162])

Die verschiedenen Ansätze sind als blaue Pfeile in Abbildung 7.11 dargestellt.

Eine Möglichkeit stellt das in RFC 1189 [162] definierte CMIP Over TCP/IP (CMOT)-Protokoll (vgl. ① in Abbildung 7.11) dar. Diese Architektur erlaubt den Austausch von Managementinformation zwischen Manager und remote-network element (NE) sowohl auf OSI- als auch IP-basierten

---

[27]Das im IP-Modell am Network-Layer eingesetzte IP-Protokoll stellt per Definition lediglich eine verbindungslose Kommunikation zur Verfügung (vgl. [64], S2).
[28]Das X.25 Protokoll ist auch vielfach unter dem Namen ConnectionLess Network Protocol (CLNP) bekannt.
[29]Vergleiche dazu exemplarisch RFC 1189 [162] der Network Working Group.

Transportprotokollen (Layer 4). Im Detail definiert dieser Standard die für die Übertragung von CMIP und anderen zugehörigen ISO-Protokollstandards über TCP bzw. UDP notwendigen Protokollvereinbarungen. Dazu gehören beispielsweise die Einschränkung der Applikationskontexte[30] (engl.: application context) auf ACSE [74] und Remote Operations Service Element (ROSE) [69][31]. Weitere Einschränkungen der unterstützten Dienstprimitiven[32] und QoS-Elemente[33] ergeben sich aus der Definition des LPP [124] mit der Zielsetzung einer vereinfachten Implementierung des Protokolls. Bei der Verwendung von UDP als Transportprotokoll[34] ergeben sich folgende weitere Einschränkungen:

- die Größe der Nutzdaten, die in einem UDP-Paket übertragen werden können, ist auf 65.535 Bytes beschränkt[35],
- die Implementierung muss per Definition keine PDUs akzeptieren, die eine Länge von 484 Bytes überschreiten (vgl. [162], S10).

Eine weitere Möglichkeit der Übertragung des CMIP-Protokolls über IP-basierte Netzwerke stellt der sogenannte *ISO Transport Service on top of TCP* (vgl. ③ in Abbildung 7.11) dar. Im Vergleich zum zuvor erklärten CMOT-Konzept, wo das LPP-Protokoll den Presentation- und Session-Layer in vereinfachter Form abbildet, erfordert dieser Ansatz die vollständige Implementierung dieser Schichten. RFC 1006 [125] definiert lediglich einen Provider in Form eines *Transport Service Access Points TSAP* auf Transport-Layer Ebene. Der Transport Service Access Point (TSAP) wird in Form eines *Transport Service (TS)-Providers* implementiert und unterstützt alle Funktionen nach ITU-T Recommendation X.214 [73] mit der Ausnahme von QoS-Parametern. Eine weitere Einschränkung ergibt sich durch die Definition des Adress-Mappings, das aktuell auf 4 Bytes beschränkt ist und dadurch eine IPv6 Unterstützung unmöglich macht.

Das verbindungslose Gegenstück zu ISO Transport Service on top of TCP ist durch RFC 1240 [135] definiert: Das sogenannte *OSI Connectionless Transport Services on top of UDP* (vgl. ② in Abbildung 7.11) folgt dabei den gleichen Grundprinzipien wie die zuvor erläuterte verbindungsorientierte Variante. Auch hier fungiert ein TS-Provider als Umsetzer – in diesem Fall zum verbindungslosen UDP-Protokoll. Dabei wird UDP-Port 102 für Applikationen verwendet, die Connnectionless Transport Services über UDP realisieren. Betreffend der Verwendung von UDP als Transportpro-

---

[30]Der Applikationskontext definiert einen Satz von Dienstelementen (engl.: application service elements) für die Zusammenarbeit von Applikationen über eine Applikationsassoziation.
[31]Der Applikationskontext Reliable Transfer Service Element (RTSE) [68] wird in RFC 1189 ausgenommen.
[32]Lightweight Presentation Protocol (LPP) unterstützt lediglich die Primitiven P-CONNECT, P-RELEASE, P-U-ABORT, P-P-ABORT und P-DATA der OSI Dienstdefinition [72].
[33]LPP beschränkt sich auf die Unterstützung des "transport-mapping"-Elements mit den Ausprägungen "tcp-based" (für die Auswahl von TCP als high-quality Transportdienst) und "udp-based" (für die Auswahl von UDP als low-quality Transportdienst).
[34]Dies geschieht durch das Setzen des zuvor beschriebenen QoS-Element "transport-mapping" auf "udp-based".
[35]Da im Fall des verbindungslosen Netzwerkprotokolls (vgl. [76]) die Größe eines NSDU-Pakets auf 64.512 Bytes beschränkt ist, stellt die Anwendung von UDP keine weitere Einschränkung im Vergleich dazu dar.

tokoll ergeben sich auch hier die gleichen Einschänkungen, wie bereits zuvor für LPP angeführt.

IP-basierte Managementprotokolle

Die Internet-Protokollfamilie[36], wie in RFC 1122 [20] definiert, kann als Vereinfachung des OSI-Modells[37] gesehen werden. Es besteht aus dem *Link-Layer*[38], der auf die (hardwarenahe) netzwerkbasierte Kommunikation abzielt, dem *Internet-Layer*[39], der für die (verbindungslose) Host-to-Host Kommunikation und das Routing durch das Netz verantwortlich zeichnet, dem *Transport-Layer*, der verbindungslose (UDP) als auch verbindungsorientierte (TCP) end-to-end Kommunikationsdienste zur Verfügung stellt und dem darauf aufsetzenden *Application-Layer*[40], der verschiedenste Applikationsdienste realisiert.

Die Kandidaten Managementprotokolle xmlCIM, JRMP und SNMP sind Application-Layer Protokolle der Internet-Protokollfamilie. Wie in Abbildung 7.12 dargestellt, setzen xmlCIM und JRMP auf dem verbindungsorientierten TCP, SNMP jedoch auf dem verbindungslosen UDP als Transport-Layer auf.

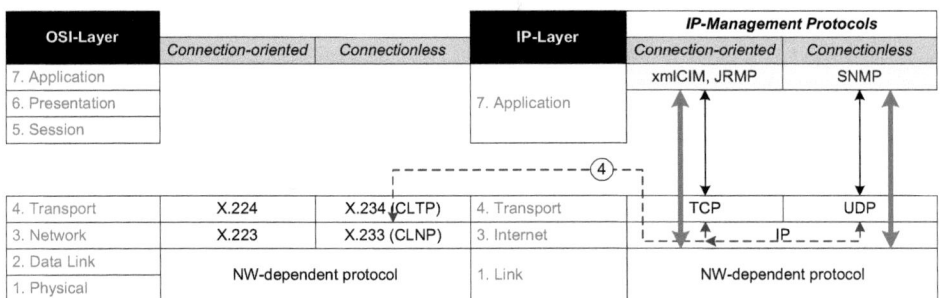

Abbildung 7.12: IP Management-Protokolle und Übergänge zu OSI

Sowohl im Fall eines verbindungslosen als auch eines verbindungsorientierten Transports werden die Daten auf dem Network-Layer über das verbindungslose IP-Protokoll [64] übertragen (als grüne Pfeile in Abbildung 7.12 dargestellt). IP stellt dabei folgende Grundfunktionen[41] zur Verfügung:
- *Adressierung* zum Transport von Paketen vom Quell- zum Zielhost,

---

[36] Statt Internet-Protokollfamilie werden auch oft synonyme Begriffe ‚wie TCP/IP-Modell oder -Protokollfamilie bzw. DoD-Modell, verwendet.
[37] vgl. dazu Abschnitt 7.3.4.
[38] Beispiele für Link-Layer Protokolle sind Ethernet (IEEE 802.3) oder WLAN (IEEE 802.11).
[39] Als Internet-Layer Protokoll wird Internet Protocol (IP) [64] als Protokoll eingesetzt.
[40] Beispiele für Application-Layer Protokolle sind File Transfer Protocol (FTP) für den Dateitransfer oder Simple Mail Transfer Protocol (SMTP) für das Versenden von E-Mails.
[41] vgl. dazu RFC 791 ([64], S2ff).

- *Routing* von Paketen durch das Netzwerk,
- *Fragmentierung* von großen Paketen.

Die Größe eines IP-Pakets ist auf 65.535 Bytes beschränkt (inkl. Internet-Header) (vgl. [64], S13). Obwohl dem Autor in den intendierten Anwendungen ggst. Arbeit keine vergleichbaren Anwendungen bekannt sind und nach Einführung von IPv6 [34] auch keine Trends in Richtung der Verwendung von CLNP als alternatives Netzwerkprotokoll erkennbar sind, soll aus Gründen der Vollständigkeit auch die Möglichkeit der Übertragung von IP-basierten Managementprotokollen über Protokolle aus dem OSI-Referenzmodell betrachtet werden. Eine Möglichkeit stellt das in RFC 1347 [25] definierte *TCP and UDP with Bigger Addresses (TUBA)* Konzept (vgl. ④ in Abbildung 7.12) dar. Die Architektur wurde aus der Problematik des limitierten Adressbereiches von IPv4 abgeleitet und bietet eine einfache Möglichkeit der Übertragung von sowohl TCP als auch UDP Paketen über CLNP. Es entstehen keine funktionalen Einschränkungen für die darüberliegenden Layer. Lediglich gilt anzumerken, dass es sich bei vorliegendem Standard um ein end-to-end Konzept[42] handelt, das keine Übersetzung von CLNP auf IP im Rahmen des Routingvorganges vorsieht.

Fazit

Die Erkenntnisse aus den vorhergehenden Abschnitten können, wie folgend, in Tabelle 7.2 zusammengefasst werden: Grundsätzlich können alle Kandidaten Management-Protokolle über die

Network-Layer (OSI-3)	Management-Protokoll			
	CMIP	SNMP	xmlCIM	JRMP
CLNP (ISO-IP, ISO 8473)	✓	✓[2,3]	✓[2]	✓[2]
IP (RFC 791)	✓[1]	✓	✓	✓

[1] mittels Common Management Information Services and Protocol over TCP/IP - CMOT (RFC 1189)
[2] mittels TCP/UDP over CLNP-Adressed Networks (TUBA) (RFC 1347)
[3] mittels SNMP over OSI (RFC 1418)

Tabelle 7.2: Übertragung von Managementprotokollen über Network-Layer Protokolle des ITS-Systems

definierten Network-Layer des ITS-Protokollstacks direkt oder durch den Einsatz von Transport-Mechanismen übertragen werden. Der verbindungslose Netzwerkdienst (CLNP) der OSI-Protokollfamilie ist dabei von geringer praktischer Relevanz. Das verbindungsorientierte Gegenstück kommt in keinem Fall zur Anwendung und kann daher im Folgenden vernachlässigt werden. Eine Einschränkung

---

[42]siehe dazu RFC 1347 ([25], S4).

ist lediglich im Fall der Anwendung von CMIP über IP basierte Netzwerke durch die CMOT-Spezifikation [162] bzw. das zugehörige LPP Präsentationsprotokoll [124] und dessen Beschränkung von PDUs auf eine Länge von 484 Bytes gegeben.

Die Limitierung der Größe der Nutzdaten im Fall von UDP auf 65.535 Bytes, im Fall von CLNP auf 64.512 Bytes muss lediglich im Fall der Übertragung über OSI-Netze, wie in Abschnitt 7.3.4 ausgeführt, beachtet werden, wird jedoch in der praktischen Anwendung mit der zuvor angeführten Argumentation nur selten von Relevanz sein.

Die bestehende Datenbasis (d.h., die Management-Standards (M) und die Netzwerkprotokolle (NP)) bestätigen somit die Hypothese 14 unserer Modellklasse[43].

THEORIEMODELLIERUNG:

14. Für np ∈ NP: np $trans\_mp$ m (wobei m ∈ M) (d.h., das verwendete Network-Layer Protokoll im homogenen (Teil-)system transportiert den Management-Standard m.)

7.3.5 Transport von Management-Daten bei feldbusbasierter Kommunikation

Der folgende Abschnitt geht auf die in Teilkapitel 7.3.3 getroffene Annahme 2 näher ein. Dies entspricht Bedingung 15 unserer Modellklasse (siehe Abschnitt 2.4):

"Im Falle von feldbusbasierter Kommunikation kann das Management-Protokoll durch Enkapsulierung der Nutzdaten in OSI-2/3 Pakete über das Feldbusprotokoll übertragen werden."

Um die Gültigkeit dieser Hypothese zu überprüfen, werden folglich die im Rahmen der Theoriemodellierung in die Datenbasis aufgenommenen Management-Standards mit den Feldbus-Protokollen aus Abschnitt 7.3.3 in Relation gesetzt. Im Falle beider Kandidaten Feldbus-Protokolle handelt es sich um telegrammbasierte (verbindungslose) Protokolle, was den Transport der verbindungsorientierten[44] Kandidaten Managementstandards "xmlCIM" und "JRMP" ohne entsprechende Zusatzaufwände[45] unmöglich macht. Gleiches gilt auch für die verbindungsorientierte Variante von "CMIP" (vgl. [74], S7). Diese Kandidaten werden daher im Folgenden nicht weiter behandelt.

---

[43]Siehe dazu Abschnitt 2.4.
[44]Beide Protokolle verwenden Hypertext Transfer Protocol (HTTP) als Basisprotokoll.
[45]Als Möglichkeit sei an dieser Stelle a) der Transport der Management-Nutzdaten (Application-Protocol-Data-Units (APDUs)) unter Einsatz von Fragmentierungsmechanismen und aufwändige lokale Interpretation der XML- bzw. ASN.1-basierten Telegramme bzw. b) die Umsetzung der Telegramme auf herstellerspezifische Telegramme des Feldbus-Protokolls zu nennen. Aufgrund der hohen Komplexität werden diese Ansätze jedoch im weiteren Verlauf der Arbeit nicht mehr weiter verfolgt.

Kandidaten Feldbus-Protokoll TLS

Im Falle von TLS als Feldbus-Protokoll stellt, wie bereits in Abschnitt 7.3.3 ausgeführt, der Standard EN 60870-5 die normative Basis für die Kommunikation dar. Wie in Hauptabschnitt 3 (vgl. [30], S5) definiert, werden aufgrund der Leistungsanforderungen im Anwendungsbereich lediglich die Schichten 1, 2 und 7 von EN 60870-5 implementiert[46]. Grundsätzlich unterstützt TLS die Übertragung von Telegrammen des einzigen verbindungslosen Kandidaten Management-Standards SNMP sowohl Punkt-zu-Punkt als auch über mehrere Ebenen durch die im TLS-Protokoll integrierte Routing-Funktion (Schicht 3). Weiters werden auch Broadcasting-Mechanismen zu mehreren Hosts unterstützt. Beim Transport von SNMP über TLS ergibt sich jedoch folgende Problematik:

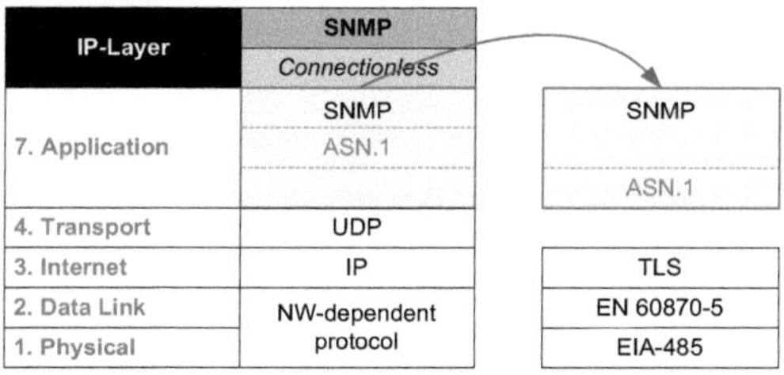

IP-Layer	SNMP Connectionless		
7. Application	SNMP ASN.1	SNMP	
		ASN.1	
4. Transport	UDP		
3. Internet	IP	TLS	
2. Data Link	NW-dependent protocol	EN 60870-5	
1. Physical		EIA-485	

Abbildung 7.13: Transport von SNMP über TLS

Die Telegrammlänge ist durch die OSI-2 Spezifikation – statt der eigentlichen Maximalgröße eines SNMP-Telegramms von 484 Bytes (vgl. RFC 1157, [27]) – auf 255 Bytes (inkl. 1 Byte Steuerfeld und 1 Byte Adressfeld, Rest Nutzdaten) beschränkt (vgl. [29], S8). Weiters bedingt die TLS-Spezifikation eine weitere Limitierung auf eine Länge von 228 Bytes[47]. Ein Fragmentierungsmechanismus zum Transport eines SNMP-Telegramms in mehreren TLS-Telegrammen ist in der Protokollspezifikation nicht vorgesehen. Dieser evidenten Längenbeschränkung ist somit unter der gegebenen Protokollspezifikation nicht ohne zusätzliche Maßnahmen zu begegnen, was folglich auch zu funktionalen Einschränkungen führen kann[48].

Kandidaten Feldbus-Protokoll NMCS2

Im Gegensatz zu TLS ist bei NMCS2 die Telegrammlänge auf der Feldbusebene mit einer festen Länge von 5 Bytes definiert. Dies macht – analog zur Problematik bei TLS – einen Transport von

---

[46]Dies entspricht der bereits in Abschnitt 7.3.2 erwähnten *Architektur zur Leistungssteigerung* (engl.: Enhance Performance Architecture (EPA)) (vgl. [30], S5).

[47]Lt. TLS-Spezifikation ist die Gesamtlänge eines Telegramms der OSI-7 Schicht auf maximal 238 Bytes begrenzt. (vgl. [14], SA6.1.2-2).

[48]Es gilt an dieser Stelle darauf hinzuweisen, dass diese Einschränkung in der Arbeit von Knizak et.al. zum Thema "Applying Internet Management Standards to Fieldbus Systems" [90] nicht betrachtet wurde, jedoch ein wichtiges Entscheidungskriterium darstellt.

anderen Protokollen ohne entsprechende Adaptierungen unmöglich. Eine Erweiterung des Protokolls um einen herstellerspezifischen Befehlssatz als Management-Gateway bzw. als Basis für ein Tunneling der Managementdaten ist zwar grundsätzlich möglich, die Performance dieses Ansatzes muss aufgrund der beschränkten Telegrammlänge jedoch eigens einer Validierung[49] unterzogen werden. Eine Alternative dazu stellt die Erweiterung des NMCS2-Befehlssatzes um ein Kommando zum Umschalten des Betriebsmodus des Zielhosts auf das Managementprotokoll (offline-Management) dar. Dieser Ansatz bedingt jedoch wiederum die Implementierung eines alternativen OSI-2 Layers am Zielhost. Der Wechsel in den Betriebsmodus des Prozessdatenprotokolls müsste demnach wiederum über einen dafür vorgesehenen Befehl des Managementdatenprotokolls abgebildet werden. Aufgrund der hohen Komplexität der Implementierung eines alternativen OSI-2 Layers wird dieser Ansatz jedoch im weiteren Verlauf der Arbeit nicht mehr verfolgt. Stattdessen wird versucht, den Tunneling-Ansatz auch in diesem speziellen Fall mit kurzen Telegrammlängen auf die Fähigkeit des Transports von Management-Daten zu überprüfen.

FB-Protokoll	Management-Protokoll			
	SNMP	CMIP	xmlCIM	JRMP
TLS	✓[1]	✗	✗	✗
NMCS2	✓[2]	✗	✗	✗

[1] bis zu max. 238 Byte an SNMP-Nutzdaten, da die maximal zulässige Gesamtlänge der OSI-7 Schicht lt. TLS 2002 auf 238 Byte beschränkt ist.

[2] bis zu max. 2 Byte an SNMP-Nutzdaten, da die Telegrammlänge auf 5 Byte (inkl. Steuer-, Adress- und Paritätsbyte) beschränkt ist.

Tabelle 7.3: Übertragung von Managementprotokollen über Feldbus-Protokolle des ITS-Systems

Tabelle 7.3 fasst die Unterstützung des Transports von Management-Daten bei feldbusbasierter Kommunikation zusammen. Festzuhalten gilt, dass keines der Kandidaten Feldbusprotokolle eine uneingeschränkte Übertragung der Kandidaten Managementstandards unterstützt. Es gilt daher entweder a) eine Einschränkung der Funktion, wie zuvor im Fall TLS exemplarisch erläutert, zu akzeptieren und die notwendigen Maßnahmen im Design des Managementsystems auf den übergeordneten Ebenen vorzusehen, um etwaige Fehlfunktionen zu vermeiden bzw., b) eine Implementierung eines Transports mit eigenem (SNMP-)OSI-7 Layer und entsprechenden Fragmentierungsmechanismen umzusetzen, oder c) ein Gatewaying- bzw. Tunneling-Konzept mit herstellerspezifischen Erweiterungen des Prozessdatenprotokolls zu verfolgen. Der erläuterte Alternativansatz mit unterschiedlichen Betriebsmodi, wie für NMCS2 beschrieben, wird im ersten Schritt aufgrund der bereits erläuterten erhöhten Komplexität im Vergleich zum Tunneling-Ansatz nicht weiter verfolgt, stellt jedoch eine Rückfallebene im Fall eines Scheiterns des Tunneling-Ansatzes dar.

---

[49]siehe dazu Kapitel 8.

Im Sinne der Theoriemodellierung ist die Hypothese 15 unserer Modellklasse unter der bestehenden Datenbasis (d.h., die Management-Standards (M) und die Feldbus-Protokolle (FP)) somit zu verwerfen:

	THEORIEMODELLIERUNG: Aufgrund mangelnder Passung wird die Hypothese 15 verworfen:
✗	15. Für fp ∈ FP: fp *trans_mp* m (wobei m ∈ M) (d.h., das verwendete Feldbus-Protokoll im homogenen (Teil-)system transportiert den Management-Standard m.)
?	13a. Für alle p1, p2 ∈ P: wenn p1 ≠ p2, dann gibt es ein gw ∈ GW, sodass m *supp_mp* p2 (d.h., der Management-Standard m auf das ITS-Protokoll p2 umgesetzt werden kann) oder
?	13b. gibt es ein tu ∈ TU, sodass p2 *trans_mp* mp (wobei m ∈ MP) (d.h., das Management-Protokoll m über das ITS-Protokoll p2 transportiert werden kann.)

Stattdessen gilt es, die durch die Hypothesen 13a und 13b repräsentierten Gatewaying- bzw. Tunneling-Ansätze im Rahmen einer Konzeption und Simulation mit der bestehenden Datenbasis zu verifizieren.

7.4 Analyse der Steuerungstypen

Nach der Systemsicht in Abschnitt 7.2 und der Netzwerksicht (siehe Abschnitt 7.3) wird in diesem Teilkapitel näher auf die *Komponentensicht* eingegangen. Dabei handelt es sich um die Elemente der untersten Ebene der Automatisierungspyramide[50], der sog. Sensor-/Aktorebene, bzw. deren Steuerungskomponenten. Die von diesen Steuerungskomponenten unterstützten Management-Schnittstellen bilden die Grundlage für die Unterstützung der geforderten Management-Funktionalität auf Elementebene. Diese bottom-up Orientierung ist für die folgende Modellbildung gleichsam wichtig, wie die in vorangegangenen Kapiteln gewählte top-down Betrachtung. Dies ist damit begründet, da die Schnittmenge aus den angebotenen Möglichkeiten der Netzwerksicht und der zu verwaltenden Steuerungskomponenten die einzusetzenden Kandidaten-Managementstandards determiniert. Wie bereits in Kapitel 7.2 ausgeführt, werden exemplarisch die Steuerungstypen *Embedded-PC* und *Microcontroller* als Datenbasis der Theoriebildung herangezogen.

Tabelle 7.4 fasst die Unterstützung von Management-Standards durch die Kandidaten-Steuerungstypen zusammen.
Der Steuerungstyp *Embedded-PC* bietet dabei aufgrund der Betriebssystemunterstützung und daraus folgender Möglichkeit des Einsatzes von verschiedensten Standardprodukten bzw. Frame-

---

[50]Siehe dazu Abschnitt 7.2.

Steuerungstyp	Management-Protokoll			
	SNMP	CMIP	xmlCIM	JRMP
Embedded-PC	✓	✓[1]	✓	✓[2]
Unterstützung durch Betriebssystem bzw. Standardkomponenten	Y	N	Y	Y
Microcontroller	✓	✗	✗	✗
Unterstützung durch Betriebssystem bzw. Standardkomponenten	N	N	N	N

[1] mittels Common Management Information Services and Protocol over TCP/IP - CMOT (RFC 1189)
[2] nur bei Java-basierten SW-Komponenten

Tabelle 7.4: Protokollunterstützung von Steuerungstypen

works[51, 52] eine breite Unterstützung der Kandidaten Management-Standards. Eine Einschränkung ergibt sich lediglich für das CMIP-Protokoll, da die angenommene Spezifikation des Steuerungstyps Embedded-PC von einer Ethernet-Schnittstelle ausgeht und daher eine Unterstützung von OSI-basierter Kommunikation nicht möglich ist. Aus diesem Grund wird im Falle von CMIP von der Verwendung von CMOT nach RFC 1189 [162] ausgegangen.

Der Steuerungstyp *Microcontroller* bietet im Vergleich zum Embedded-PC eine sehr eingeschränkte Möglichkeit der Unterstützung von Management-Standards. Dies ist sowohl in der limitierten Performance und Speicherkapazität als auch der Notwendigkeit begründet, die Funktionalität des Management-Standards in die Firmware implementieren zu müssen. Betriebssystemfunktionen zur Managementunterstützung sind auf dieser Plattform gar nicht, Frameworks[53] nur in eingeschränktem Maße als Basis für eine Implementierung vorhanden. Aus o.g. Gründen ist SNMP als Management-Standard mit dem geringsten Komplexitätsgrad, sowohl die Implementierung als auch das Protokoll betreffend, den anderen Kandidaten am Steuerungstyp Microcontroller vorzuziehen.

7.5 Konzeption

In den vorangegangenen Kapiteln wurde die Datenbasis der Theorie erzeugt und konzeptionelle Analysen durchgeführt, die zeigten, 1) welche Managementprotokolle über welche Network-Layer

---

[51] Als Beispiel für Frameworks können 1) OpenSNMP (siehe http://sourceforge.net/projects/opensnmp/) und NetSNMP (siehe http://www.net-snmp.org/) im Falle von SNMP und 2) Microsoft WMI und OpenWBEM (siehe http://www.openwbem.org/) für xmlCIM genannt werden.
[52] JRMP ist als Teil von JDK frei verfügbar, jedoch auf die Instrumentierung von Java-Komponenten beschränkt.
[53] Als Beispiel kann hier NetSNMP (siehe http://www.net-snmp.org/) genannt werden, das eine C-basierte API zur Verfügung stellt.

Protokolle übertragen werden können, 2) dass für die Übertragung von Managementprotokollen über feldbusbasierte Kommunikationsinfrastruktur zusätzliche Maßnahmen in Form von Gateways bzw. Tunneling notwendig sind, und 3) welche Managementprotokolle von den Steuerungstypen der Theoriemodellierung unterstützt werden. Um ein generisches Konzept mit hohem Passungsgrad für die jeweilige Referenzarchitektur erreichen zu können, ist jedoch eine weitere Einschränkung der sich aus der Datenbasis der Theorie ergebenen Möglichkeitenmenge wünschenswert. Um dies zu bewerkstelligen, wird im Folgenden eine *formal-deduktive Analyse* (vgl. [164], S284), basierend auf den bisherigen Erkenntnissen aus den Teilkapiteln 7.2, 7.3 und 7.4 durchgeführt.

7.5.1 Formal-deduktive Analyse der Kandidaten Management-Standards

Im ersten Schritt setzen wir die Kandidaten Feldbus-Protokolle mit den Kandidaten Steuerungstypen in Relation. Das Ergebnis ist in Tabelle 7.5 dargestellt: Schwarz hinterlegt ist dabei die

		Management-Protokoll			
		SNMP	CMIP	xmlCIM	JRMP
FB-Protokoll	TLS	✓[1]	✗	✗	✗
	NMCS2	✓[2]	✗	✗	✗
Steuerungstyp	Embedded-PC	✓	✓	✓	✓[3]
	Unterstützung durch Betriebssystem bzw. Standardkomponenten	Y	N	Y	Y
	Microcontroller	✓	✗	✗	✗
	Unterstützung durch Betriebssystem bzw. Standardkomponenten	N	N	N	N

[1] bis zu max. 238 Byte an SNMP-Nutzdaten, da die maximal zulässige Gesamtlänge der OSI-7 Schicht lt. TLS 2002 auf 238 Byte beschränkt
[2] bis zu max. 2 Byte an SNMP-Nutzdaten, da die Telegrammlänge auf 5 Byte (inkl. Steuer-, Adress- und Paritätsbyte) beschränkt ist
[3] nur bei Java-basierten SW-Komponenten

Tabelle 7.5: Protokollunterstützung der Steuerungskandidaten bei feldbusbasierter Kommunikation

Schnittmenge für den Steuerungstyp "Microcontroller", grau jene des Steuerungstyps "Embedded-PC". Wie leicht erkennbar, führt die auf SNMP beschränkte Möglichkeit der Übertragung von Management-Protokollen über Feldbus-Protokolle dazu, dass die weiteren, theoretisch von den Steuerungstypen unterstützten Management Standards (CMIP, xmlCIM, JRMP) in der Konzeption nicht mehr weiter betrachtet werden müssen[54]. Im Fall von *feldbusbasierter Kommunikation*

---
[54]Es gilt anzumerken, dass diese formale Schlussfolgerung mit einer geänderten Datenbasis, welche sich aus anderen intendierten Anwendungen ergeben kann, zu anderen Ergebnissen führen kann.

ist folglich – unter den im Rahmen der Theorie angenommenen intendierten Anwendungen– unabhängig vom Steuerungstyp das Management-Protokoll SNMP einzusetzen.

Das Ergebnis der im zweiten Schritt analysierten Kandidaten Network-Layer Protokolle sind in nachfolgender Tabelle 7.6 dargestellt: Im Vergleich zur Analyse der feldbusbasierten Protokollkan-

			Management-Protokoll			
			SNMP	CMIP	xmlCIM	JRMP
Network-Layer (OSI-3)		CLNP (ISO-IP, ISO 8473)	✓[2,3]	✓	✓[2]	✓[2]
		IP (RFC 791)	✓	✓[1]	✓	✓
Steuerungstyp		Embedded-PC	✓	✓	✓	✓
		Unterstützung durch Betriebssystem bzw. Standardkomponenten	Y	N	Y	Y
		Microcontroller	✓	✗	✗	✗
		Unterstützung durch Betriebssystem bzw. Standardkomponenten	N	N	N	N

[1] mittels Common Management Information Services and Protocol over TCP/IP - CMOT (RFC 1189)
[2] mittels TCP/UDP over CLNP-Adressed Networks (TUBA) (RFC 1347)
[3] mittels SNMP over OSI (RFC 1418)

Tabelle 7.6: Protokollunterstützung der Steuerungskandidaten bei IKT-basierter Kommunikation

didaten ist die Einschränkung der Kandidaten nicht durch das Protokoll sondern durch den Steuerungstyp determiniert. Im Fall eines Gerätes mit Steuerungstyp "Microcontroller" ist aufgrund der Ermangelung an Unterstützung der anderen Kandidaten folglich in jedem Fall das Management-Protokoll SNMP einzusetzen. Im Fall des Steuerungstyps "Embedded-PC" werden hingegen alle Kandidaten unterstützt. Es wird daher versucht, die Kandidaten Management-Protokolle nach dem bisherigen Kenntnisstand durch *argumentativ-deduktive Analyse* (vgl. [164], S284) weiter einzuschränken.

7.5.2 Argumentativ-deduktive Analyse der Kandidaten Management-Standards

Wie in Abschnitt 7.2.4 erläutert sind sowohl die geforderte Geschwindigkeit der Informationsübertragung und -verarbeitung im Funktionsbereich Fehlermanagement als auch die Anzahl der vom System zu verwaltenden Geräte (vgl. [95]) limitierende Faktoren für ein zentralistisches Paradigma. Daher ist (im Fall von hierarchischen Systemen[55]) SNMP als Management-Standard über alle

---
[55]Das sind die Referenzarchitekturen "A2" und "A3" nach Abschnitt 7.3.

Hierarchieebenen nicht hinreichend und stattdessen eine dezentrale Variante[56] zu verfolgen, die eine Verlagerung von Aufgaben auf nachgelagerte Hierarchiestufen ermöglicht, und so eine funktionale Basis ohne die zuvor genannten Einschränkungen bildet. Weiters zeigen exemplarisch die Forderungen nach

- *verteiltem Management* im Sinne von verschiedenen Zugangspunkten (z.B. in der Zentrale, im Feld am Brückenverteiler oder direkt am Gerät) und einer erhöhten Verfügbarkeit durch Vermeidung eines Single Point of Failure durch Rückfallebenen auf den unterschiedlichen Hierarchieebenen[57],
- *hierarchischem Management* im Sinne einer Verteilung von Aufgaben – speziell in den Gegenstandsbereichen System- und Dienstmanagement[58]– auf Manager des jeweiligen Teilsystems,
- *lokaler Intelligenz* (z.B. zur Filterung von transienten Ereignissen und Einhaltung von Reaktionszeiten im Fehlerfall)

in vorliegendem Anwendungsbereich die Orientierung in Richtung einer *Aufgabenzentrierung*[59].

CMIP stellt sowohl die geforderte Aufgabenzentrierung als auch ein weit fortgeschrittenes und flexibles Datenmodell zur Verfügung. Die Grundforderung nach einem eigenständigen Management-Netzwerk (vgl. [75], S2) widerspricht jedoch der Grundforderung eines "in-band Management" in unserer Konzeption. Weiters spricht der geringe Durchsatz des Standards aufgrund seiner Komplexität gegen diese Kandidaten im Design.

JMX erfüllt zwar die geforderten Attribute wie Aufgabenzentrierung und flexibles Datenmodell, jedoch ist die Technologie auf die Instrumentierung Java-basierter Software-Komponenten beschränkt. Folglich kann mit JRMP als präferiertem Kandidaten Management-Protokoll keine generische Lösung – vor allem hinsichtlich Bestandskomponenten, die nicht auf Java basieren bzw. deren Source-Code gar nicht verfügbar ist – erzielt werden. Gleiches gilt auch für Steuerungstypen, wie etwa für den Kandidaten "Microcontroller", der per se keine Java Virtual Machine (JVM) zur Verfügung stellt.

xmlCIM erfüllt aufgrund seiner Offenheit[60], Plattformunabhängigkeit[61], Skalierbarkeit über mehrere Hierarchieebenen und Flexibilität durch seine Aufgabenzentrierung und CIM als erweiterbares Datenmodell die Kandidatenkriterien. Im Vergleich zu SNMP ist sowohl die höhere Komplexität als auch größerer Protokoll-Overhead von xmlCIM als Nachteil zu nennen, was einen

---

[56]Es gilt aus Gründen der Vollständigkeit anzumerken, dass auch SNMP einen hierarchischen Ansatz nach RFC 1451 [28] unterstützt. Jedoch beschränkt sich dieser auf die Weiterleitung von Ereignissen (siehe [127], S282ff.).
[57]Dies ist im Speziellen im Fall einer Anwendung des Systems für SLA-Management von großer Wichtigkeit.
[58]vgl. dazu Kapitel 5. Als Beispiel kann die Überwachung der korrekten Funktion der Geräte eines Teilsystems und die Determination des verursachenden Geräts im Fehlerfall genannt werden.
[59]Im Gegensatz zur Aufgabenzentrierung (führe Task t aus) steht eine Datenzentrierung (lese Wert X, schreibe Wert Y) die beispielsweise von SNMP verfolgt wird (vgl. [61], S25ff).
[60]Durch die Verwendung von HTTP und eXtensible Markup Language (XML) als Basistechnologien.
[61]Es gilt anzumerken, dass Plattformunabhängigkeit auf betriebssystembasierte Steuerungstypen referenziert. Microcontroller-Plattformen sind davon auszunehmen und gesondert zu betrachten.

Einsatz auf Steuerungen als auch Netzwerken höherer Leistungsfähigkeit (z.B. ab der Feldebene, vgl. Abschnitt 7.3) nahe legt.

Aufgrund der Analyseergebnisse werden im Folgenden die Kandidaten Management-Protokolle SNMP und xmlCIM als primäre Kandidaten für die Konzeption verfolgt. CMIP verbleibt als Rückfallebene, JRMP für eine mögliche Instrumentierung von Java-Komponenten in der Datenbasis der Theorie.

THEORIEMODELLIERUNG:

Menge der Management-Protokolle $MP = \{"SNMP", "xmlCIM"\}$

Menge der optionalen Management-Protokolle $MP_O = \{"CMIP", "JRMP"\}$

In den nachfolgenden Teilkapiteln werden die Grundlagen für die Konzeption des Management-Systems für die definierten Referenzarchitekturen durch Teilkonzepte für die Unterstützung von feldbusbasierter Kommunikation in den Anwendungsfällen TLS (Abschnitte 7.5.3 und 7.5.4) und NMCS2 (Abschnitt 7.5.6) erarbeitet.

Aufgrund der bereits erläuterten Problematiken von a) fehlender Unterstützung von Management-Funktionalität im TLS-Protokoll und b) der maximalen Datenlänge von 484 Bytes bei SNMP, die bei der Übertragung der Nutzdaten über TLS ohne weitere Maßnahmen zu einer Funktionseinschränkung führen würde, wird eine herstellerspezifische Erweiterung des Protokolls notwendig. Für die Abbildung von Management-Funktionalität in der TLS-Protokollstruktur stehen nach Ausschluss der Variante des Transports von Management-Daten in Abschnitt 7.3.5 grundsätzlich zwei Varianten zur Verfügung, die in den folgenden Abschnitten erläutert werden.

7.5.3 Tunneling für feldbusbasierte Kommunikation im Anwendungsfall TLS

Bei diesem Ansatz handelt es sich um die Erweiterung des OSI-7 Teils von TLS, um Management-Daten übertragen zu können. Dabei wird die Funktionsgruppe (FG) 254 (Systemsteuerung) um einen herstellerdefinierten Typ (Typ 128) erweitert. Das Master übernimmt folglich die Funktion der Fragmentierung der SNMP-Nutzdaten in – je nach Telegrammgröße – 1 bis 3 TLS-Einzeltelegramme, die am Zielhost wieder zusammengefügt werden. Die Interpretation der SNMP-APDU erfolgt direkt am Zielhost, was eine Funktionserweiterung der Steuerung am Zielhost notwendig macht.

Vorteile:
- Vermeidung eines etwaigen Funktionsverlusts durch Austausch des OSI-7 Teils[62],

---
[62]Exemplarisch kann hier die Knotennummer im allgemeinen Telegrammkopf (vgl. [14], SA6.1.2-1) zur eindeutigen Kennzeichnung des Quell- und Zielknotens genannt werden.

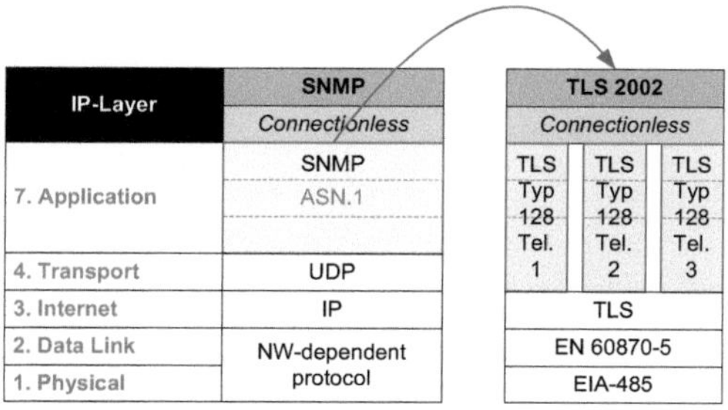

IP-Layer	SNMP	TLS 2002		
	Connectionless	Connectionless		
7. Application	SNMP ASN.1	TLS Typ 128 Tel. 1	TLS Typ 128 Tel. 2	TLS Typ 128 Tel. 3
4. Transport	UDP			
3. Internet	IP	TLS		
2. Data Link	NW-dependent protocol	EN 60870-5		
1. Physical		EIA-485		

Abbildung 7.14: Tunneling von SNMP über TLS

- Nutzung bestehender TLS-Parsing-Funktionalität in den Zielknoten,
- keine Interpretation der Management-APDU am Master notwendig,
- unabhängig vom einzusetzenden Management-Standard. Beispielsweise können – unabhängig von den unterstützten Funktionen – auch zukünftige Versionen des SNMP-Protokolls unterstützt werden, solange der Zielhost dieses unterstützt,
- effiziente Nutzung von herstellerspezifischen DE-Block Typdefinitionen nach TLS, da nur ein Typ verwendet wird.

Nachteile:

- möglicherweise weitere Größenlimitierung des Datenfeldes im Vergleich zu Variante 1[63],
- mögliche Probleme bei der Unterstützung von spontanen Meldungen (SNMP-TRAPs),
- Längenverlust (10 Bytes) durch Nutzung des TLS OSI-7 Teils[64],
- Parsing der SNMP-APDU bzw. Nutzdaten muss am Zielhost implementiert werden.

7.5.4 Gatewaying für feldbusbasierte Kommunikation im Anwendungsfall TLS

Diese Variante verfolgt die Erweiterung des OSI-7 Teils von TLS, um die Primitiven des Management-Standards unterstützen zu können. Wie im 1. Ansatz werden auch hier herstellerdefinierte Typen zur Erweiterung des OSI-7 Teils von TLS in der Funktionsgruppe (FG) 254 verwendet. Der Unterschied liegt jedoch in der Interpretation der SNMP-APDU im Sinne eines Gatewaying (anstatt reinen Tunnelings) was eine Vereinfachung für die Zielsteuerung darstellt. Durch das Mapping auf herstellerspezifische TLS-Typen kann sie sich auf die Interpretation dieser beschränken. Sinnvoll erscheint jedoch die direkte Übernahme der Abstract Syntax Notation one (ASN.1) Codierung für

---
[63]Das ist abhängig vom in Variante 1 gewählten APDU-Header.
[64]Jedoch sind weiterhin max. 3 Telegramme zur Übertragung einer SNMP-APDU notwendig. Folglich handelt es sich hierbei nur um eine praktisch nicht relevante Einschränkung.

die Identifikation der MIB-Objekte in die herstellerspezifischen Typen, um eine weitere Komplexitätssteigerung des Mappings auf Gateway-Ebene zu vermeiden.

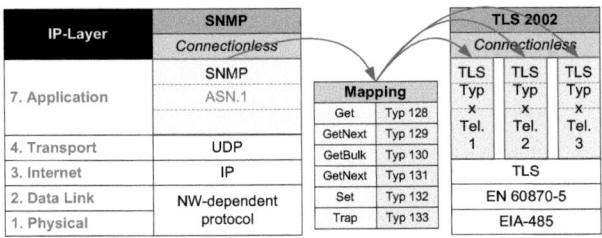

Abbildung 7.15: Gateway zwischen IP und TLS

Vorteile:
- alle Funktionen des Management-Protokolls (inkl. spontaner Meldungen) können unterstützt werden,
- effizientere Verarbeitung in der lokalen Steuerung, da das Parsing der SNMP-APDU entfällt.

Nachteile:
- möglicherweise weitere Größenlimitierung des Datenfeldes im Vergleich zu Variante 1,
- Interpretation der SNMP-APDU am Gateway notwendig,
- statisches Mapping zwischen Management-Funktionen und herstellerdefinierten DE-Block Typen beschränkt die Lösung auf einen Management-Standard,
- Verschwendung von herstellerspezifischen DE-Block Typen.

7.5.5 Gegenüberstellung der Ansätze

Aufgrund der Offenheit für heutige als auch zukünftige Standards wird im Folgenden Variante 1 zur Problemlösung verfolgt. Zusätzlich sind folgende Argumente für die Wahl des Ansatzes entscheidend: 1) Verwendung von TLS auf OSI-7, womit volle Kompatibilität mit dem Standard und zugehörigen Mechanismen (z.B. Routing) sichergestellt ist, 2) effiziente Nutzung der herstellerspezifischen Typendefinition nach TLS, 3) spontane Meldungen können durch die in TLS vorhandenen Primitiven umgesetzt werden, 4) trotz Längenverlust ist die maximale SNMP-APDU in drei TLS-Telegrammen übertragbar und 5) die Performance der eingesetzten Steuerungen der Zielhosts sollte für das Parsing von SNMP-APDUs ausreichen, wobei eine Evaluierung im Rahmen des nächsten Kapitels erfolgt.

Als Basis für die Spezifikationserweiterung ist, wie bereits zuvor angemerkt, die Funktionsgruppe (FG)[65] 254 (Systemsteuerung) gut geeignet[66]. Diese FG erlaubt eine herstellerspezifische Erweiterung durch die Definition sogenannter "herstellerdefinierter Typen" im Bereich 128 bis 254. Wir verwenden daher im Folgenden DE-Block Typ 128 für die Übertragung von Management-Daten. Die minimale Blocklänge ist 2, wobei der Block dann nur aus Längenbyte, DE- und Typbyte besteht. Der theoretische Maximalwert ist 228 (bei Anzahl der DE-Blöcke = 1) und ist durch die maximal zulässige Gesamtlänge der OSI-7 Schicht (238 Bytes) begrenzt. Aus der maximalen DE-Blocklänge und der Maximalgröße der SNMP-APDU ergibt sich eine Maximalanzahl von drei DE-Blöcken zur Übertragung der APDU.

Der herstellerdefinierte DE-Block Typ 128 ist in den nachfolgenden Tabellen dargestellt. Tabelle 7.7 zeigt dabei den ersten DE-Block, der die gesamte Anzahl der Datenblöcke und die Nutzdaten (bzw. den ersten Teil der Nutzdaten) enthält.

Position	Bezeichnung	Erläuterung
Byte 1	Länge DE-Block	Länge des folgenden DE-Blocks
Byte 2	Daten-Endgeräte-Kanal	[0..254]
Byte 3	Typ der DE-Daten	[128]
Byte 4	Blocknummer	[1]
Byte 5	Anzahl der Datenblöcke	[1..3]
Byte 6	Länge des Datenblocks	[0..223]
Byte 7		[0..255]
...	Inhalt des Datenblocks	[0..255]
Byte 7+n		[0..255]

Tabelle 7.7: 1. DE-Block für die Übertragung von Management-Daten

Entsprechend der angegebenen Anzahl der Datenblöcke im ersten DE-Block können noch bis zu zwei weitere DE-Blöcke folgen, die der in Tabelle 7.8 dargestellten Struktur entsprechen. Wird die Blocknummer auf 0 gesetzt (nur in Abrufrichtung zulässig[67]), wird eine laufende Management-Anfrage abgebrochen.

Der DE-Block wird mit ID=64 als herstellerspezifischer Anwendungs-Identifier (vgl. [14], S A6.1.2-2) in Abruf- und Antwortrichtung verwendet. Die Jobnummer[68] des Einzeltelegrammkopfs nach

---

[65]Für Details zu Funktionsgruppen (FG) nach TLS siehe [14], S A6.2.1-1.
[66]Alternativ könnte auch eine herstellerspezifische Funktionsgruppe im Bereich 128 – 253 verwendet werden.
[67]vgl. dazu den Richtungs-/Anwendungs-Identifier (ID) nach TLS in [14], S A6.1.2-2.
[68]Nach TLS 2002 (vgl. [14], S A6.1.2-2) vergibt die übergeordnete Steuerung nach eigenem Algorithmus eine Jobnummer für Nachrichten in Abrufrichtung. In der lokalen Steuerung wird jede Antwort auf einen Abruf bzw. jede Quittung auf eine Einstellanweisung oder Zuweisung usw. mit derselben Jobnummer versehen, wie sie die veranlassende Nachricht von der höheren Hierarchieebene enthielt. Bewirkt ein Telegramm in Abrufrichtung mehrere Antworten bzw. Quittungen in Antwortrichtung, so tragen diese alle dieselbe Jobnummer. Für Abrufe sind die Jobnummern 1 bis 255 vorgesehen, die Jobnummer 0 wird bei allen spontan bzw. nach Ende einer Zykluszeit auftretenden Nachrichten in Antwortrichtung verwendet.

Position	Bezeichnung	Erläuterung
Byte 1	Länge DE-Block	Länge des folgenden DE-Blocks
Byte 2	Daten-Endgeräte-Kanal	[0..254]
Byte 3	Typ der DE-Daten	[128]
Byte 4	Blocknummer	[2..3]
Byte 5	Länge des Datenblocks	[0..224]
Byte 6		[0..255]
...	Inhalt des Datenblocks	[0..255]
Byte 6+n		[0..255]

Tabelle 7.8: folgende DE-Blöcke für die Übertragung von Management-Daten

TLS wird dabei in ihrer Funktion zur Abruf-Antwort-Zuordnung über alle Netzebenen verwendet. Dies dient der eindeutigen Zuordnung der Management-Response zum vorangegangenen Management-Request. Ein exemplarischer Kommunikationsablauf ist in Anhang C dargestellt.

7.5.6 Tunneling für feldbusbasierte Kommunikation im Anwendungsfall NMCS2

Wie in Abschnitt 7.5.4 erläutert, stellen sich auch im Fall NMCS2 die gleichen Problematiken und analoge Argumentation für eine herstellerspezifische Erweiterung des Protokolls. Ein Gatewaying wäre zwar technisch möglich, wird jedoch aufgrund folgender Argumente nicht weiter verfolgt:
- die Lösung soll unabhängig von einem spezifischen Management-Standard sein,
- die Lösung soll offen für zukünftige Management-Standards sein,
- herstellerspezifische Typdefinitionen sollen effizient genutzt werden,
- da die Performance der Feldgeräte in Zukunft durch Technologieevolution weiter steigen wird, ist ein lokales Parsing der Management APDUs vertretbar.

Im Sinne der Theoriemodellierung ist die Hypothese 13a unserer Modellklasse unter der bestehenden Datenbasis (d.h., die Feldbus-Protokolle (FP)) somit zu verwerfen:

> THEORIEMODELLIERUNG: Aufgrund mangelnder Passung wird die Hypothese 13a verworfen:
>
> ✗ 13a. Für alle p1, p2 ∈ P: wenn p1 ≠ p2, dann gibt es ein gw ∈ GW, sodass m $supp\_mp$ p2 (d.h., der Management-Standard m auf das ITS-Protokoll p2 umgesetzt werden kann) oder
>
> ? 13b. gibt es ein tu ∈ TU, sodass p2 $trans\_mp$ mp (wobei m ∈ MP) (d.h. das Management-Protokoll m über das ITS-Protokoll p2 transportiert werden kann.)

Stattdessen gilt es, den durch die Hypothese 13b repräsentierten Tunneling-Ansatz im Rahmen einer Konzeption und Simulation mit der bestehenden Datenbasis zu verifizieren.

Im Fall des *SNMP-Requests* können die Nachrichtentypen "MULTI MESSAGE (INCOMPLETE)" (0x2B im Steuerfeld) bzw. "MULTI MESSAGE COMPLETE" (0x2C) zur Übertragung der SNMP-APDU verwendet werden[69]. Dies erfolgt durch die Definition eines herstellerspezifischen Indikators (0xEE) für die Übertragung von Management-Daten. Wie in Tabellen 7.9 bis 7.11 dargestellt, erfolgt die Übertragung der SNMP-APDU durch n Request-Telegramme.

Position	Bezeichnung	Erläuterung
Byte 1	Adressfeld	[01..30; 63 (Broadcast)]
Byte 2	Steuerfeld	[43] 0x2B - Incomplete
Byte 3	Datenfeld 1	[238] 0xEE - Mgmt Indikator
Byte 4	Datenfeld 2	[0..255] Anzahl Folgetelegramme
Byte 5	Parität	

Tabelle 7.9: 1. Request-Telegramm

Position	Bezeichnung	Erläuterung
Byte 1	Adressfeld	[01..30; 63 (Broadcast)]
Byte 2	Steuerfeld	[43] 0x2B - Incomplete
Byte 3	Datenfeld 1	[0..255] Mgmt-Daten
Byte 4	Datenfeld 2	[0..255] Mgmt-Daten
Byte 5	Parität	

Tabelle 7.10: 2. Request-Telegramm

Position	Bezeichnung	Erläuterung
Byte 1	Adressfeld	[01..30; 63 (Broadcast)]
Byte 2	Steuerfeld	[44] 0x2C - Complete
Byte 3	Datenfeld 1	[0..255] Mgmt-Daten
Byte 4	Datenfeld 2	[0..255] Mgmt-Daten
Byte 5	Parität	

Tabelle 7.11: letztes Request-Telegramm

Das erste Request-Telegramm (Tabelle 7.9) beinhaltet dabei den herstellerspezifischen Indikator (0xEE) im Datenfeld 1 und die Anzahl der Folgetelegramme in Datenfeld 2. Die folgenden Telegramme enthalten jeweils die Management-Daten im Datenfeld. Die Beendigung der Übertragung

---

[69]Für Details zu genannten Nachrichtentypen vergleiche [60], S32ff.

wird durch die Übermittlung des Nachrichtentyps "MULTI MESSAGE COMPLETE" an den Zielhost mitgeteilt. Als Response wird jeweils der Nachrichtentyp "ACKNOWLEDGEMENT"[70] (0x21 im Steuerfeld) mit den Bit-invertierten Empfangsdaten in Datenfeld 1 und Datenfeld 2 lt. Spezifikation verwendet.

Da die zuvorgenannten Nachrichtentypen nur in Senderichtung, jedoch nicht in Antwortrichtung verfügbar sind, ist für die Abfrage der *SNMP-Response* die Einführung eines zusätzlichen herstellerspezifischen Nachrichtentyps notwendig. In Anlehnung an den zuvor gewählten herstellerspezifischen Indikator wird im Folgenden 0xEE als Identifier im Steuerfeld für den Nachrichtentyp "MANAGEMENT RESPONSE" verwendet.

Position	Bezeichnung	Erläuterung (Request)	Erläuterung (Reply)
Byte 1	Adressfeld	[01..30]	[01..30]
Byte 2	Steuerfeld	[238] 0xEE - Mgmt Response	[238] 0xEE - Mgmt Response
Byte 3	Datenfeld 1	[0]	[0..255] Anzahl Folgetelegramme
Byte 4	Datenfeld 2	[0]	[0]
Byte 5	Parität		

Tabelle 7.12: 1.Request-Reply Dialog für die Abfrage von Management-Daten

Das erste Request-Telegramm (Tabelle 7.12) beinhaltet dabei den Identifier (0xEE) in Steuerfeld mit den Datenfeldern = 0, um die Abfrage von Management-Daten zu initiieren. Die Steuerung antwortet daraufhin mit der Anzahl der Folgetelegramme in Datenfeld 1.

Position	Bezeichnung	Erläuterung (Request)	Erläuterung (Reply)
Byte 1	Adressfeld	[01..30]	[01..30]
Byte 2	Steuerfeld	[238] 0xEE - Mgmt Response	[238] 0xEE - Mgmt Response
Byte 3	Datenfeld 1	[0..255] Folgetelegramm Nr.	[0..255] Mgmt-Daten
Byte 4	Datenfeld 2	[0]	[0..255] Mgmt-Daten
Byte 5	Parität		

Tabelle 7.13: folgende Request-Reply für die Abfrage von Management-Daten

In den folgenden Dialogen (Tabelle 7.13) beinhaltet das Request-Telegramm jeweils die gewünschte Folgetelegramm-Nummer. Die Steuerung antwortet mit den entsprechenden Management-Daten im Datenfeld. Die Übertragung der Management-Response ist mit der Abfrage von allen Folgetelegrammen abgeschlossen. Ein exemplarischer Kommunikationsablauf ist in Anhang C dargestellt.

---

[70]vgl. dazu [58], S78.

7.5.7 Management-Konzeption für Referenzarchitektur "A1"

Aufbauend auf den in den vorangegangenen Abschnitten erarbeiteten Konzepten für feldbusbasierte Kommunikation und die Analyse der Kandidaten Management-Standards (Abschnitte 7.5.1 und 7.5.2) wird in diesem Abschnitt die Konzeption für die Referenzarchitektur "A1 – homogene Architektur ohne Hierarchie" erläutert.

Wie in Abbildung C.1 dargestellt, ist im Fall der feldbusbasierten Variante die Management-Information mittels der zuvor eingeführten Tunneling-Konzeptionen über das Feldbusprotokoll P von der Zentrale (d.h., dem *Master*) an das Gerät (*Slave*) zu übertragen (vgl. $\boxed{1}$ in Abbildung C.1). Als Management-Protokoll kommt der Argumentation in Abschnitt 7.5.1 folgend SNMP zum Einsatz. Auf Zentralenebene ist ein *Management-Gateway* zu implementieren, das die Management-Funktionalität der Management-Applikation zur Verfügung stellt. Auf Feldebene ist die Steuerung mit der *Management-Agent* Funktionalität zu erweitern. Dieser Agent interpretiert die SNMP-APDU, führt die angeforderte Funktion aus und generiert die Response APDU, die dann wiederum über die definierte Protokollerweiterung an die Zentrale (d.h., das Management-Gateway) übertragen wird. Anzumerken gilt, dass sowohl Management-Gateway als auch Management-Agent als immanenter Teil der Protokollverarbeitung integriert werden müssen. Die Funktionen des Prozessdatenprotokolls bleiben davon jedoch unberührt.

Die IKT-basierte Variante (Abbildung C.2) kann im Vergleich dazu ohne den Eingriff in die Verarbeitung des Prozessdatenprotokolls erfolgen. Als Management-Protokolle stehen – abhängig von den Möglichkeiten der eingesetzten Steuerungstypen im System – SNMP (vgl. $\boxed{1}$ in Abbildung C.2) oder xmlCIM ($\boxed{2}$) zur Verfügung. Auf der Feldebene ist die Steuerung wiederum mit einem *Management-Agent* zu instrumentieren. Abhängig von den im Anwendungsfall zu unterstützenden Management-Funtionalitäten kann eine indirekte (z.B. durch Zugriff auf Konfigurations- oder Log-Dateien) oder direkte (z.B. durch Interprozesskommunikation) Verbindung zur Prozessdatenverarbeitung in der Steuerung notwendig sein. Im Fall einer horizontalen Heterogenität, im Sinne von unterschiedlichen Möglichkeiten, kann die Umsetzung einer Management-Plattform auf Zentralenebene basierend auf WBEM-Technologie als Gateway zu SNMP[71] als auch WBEM-instrumentierten Geräten auf der Feldebene dienen.

7.5.8 Management-Konzeption für Referenzarchitektur "A2"

Aufbauend auf den in den vorangegangenen Abschnitten erarbeiteten Konzepten und der Analyse der Kandidaten Management-Standards (Abschnitte 7.5.1 und 7.5.2) wird in diesem Abschnitt die Konzeption für die Referenzarchitektur "A2 – homogene Architektur mit Hierarchie" erläutert. Als

---

[71]vgl. dazu für WBEM [138] bzw. für WMI http://msdn.microsoft.com/en-us/library/aa393621%28v=vs.85%29.aspx.

Grundidee dienen die Konzepte aus der Referenzarchitektur "A1" für homogene Architekturen ohne Hierarchie (vgl. Abschnitt 7.5.7) die im Folgenden auf das Mehrebenenkonzept umgesetzt werden sollen.

Wie in Abbildung C.3 dargestellt, ist im Fall der feldbusbasierten Variante die Management-Information mittels der Tunneling-Konzeptionen aus Abschnitt 7.5.7 über das Feldbusprotokoll P vom Master an den Slave (d.h., das Gerät) zu übertragen (vgl. $\boxed{1}$ in Abbildung C.3). Auf der Ebene des Management-Zugangspunkts ist ein *Management-Gateway* zu implementieren, das die Management-Funktionalität der Management-Applikation zur Verfügung stellt. Folgend der Forderung nach verteiltem Management, wie in Abschnitt 7.5.2 erläutert, können sowohl die Zentralensteuerung als auch Service-Laptops, die auf der Sensor-/Aktorebene mit dem Gerät verbunden werden, mit einem Management-Gateway instrumentiert werden, um so die Basis für die Verwendung einer Management-Applikation zu schaffen ($\boxed{2}$). Aufgrund der Beschränkung auf feldbusbasierte Kommunikation über alle Systemebenen ist die Umsetzung der Forderung nach einem hierarchischen Management nur sehr schwer realisierbar. Stattdessen können jedoch die Geräte des Systems auf höheren Ebenen nach demselben Prinzip instrumentiert werden, wie jene auf der Sensor-/Aktorebene. Die Auswirkung auf die Performance des Systems bei der Verarbeitung von Prozessdaten ist aufgrund des komplexen Tunneling und der limitierten Leistung der Steuerungen auf der Sensor-/Aktorebene in jedem Fall einer Validierung zu unterziehen, bevor eine Entscheidung über ein finales online- oder offline-Management[72] getroffen werden kann.

Die Sensor-/Aktorebene der IKT-basierten Variante (vgl. Abbildung C.4) wird – wie das feldbusbasierte Gegenstück – folgend der Konzeption aus Abschnitt 7.5.7 instrumentiert (vgl. $\boxed{1}$ in Abbildung C.4). Wie bereits ausgeführt, stehen – abhängig von den Möglichkeiten der eingesetzten Steuerungstypen im System – SNMP oder xmlCIM als Management-Protokolle zur Verfügung. Im Unterschied zur feldbusbasierten Variante kann ein verteiltes Management in der IKT-basierten Variante problemlos umgesetzt werden: Dabei wird die Steuerung ab der Feldebene bzw. der nächsten Ebene mit geeignetem Steuerungstyp mit WBEM instrumentiert. Diese Instrumentierung stellt dann sowohl die Management-Information des Geräts selbst als auch der untergeordneten Geräte im System mittels dafür vorgesehenen Providern (sowohl für WBEM als auch SNMP "Slaves") sicher. Eine Kaskadierung ($\boxed{3}$) kann somit über n Ebenen, abhängig von der jeweiligen Systemanforderung, umgesetzt werden. Folglich kann sowohl die Zentralensteuerung als auch mit Management-Applikationen ausgestattete Service-Laptops auf jeglichen (dafür vorgesehenen) Systemebenen als Management-Zugangspunkt ($\boxed{2}$) verwendet werden. Eine Auswirkung auf die Performance des Systems im Sinne der Verarbeitung der Prozessdaten ist sowohl durch die zu erwartende Leistung der Steuerungen ab der Feldebene als auch die Kapazität des Netzwerks nicht zu erwarten, sollte

---

[72]Im Falle eines offline-Management wird das System "abgeschaltet" und die Feldbus-Infrastruktur lediglich für die auszuführende Management-Aufgabe genutzt. Nach Abschluss des Tasks geht das System wieder für seine eigentliche Funktion "online" (Betriebs- vs. Wartungsmodus).

jedoch im jeweiligen Anwendungsfall einer initialen Betrachtung unterzogen werden. Für die Kommunikation auf Lokalbusebene (d.h., zwischen Feld- und Sensor-/Aktorebene) gilt es – wie im der feldbusbasierten Variante – die Möglichkeiten sowohl der Kommunikationsinfrastruktur als auch der involvierten Steuerungen zu evaluieren.

7.5.9 Management-Konzeption für Referenzarchitektur "A3"

Aufbauend auf den in den vorangegangenen Abschnitten erarbeiteten Konzepten und der Analyse der Kandidaten Management-Standards (Abschnitte 7.5.1 und 7.5.2) wird in diesem Abschnitt die Konzeption für die Referenzarchitektur "A3 – Vertikal inhomogene Architektur mit Hierarchie" erläutert. Als Grundidee dienen die Konzepte aus den Referenzarchitekturen "A2" für homogene Architekturen mit Hierarchie (vgl. Abschnitt 7.5.8), die auf die inhomogene Variante umgesetzt werden sollen.

Wie in Abbildung C.5 dargestellt, wird das feldbusbasierte Teilsystem in den unteren Hierarchieebenen wiederum mit SNMP als Management-Protokoll instrumentiert, welches über das Feldbusprotokoll P transportiert wird (vgl. $\boxed{1}$ in Abbildung C.5). Das *Management-Gateway* ist auf der niedrigsten Hierarchieebene des IKT-basierten Teilsystems umzusetzen. Für den Fall eines Systems, das mehrere feldbusbasierte Hierarchieebenen umfasst, können zur Erfüllung der Forderung nach verteiltem Management wiederum Service-Laptops für einen lokalen Management-Zugang auf der Feld- bzw. Sensor-/Aktorebene mit dem Management-Gateway und einer Management-Applikation instrumentiert werden. Für das IKT-basierte Teilsystem gelten die gleichen Prinzipien, wie bereits in Abschnitt 7.5.8 ausgeführt.

Hinsichtlich der Performance des Systems gilt es wiederum. vermehrtes Augenmerk auf das feldbusbasierte Teilsystem zu legen. Die Auswirkung des komplexen Tunneling und der limitierten Leistung der Steuerungen auf die Prozessdatenverarbeitung ist einer Validierung zu unterziehen, bevor eine Entscheidung über ein finales online- oder offline-Management getroffen werden kann. Im IKT-basierten Teilsystem ist sowohl durch die zu erwartende Leistung der Steuerungen als auch die Kapazität des Netzwerks keine Auswirkung auf die Systemleistung zu erwarten.

Kapitel 8

Simulation

Kapitel 8 ist der Simulation[1] von kritischen Teilen der in Abschnitt 7 erarbeiteten Management-Konzeption gewidmet. Wie in Abschnitt 7.5.8 beschrieben, ist die Übertragung von Management-Daten im Fall feldbusbasierter Kommunikation einer Validierung zu unterziehen. Dies begründet sich sowohl in der limitierten Leistung der Steuerungen auf der Sensor-/Aktorebene als auch in den anzuwendenden Tunneling-Mechanismen. Ob und wann ein online-Management zum Einsatz kommen kann bzw. ein offline-Management zum Einsatz kommen muss, ist im Rahmen der Simulation durch die Analyse der Auswirkung auf das zeitliche Verhalten des Systems bei der Verarbeitung von Prozessdaten zu zeigen.

Im Vergleich zum feldbusbasierten System bzw. Teilsystem ist im IKT-basierten (Teil-)system (vgl. Abschnitt 7.5.9) sowohl durch die zu erwartende Leistung der Steuerungen als auch die Kapazität des Netzwerks keine Auswirkung auf die Systemleistung – d.h., das zeitliche Verhalten betreffend Prozessdaten – zu erwarten. Der Teilbereich kann folglich von der Simulation ausgenommen werden.

Ziel ist es, etwaige Probleme des Konzepts bereits vor der praktischen Umsetzung in ein Gestaltungsdesign zu erkennen bzw. durch Adaptierung des Modells zu vermeiden. Aus theoretischer Sicht dient die Simulation als Methode zur Verifikation der bisher nicht bestätigten Hypothesen der Theorie[2] im Rahmen seiner intendierten Anwendungen.

Als Simulationswerkzeug wird die Simulationssoftware *OMNET++*[3] in der Version 4.1 verwendet. Die Wahl von OMNET++ begründet sich in dessen Flexibilität und Erweiterbarkeit für verschiedenste Einsatzbereiche – so auch für ggst. Anwendungsbereich. So wird – basierend auf einer

---

[1]Nach Wilde et.al. verstehen wir im Folgenden unter *Simulation* die formale Abbildung des Verhaltens eines zu untersuchenden Systems in ein Modell. Dabei werden Umweltzustände durch bestimmte Belegungen der Modellparameter nachgestellt. Sowohl durch die Modellkonstruktion als auch durch die Beobachtung der endogenen Modellmessgrößen lassen sich Erkenntnisse gewinnen (vgl. [164]).
[2]Siehe dazu Hypothese 15 in Abschnitt 7.3.5.
[3]http://www.omnetpp.org/.

breiten Basis von Grundfunktionen – die Implementierung von anwendungsspezifischen Modulen unterstützt, die in vorliegender Arbeit zur Umsetzung der Protokollstacks unserer Kandidaten Feldbusprotokolle eingesetzt werden.

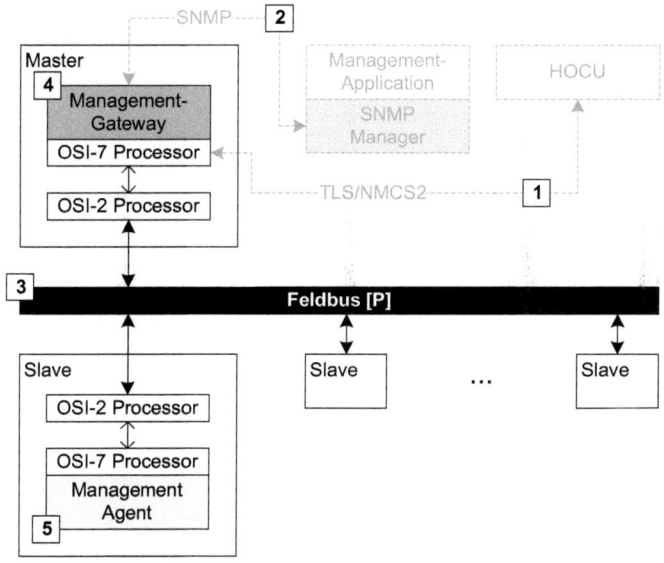

Abbildung 8.1: Simulationsdesign

Das Simulationsdesign ist in Abbildung 8.1 dargestellt: Es besteht aus den Modulen *Master* und *Slave*, die von der Modulklasse *Device* abgeleitet sind. Der Master wird von der HOCU mit prozessorientierten Aufgaben ((vgl. [1] in Abbildung 8.1) bzw. von der Management-Applikation mit Managementaufgaben ([2]) beauftragt.

Master und Slaves sind über das Modul *Bus* verbunden, das einen seriellen Kommunikationsbus simuliert. Der Bus ([3]) kann dabei mit verschiedenen Datenübertragungsraten und Verzögerungszeiten parametriert werden. Seine Aufgabe besteht in der Weiterleitung eines erhaltenen Datenpakets[4] an alle Busteilnehmer. Master sowie Slaves verwenden über ihre Ableitungshierarchie die gleiche Implementierung eines *OSI-2 Processors*. Die Verarbeitung auf OSI-7 Ebene unterscheidet sich durch die Realisierung des *Management-Gateway* im Master-Modul ([4]) und des *Management-Agent* im Slave-Modul ([5]). Die für die Performance des Gesamtablaufs wichtige

---

[4]In OMNET++ werden Datenpaktete durch die Klassen cModule, cPacket und davon abgeleitete Klassen repräsentiert. Im Rahmen dieser Arbeit werden für die Kandidatenprotokolle NMCS2 und TLS spezifische, von cPacket abgeleitete Klassen, verwendet.

Verarbeitungszeit des Slaves für die Verarbeitung und Beantwortung eines Request-Pakets (der sog. *Empfängeroverhead*) wird als DelayChannel beim Übergang zwischen OSI-2 und OSI-7 Processor (im Slave) realisiert. Um den Einfluss der Verarbeitungszeit auf die *Paketumlaufzeit* (engl.: Round Trip Time (RTT))[5] in unserer Simulation möglichst realitätsnah gestalten zu können, werden drei verschiedene Varianten von *Verarbeitungszeiten* verwendet:

VZ0: Keine Verarbeitungszeit. Dabei wird die Verarbeitungszeit auf 0 Millisekunden eingestellt und so eine direkte Antwort erzwungen.

VZ1: Verarbeitungszeit zwischen 5 und 10 Millisekunden. In diesem Fall wird eine normalverteilte Verarbeitungszeit zwischen 5 und 10 Millisekunden verwendet. Diese wird dynamisch als DelayChannel zwischen OSI-7 und OSI-2 des Slaves realisiert und vor jedem Sendevorgang neu berechnet. Der Minimalwert von 5ms ergibt sich aus den minimal zulässigen Antwortzeiten der Kandidaten Feldbusprotokolle[6], [7]. Der Maximalwert wird aus realen Daten für den Kandidaten Steuerungstyp "Embedded-PC" abgeleitet.

VZ2: Verarbeitungszeit zwischen 5 und 50 Millisekunden. Diese Variante ist analog der zuvorgenannten Variante implementiert. Jedoch wird der Maximalwert für den Kandidaten Steuerungstyp "Microcontroller" mit 50ms den realen Messungen entsprechend höher angenommen.

Um die Auswirkung der *Datenübertragungsrate* auf die Performance des Gesamtsystems zeigen zu können, werden für beide Kandidaten-Protokolle jeweils die Übertragungsraten lt. Protokollspezifikation und deren vierfache Übertragungsrate[8] für die Simulation verwendet.

Für die zu übertragende SNMP-APDU werden vier Paketgrößen (41, 100, 250 und 484 Byte) angenommen: Die Paketgröße von 41 Byte stellt dabei den realistischen Anwendungsfall dar. Dieser ergibt sich aus der Länge der allgemeinen SNMP-PDU und dem Object-Identifier für herstellerspezifische Management-Informationen in einer sogenannten *Private MIB*[9] lt. IANA SMI-Definition [126][10]. Der optimistische Fall kann mit dem zuvor erläuterten realistischen Fall gleichgesetzt werden. Dies begründet sich in der Tatsache, dass aufgrund der durch die Struktur der Management-Information (SMI) vorgegebenen Position des Objekts, das Datenfeld nicht weiter vereinfacht wer-

---

[5]Darunter verstehen wir im Folgenden die Zeit von Beginn des SNMP-Request bis zum Erhalt der Response am Master. Die Paketumlaufzeit entspricht damit dem gesamten Ablauf aus Anhang D.1 bzw. D.2.
[6]Für den Fall TLS vergleiche [14], Seite A4.6-1.
[7]Für den Fall NMCS2 siehe [59], S9.
[8]Die Verwendung der vierfachen Übertragungsrate ermöglicht den Vergleich der Performance der Lösungen für TLS und NMCS2, da TLS die vierfache Übertragungsrate von NMCS2 verwendet.
[9]Ein Object-Identifier nach SMI kann wie folgend aufgebaut sein:
iso(1).internet(1).private(4).enterprise(1).ITSVendor(??).Device(??).Attribute. Daraus ergibt sich eine SNMP-APDU Länge von 41 Bytes, die folglich als Basis für den realistischen Simulationsfall verwendet wird.
[10]Vergleiche dazu auch `http://www.iana.org/assignments/smi-numbers`.

den kann. Um die Skalierung mit größeren SNMP-APDUs – speziell im Hinblick auf die für die Übertragung notwendigen Fragmentierungsmechanismen – zeigen zu können, werden die Paketgrößen von 100 und 250 Bytes, sowie die theoretische Maximallänge von 484 Bytes lt. [27] als Basis für die Simulation angenommen.

In Abschnitten 8.1 und 8.2 wird die Busauslastung mit 0%, also einer vollständigen Verfügbarkeit des Busses zur Übertragung von Management-Information, angenommen. Der Master wird folglich nur mit Managementaufgaben aus der Management-Applikation, jedoch nicht mit prozessorientierten Aufgaben der HOCU beauftragt. Auf den Fall eines online-Managements, der die gleichzeitige Übertragung von Prozess- und Managementdaten bedingt, wird in Abschnitt 8.3 eingegangen.

8.1 Simulation mit NMCS2

Bei NMCS2 handelt es sich, wie bereits in Abschnitt 7.5.6 erläutert, um ein Protokoll mit einer festen Telegrammlänge von 5 Bytes. Der Bus verwendet dabei eine asynchrone Kommunikation mit einer Übertragungsrate von 2400bps. Der Bus ist auf eine Teilnehmerzahl von 31 (1 Master und 30 Slaves) beschränkt. Die Simulationsergebnisse für die Übertragung von Management-Daten über NMCS2 sind in Abbildung 8.2 dargestellt.

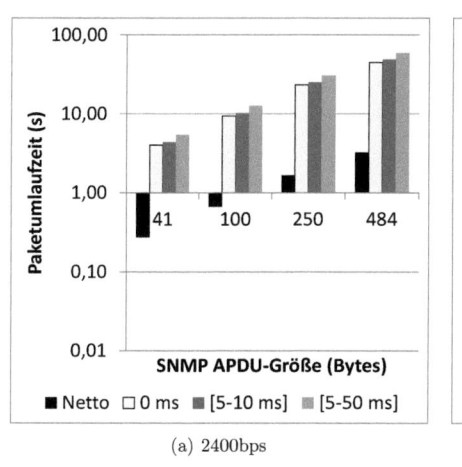
(a) 2400bps

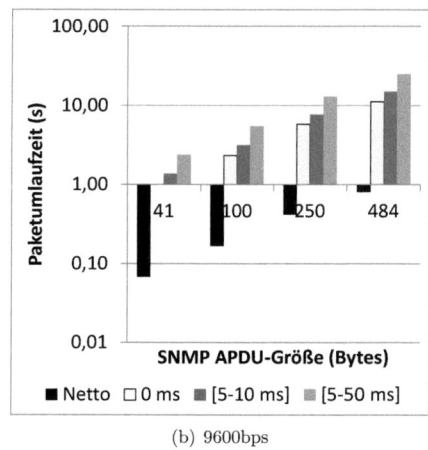
(b) 9600bps

Abbildung 8.2: Simulationsergebnisse NMCS2

Wie leicht erkennbar, bringt der Transport von SNMP-APDUs mittels NMCS2 einen großen

Protokolloverhead mit sich. Im Vergleich zur Übertragung der Netto-Daten[11] (erster Balken in Abbildung 8.2) ist im Mittel die 14,1-fache Paketumlaufzeit bei Transport über NMCS2 (2. bis 4. Balken) notwendig[12]. Dies begründet sich durch die kurzen Telegrammlängen (Frames) von 5 Bytes bei einem Nutzdatenanteil von 2 Bytes.

Die Verarbeitungszeit der Slave-Steuerung wirkt als additiver Faktor zur Paketumlaufzeit. Auch hier ist der direkte Zusammenhang mit der Anzahl an übermittelten Telegrammen leicht erkennbar, wobei sich die Verarbeitungszeit von 1,4s bei einer APDU-Größe von 41 Bytes auf 13,8s bei 484 Bytes erhöht. Der Anteil der Verarbeitungszeit an der Paketumlaufzeit[13] liegt bei durchschnittlich 7,8%[14] bzw. 24,5%[15]. Die Auswirkung einer Erhöhung der Übertragungsrate ist in Abbildung 8.2(b) dargestellt: Hier steigt der Anteil der Verarbeitungszeit an der Paketumlaufzeit auf 25,4% bzw. 56,5%. Die effektive Auswirkung auf die Paketumlaufzeit bei vierfacher Übertragungsrate liegt im Falle von VZ1 bei Faktor 3,25, im Falle VZ2 bei Faktor 2,34. Der Vergleich dieser Faktoren lässt auch erkennen, dass die Vervierfachung der Übertragungsrate aus zuvorgenannten Gründen eine vergleichbar gute Verbesserung der Systemperformance (speziell in Verbindung mit einer Verringerung des Verarbeitungsoverheads) mit sich bringt.

Ein Online-Management ist im Fall NMCS2 zwar technisch realisierbar, aufgrund der hohen Übertragungszeiten jedoch nur bei nicht-zeitkritischen Management-Funktionen (z.B. Auslesen von Betriebsstundenzählern) bedingt sinnvoll. Darunter können alle Funktionen der Bereiche Konfigurations- und Leistungsmanagement als auch Daten des Bereichs Fehlermanagement, die keine Sofortreaktion des Systems bedürfen, subsummiert werden. In zeitkritischen Funktionen des Bereichs Fehlermanagement sollte im Anwendungsfall NMCS2 das Prozessdatenprotokoll diese übernehmen und die Managementfunktionen des Bereichs Fehlermanagement lediglich in nicht-zeitkritischen Fällen (z.B. der Planung von Serviceeinsätzen) eingesetzt werden. Allgemein folgt die Gesamtzeit somit folgender Funktion:

$$T_{ges} = (|C_{emb}| * |MO| * 4,38s + |C_{mc}| * |MO| * 5,42s) * \frac{1}{a}$$

Die Gesamtzeit (T_{ges}) entspricht dem Produkt der Anzahl der verwalteten Steuerungen (C_{emb} bzw. C_{mc}), der Anzahl der Managed Objects (MO), der durchschnittlichen Paketumlaufzeit und dem Auslastungsgrad des Busses (a). Exemplarisch bedarf die Abfrage eines Managed-Objects im realistischen Fall[16] bei 10 Slaves mit hoher Verarbeitungszeit und einer Busauslastung, die mit

---

[11]Unter *Netto-Daten* verstehen wir im Folgenden die SNMP-APDUs ohne zusätzlichen Overhead eines OSI-2 Protokolls (sog. Frame-Overhead).
[12]Dieser Faktor ist natürlich unabhängig von der gewählten Übertragungsrate.
[13]Die Paketumlaufzeit (RTT) setzt sich aus der Übertragungszeit (in beide Richtungen) und der Verarbeitungszeit (des Slaves) zusammen.
[14]Im Fall der simulierten Verarbeitungszeit (VZ1) zwischen 5 und 10 Millisekunden.
[15]Im Fall der simulierten Verarbeitungszeit (VZ2) zwischen 5 und 50 Millisekunden.
[16]D.h., mit einer SNMP-APDU Größe von 41 Byte.

100% für die Übertragung von Managementdaten zur Verfügung steht, somit einer Gesamtzeit von $(10*5,42s)*1/1,0 = 54,2s$.

Als Gestaltungsdirektive kann daher ein Online-Management verfolgt werden, solange die Gesamtzeit (T_{ges}) unter der erwarteten Maximalzeit T_{max} liegt, wobei T_{max} wiederum für den jeweiligen Anwendungsbereich individuell festgelegt werden kann. Da die Reaktion des Systems auf prozessorientierte Aufgaben jedoch bereits durch Abfrage eines Managed-Objects um 5,42s verzögert wird, ist in der praktischen Anwendung von einem Offline-Management auszugehen.

8.2 Simulation mit TLS

Laut Spezifikation ist für TLS[17] eine busfähige Schnittstelle EIA-485 mit einer Übertragungsgeschwindigkeit von 9600bps vorzusehen (vgl. [14], S III.3-1). Der Bus ist auf eine Teilnehmerzahl von 201 (1 Master im Adressbereich 200 bis 209 und 200 Slaves mit den Adressen 1 bis 199) beschränkt. Die Simulationsergebnisse für die Übertragung von Management-Daten über TLS sind in Abbildung 8.3 dargestellt.

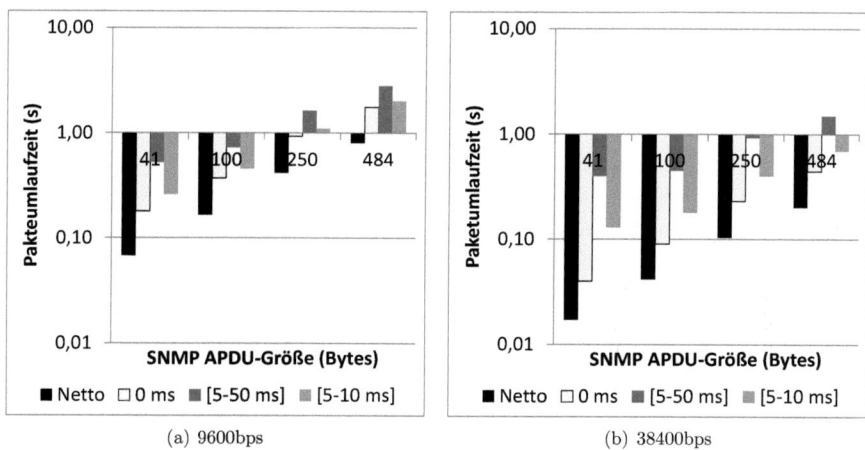

(a) 9600bps (b) 38400bps

Abbildung 8.3: Simulationsergebnisse TLS

Der Transport von SNMP-APDUs mittels TLS bringt im Gegensatz zum zuvor analysierten NMCS2-Protokoll einen weitaus geringeren Protokolloverhead mit sich. Im Vergleich zur Übertragung der Netto-Daten (erster Balken in Abbildung 8.3) ist im Mittel die 2,3-fache (Faktor 14,1 bei NMCS2) Paketumlaufzeit bei Transport über TLS (2. bis 4. Balken) notwendig. Der Unterschied

---
[17]Wir nehmen hier als Referenz TLS in der Version 2002 an.

zu NMCS2 begründet sich in den größeren Telegrammlängen (235 gegenüber 5 Bytes) bei einem Nutzdatenanteil von 223 Bytes verglichen mit 2 Bytes bei NMCS2.

Die Verarbeitungszeit der Slave-Steuerung wirkt wiederum als additiver Faktor zur Paketumlaufzeit. Auch hier ist der direkte Zusammenhang mit der Anzahl an übermittelten Telegrammen leicht erkennbar, wobei sich die Verarbeitungszeit von 0,08s bei einer APDUs-Größe von 41 Bytes auf 0,25s bei 484 Bytes erhöht. Der Anteil der Verarbeitungszeit an der Paketumlaufzeit liegt bei durchschnittlich 19,6% (7,8% bei NMCS2)[18] bzw. 48,9% (24,5% bei NMCS2)[19]. Die im Vergleich zu NMCS2 weitaus höheren Werte erklären sich – wie bereits eingehend erläutert – in der höheren Übertragungseffizienz des TLS-Protokolls durch größere Telegrammlängen.

Die Auswirkung einer Erhöhung der Übertragungsrate ist in Abbildung 8.3(b) dargestellt: Hier steigt der Anteil der Verarbeitungszeit an der Paketumlaufzeit auf 49,5% bzw. 78,9%. Die effektive Auswirkung auf die Paketumlaufzeit bei vierfacher Übertragungsrate liegt im Falle von VZ1 bei Faktor 2,91, im Falle VZ2 bei Faktor 1,89. Im Vergleich zu NMCS2 (Faktor 3,25 bei VZ1 bzw. 2,34 bei VZ2) stiftet die Erhöhung der Übertragungsrate im Anwendungsfall TLS einen geringeren Nutzen, was wiederum in der höheren Effizienz des Protokolls durch größere Telegrammlängen und der damit stärkeren Einwirkung der Verarbeitungszeit in die Gesamtperformance begründet ist.

Ein Online-Management im Fall TLS ist in jedem Fall technisch realisierbar. Aufgrund der guten Performance für realistische SNMP-APDU Größen mit einer durchschnittlichen Paketumlaufzeit von 0,26s (im Fall VZ1) bzw. 0,53s (VZ2) kann die Konzeption für alle Funktionen der Bereiche Fehler-, Konfigurations- und Leistungsmanagement angewendet werden. Im Falle von Daten des Bereichs Fehlermanagement, die eine Sofortreaktion des Systems bedürfen, ist für die Einhaltung von Reaktionszeiten lt. VDE 0832-400 [35] die Verwendung von SNMP-TRAPs vorzusehen, womit eine Übertragungszeit von 0,07s (im Fall von VZ1) bzw. 0,20s (VZ2) erreicht werden kann. Die Formel für die Gesamtzeit mit geänderten Parametern für den Anwendungsfall TLS kann wie folgend dargestellt werden:

$$T_{ges} = (|C_{emb}| * |MO| * 0,26s + |C_{mc}| * |MO| * 0,53s) * \frac{1}{a}$$

Exemplarisch führt die Abfrage eines Managed-Objects im realistischen Fall[20] bei 10 Slaves mit hoher Verarbeitungszeit und einer Busauslastung von 50% somit zu einer Gesamtzeit von $(10 * 0,53s) * 1/0,50 = 10,6s$.

Als Gestaltungsdirektive kann daher ein Online-Management verfolgt werden, solange die Gesamtzeit (T_{ges}) unter dem erwarteten Maximalzeit T_{max} liegt, wobei T_{max} wiederum für den jeweiligen Anwendungsbereich individuell festgelegt werden kann. Auf die Limitierungen für Online-Management wird in folgendem Abschnitt noch näher eingegangen. Trotz Einhaltung der zeitlichen

---

[18] Im Fall der simulierten Verarbeitungszeit (VZ1) zwischen 5 und 10 Millisekunden.
[19] Im Fall der simulierten Verarbeitungszeit (VZ2) zwischen 5 und 50 Millisekunden.
[20] D.h. mit einer SNMP-APDU Größe von 41 Byte

Parameter im Funktionsbereich Fehlermanagement, die eine Sofortreaktion lt. VDE 0832-400 [35] bedürfen, sind vor der Umsetzung dieser Funktion über die Management-Struktur die Vor- und Nachteile im Vergleich zur existenten Realisierung über das Prozessdatenprotokoll[21] aufzuprüfen.

8.3 Limitierungen für online-Management

Nachdem die vorherigen Abschnitte der Performanceanalyse einer Übertragung von Management-Daten über die Kandidaten-Feldbusprotokolle ohne Berücksichtigung von prozessorientierten Aufgaben gewidmet war, geht dieses Kapitel näher auf den Aspekt eines online-Management im Rahmen des laufenden Betriebs ein.

Wie bereits in der Einleitung zu Kapitel 8 erläutert, ist die Busauslastung durch Prozessdaten der limitierende Faktor für ein online-Management. Angaben des Streckenstationsherstellers und normativen Vorgaben im Beispielprojekt "VBA A2, A3, A21 Ost" (vgl. Kapitel 10.1) folgend, beschränken sich Prozessdaten im Normalbetrieb[22] auf ein zyklisches Polling aller Slaves innerhalb von 500ms. Eine gezielte Statusabfrage, wie etwa von Stellzuständen oder Messwerten, ist aufgrund des spontanen Protokollcharakters (d.h., jede Änderung wird als Antwort im Rahmen des Pollings an den Master übermittelt) nicht notwendig. Die Frequenz des zyklischen Pollings und die Anzahl der Slaves pro Master determinieren folglich die Limitierungen eines online-Managements. Ziel dieses Abschnittes ist es, die minimale Polling-Zykluszeit für eine definierte Anzahl von (4,6,8,10 bzw. 12) Slaves zu bestimmen und so auf die Möglichkeit eines online-Managements rückschließen zu können. Weiters gilt es, die maximale Anzahl von Slaves am Bus für ein online-Management zu bestimmen. Als worst-case Szenario wird der Update der Firmware von VMS (vgl. Abschnitt 10.1) herangezogen.

Zur Durchführung der Simulation werden folgende Mechanismen des Simulationsdesigns (vgl. Abbildung 8.1) verwendet:

- Das *HOCU*-Modul sendet in definierten Zeitabständen (Pollingzyklus) mit Zeitpunkt T=0 beginnend Statusabfragen für alle Slaves an den Master.
- Das *Management-Application*-Modul sendet zum Zeitpunkt T=0 einen Management-Task, bestehend aus 731 SNMP-Telegrammen an den Master. Dies entspricht der Anzahl benötigter Telegramme, um die Firmware in der Größe von 353.480 Bytes über das Management-Protokoll SNMP transportieren zu können.
- Der Master fügt die Statusabfragen in eine Status-Request-Queue, die Management-Tele-

---

[21] Es gilt anzumerken, dass an dieser Stelle von einer existierenden Realisierung mittels des Prozesssdatenprotokolls ausgegangen wird.
[22] Der Normalbetrieb ist im Folgenden definiert durch 100% intakte Geräte am Bus, die der Spezifikation entsprechend auf eine Anfrage reagieren. Weiters wird im Normalbetrieb keine Aktivität von einzelnen Sensoren bzw. Aktoren gefordert – d.h., keine Befehligung durchgeführt.

gramme in eine Management-Request-Queue ein.
- Sind Statusabfragen in der Status-Request-Queue vorhanden, werden diese abgearbeitet.
- Sind keine Statusabfragen vorhanden, wird die Zeit für die Verarbeitung von Management-Telegrammen aus der Management-Request-Queue verwendet.

Als Übertragungsrate am Bus werden 9600bps lt. TLS-Spezifikation (vgl. [14], S III.3-1) verwendet. Die Simulation endet a) nach Abarbeitung aller Management-Telegramme oder b) bei Überlauf der Status-Request-Queue mit mehr als 50 Statusabfragen. Im Fall b) stellt der Überlauf einen Indikator dafür dar, dass die Statusabfragen nicht mehr zeitgerecht abgearbeitet werden können, also eine Buslastung über 100% vorliegt.

Die *Verarbeitungszeit* der Slaves wird wiederum als DelayChannel beim Übergang zwischen OSI-2 und OSI-7 Processor (im Slave) realisiert und in den Ausprägungen *VZ1* (Verarbeitungszeit zwischen 5 und 10 Millisekunden) und *VZ2* (Verarbeitungszeit zwischen 5 und 50 Millisekunden) simuliert. Die Ergebnisse der Simulation sind in Abbildungen 8.3 und 8.3 dargestellt.

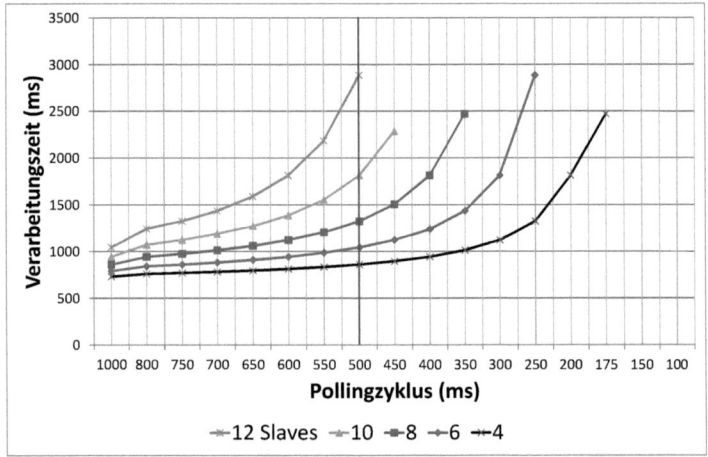

Abbildung 8.4: FW-Upload mit Verarbeitungszeit "VZ1"

Die X-Achse stellt dabei den Pollingzyklus in Millisekunden, die Y-Achse die Verarbeitungszeit (in Sekunden) des gesamten Management-Tasks (d.h., die Abarbeitung aller vom *Management-Application*-Modul abgesetzten Management-Telegramme) dar. Die einzelnen Kurven zeigen das Zeitverhalten für 4, 6, 8, 10 bzw. 12 Slaves. Die vertikale dicke Linie charakterisiert den Grenzwert für ein online-Management mit einem maximalen Pollingzyklus von 500ms[23]. Folglich ermöglichen

---
[23]Es gilt an dieser Stelle anzumerken, dass 500ms der Vorgabewert im gewälten Referenzprojekt darstellt. In anderen intendierten Anwendungen kann dieser Wert in beide Richtungen differieren. Die Betrachtung ist folglich

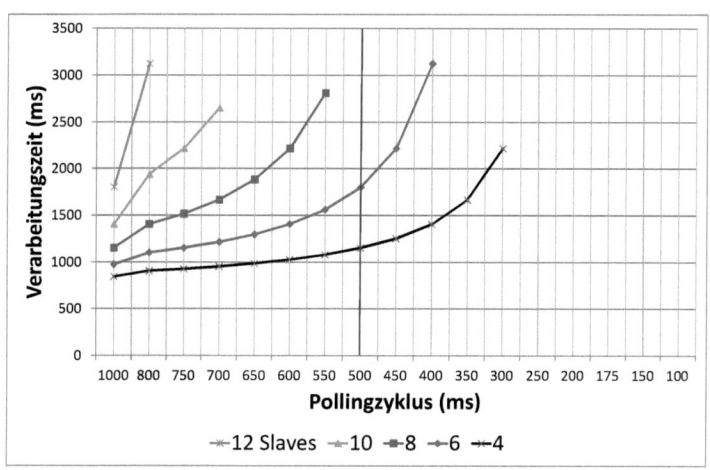

Abbildung 8.5: FW-Upload mit Verarbeitungszeit "VZ2"

alle Systeme ein online-Management, deren Kennlinie einen Punkt auf bzw. rechts dieser Linie abbilden. Bei allen anderen Systemen muss auf ein offline-Management zurückgegriffen bzw. die projektspezifische Anforderung auf die Möglichkeit einer Senkung der Polling-Frequenz überprüft werden. Wie leicht nachvollziehbar, steigt die Verarbeitungszeit des Management-Tasks sowohl mit der Pollingfrequenz als auch der Anzahl der Slaves am Bus. Der rechte Endpunkt der Kennlinie charakterisiert die maximale Polling-Frequenz, bei der mit n-Slaves noch ein online-Management möglich ist.

Für ein System mit Verarbeitungszeit "VZ1" (Abbildung 8.3) ist ein online-Management für bis zu 12 Slaves möglich. Wie die Ergebnisse zeigen, ist ein System mit 12 Slaves jedoch bereits grenzwertig, da schon die Simulation mit 13 Slaves durch Überlauf der Status-Request-Queue terminiert (d.h., das Polling zu einer Busauslastung über 100% führt). Die minimale Polling-Zykluszeit im System kann (bei aktivem online-Management) durch die Einschränkung der Slave-Anzahl (max. 4) auf bis zu 175ms reduziert werden.

Im Vergleich dazu ist für ein System mit Verarbeitungszeit "VZ2" (Abbildung 8.3) ein online-Management lediglich für bis zu 6 Slaves möglich. Sowohl die Simulationen für 8, als auch für 10 und 12 Slaves terminieren bereits mit einer Pollingzykluszeit über 500ms. Die minimale Polling-Zykluszeit im System kann durch die Einschränkung der Slave-Anzahl (max. 4) auf bis zu 300ms reduziert werden.

---

für jede Anwendung individuell zu wiederholen und über die Möglichkeit eines on- bzw. offline-Managements zu entscheiden.

8.4 Conclusio

In den vorangegangenen Abschnitten wurden die Simulationsergebnisse für die Feldbus-Kandidatenprotokolle NMCS2 (8.1) und TLS (8.2) erläutert. Zusammenfassend gilt es folgende Erkenntnisse festzuhalten: Grundsätzlich ist es in beiden Fällen möglich, das Management-Protokoll über das Prozessdatenprotokoll zu transportieren. Die Ergebnisse der Simulation bestätigen somit die Hypothese 13b unserer Modellklasse.

	THEORIEMODELLIERUNG: Aufgrund mangelnder Passung wird die Hypothese 13a verworfen:
✓	13b. es gibt ein tu $\in$ TU, sodass p2 *trans_mp* mp (wobei m $\in$ MP) (d.h., das Management-Protokoll m über das ITS-Protokoll p2 transportiert werden kann.)

Die Performance der Übertragung von Management-Daten ist durch den Protokolloverhead – d.h., durch das Verhältnis der Nutzdaten zu den übertragenden Daten – abhängig. Mit einem Verhältnis von 223:235 liefert TLS auch mit der gleichen Übertragungsgeschwindigkeit von 9600bps weitaus bessere Resultate als das NMCS2 Protokoll mit einem Verhältnis von 2:5. Ein online-Management ist in beiden Anwendungsfällen grundsätzlich möglich, aufgrund des großen Overheads und niedriger Übertragungsgeschwindigkeit (2400bps) bei NMCS2 jedoch nicht zielführend. Wie die Ergebnisse aus Abschnitt 8.3 zeigen, ist ein online-Management bei TLS-basierten Systemen sowohl im Fall "VZ1" als auch "VZ2" unter Beachtung der maximalen Anzahl von Slaves am Bus möglich. Es gilt jedoch im jeweiligen Anwendungsfall zu beachten, dass die Erhöhung der Polling-Frequenz mit einer Erhöhung der Verarbeitungszeit der Management-Tasks einhergeht. Folglich gilt es, auch die zu erwartende Zeit für die Durchführung des Management-Tasks mit den Stakeholdern entsprechend abzustimmen (Performance des Management-Systems).

Speziell im Fall niedriger Übertragungsgeschwindigkeiten bzw. ineffizienter Trägerprotokolle können folgende Optimierungen im Rahmen der MIB-Definition bzw. als Applikationsprofil zu einer Verbesserung der Performance des Managementsystems beitragen:

- *Packen* der Informationen in MOs (z.B. durch Binärcodierung), um so wenig wie möglich MOs abfragen zu müssen und so die Übertragung effizienter gestalten zu können.

- Abfragen von Summen- vor Einzelmeldungen (z.B. durch Einführen eines MOs für Summenstörmeldung).

- Einführen von MOs, die eine Prüfsumme über verschiedene andere MOs repräsentiert. Als Beispiel können hier Konfigurationsparameter eines VMS genannt werden. Auf diesem Weg kann die Integrität der MOs durch Auslesen eines einzelnen MO überprüft werden, anstatt alle MOs einzeln abzufragen.

- Übertragen von MOs als Broadcast an alle Geräte im System. Diese Methode kann in Verbindung mit dem Rücklesen von Prüfsummen beispielsweise zur Optimierung der Übertragung von neuen Konfigurationen oder der Firmware für einen Gerätetyp (vgl. Abschnitt 10.1) verwendet werden.

- Spontane Rückmeldung der Veränderung von relevanten MOs durch die Nutzung von SNMP-TRAPs[24].

---

[24]Hier gilt es jedoch, die Anzahl der generierten Meldungen und deren Auswirkung auf die Systemperformance zu berücksichtigen.

Kapitel 9

Theoriediskussion und Fazit

Ausgangspunkt für die vorliegende Arbeit bildete die Problemstellung heterogener ITS-Architekturen mit steigendem Kostendruck bei höheren Verfügbarkeitsanforderungen von Betreiberseite. Diese Anforderung geht mit einer zunehmenden Bedeutung von Service einher: Komplexere Systeme mit hochtechnologischen Komponenten bilden schwerer erkennbare Fehlerbilder aus und führen daher oft zu steigenden Servicekosten bei verminderter Verfügbarkeit. Aus diesem Grund müssen neue Wege für ein effizienteres *Management* des Systems und dessen Komponenten gefunden werden. Die einleitend genannten exemplarischen Anwendungsfälle für Management (siehe Kapitel 1.1) und die Annahme, dass eine Anwendung von standardisierten Management-Technologien im Bereich ITS mannigfaltige Möglichkeiten an Vereinfachungen und Verbesserungen von heute komplexen Abläufen betreffend Fehler-, Konfigurations-, Abrechnungs-, Leistungs- und Sicherheitsmanagement mit sich bringt, bildeten als Arbeitshypothese[1] die Grundlage dieser Arbeit.

Aus wissenschaftlicher Sicht lag die Herausforderung in der Bildung eines Modells, das – ausgehend vom Anwendungsfall eines straßenseitigen Verkehrsinformationssystems – sowohl auf heutige als auch zukünftige intendierte ITS-Systeme anwendbar sein soll. Die Abgrenzung des Untersuchungsdesigns durch die Fülle verfügbarer Protokolle und Systemkomponenten (z.B. Steuerungstypen), die in der ITS-Domäne aktuell zum Einsatz kommen, stellte einen weiteren wichtigen Schritt in der Synthetisierung des Modells dar.

9.1 Theoriediskussion

Aufbauend auf einem Forschungsdesign mit strukturalistischem Methodologiefundament wurde in Kapitel 2.4 eine initiale Theorie definiert. In der zeitlichen Entwicklung einer Theorie kommen sowohl Daten als auch Hypothesen zu den jeweils schon vorhandenen neu hinzu oder fallen weg.

---

[1] *Arbeitshypothesen* bezeichnen Annahmen, mit denen erst einmal probeweise hantiert werden soll, ohne dass damit über ihre wissenschaftliche Brauchbarkeit entschieden wäre.

Die Frage, ob Daten und Hypothesen zueinander passen – die sogenannte *Brauchbarkeit* einer Theorie (vgl. [13], S49) –, ist somit das Hauptkriterium für die Akzeptanz beider Komponenten. Auf die Theoriemodellierung kann unter Anbetracht der vorliegenden Ergebnisse und gewonnenen Erkenntnisse daher, wie folgend, reflektiert werden:

Die Datenbasis für die Menge der Management-Protokolle wurde lt. Abschnitt 4.5 durch Technologiescreening (Internet- und Literaturrecherche) gewonnen und ist durch folgende Menge repräsentiert:

1.1. Menge der Management-Protokolle $MP = \{"SNMP", "CMIP", "xmlCIM", "JRMP"\}$

Aufgrund der Analyseergebnisse in Abschnitt 7.5.2 wurden die Management-Protokolle SNMP und WBEM als primäre Kandidaten für die Konzeption verfolgt. CMIP verblieb als Rückfallebene, JRMP für eine mögliche Instrumentierung von Java-Komponenten in der Datenbasis der Theorie:

1.1.1. Menge der Management-Protokolle $MP = \{"SNMP", "xmlCIM"\}$
1.1.2. Menge der optionalen Management-Protokolle $MP_O = \{"CMIP", "JRMP"\}$

Die Objekte der Struktur (d.h., die ITS-Protokolle (P), Steuerungstypen (C), Network-Layer Protokolle (NP), Management-Funktionen (MF), Feldbus-Protokolle (FB)) wurden durch *Systemanalyse* (vgl. [13], S80) der *pragmatischen Fälle*[2] der Theorie gewonnen. Lt. Abschnitt 6.2 wurden folgende Protokolle aufgrund ihrer, im Vergleich zu anderen de-facto Standards größerer Verbreitung, als relevant für den intendierten Anwendungsbereich eines Aktorik-Subsystems erachtet, und folglich als Datenbasis in die Theoriemodellierung übernommen:

1.2. Menge der ITS-Protokolle $P = \{"TLS", "NMCS2", "NTCIP", "DATEX II"\}$

Für die Menge der Steuerungstypen wurden, wie in Abschnitt 6.3 erläutert, *Embedded-PC* und *Microcontroller* als Daten herangezogen:

1.3. Menge der Steuerungstypen $C = \{"Embedded-PC", "Microcontroller"\}$

Den Ausführungen in Kapitel 5 folgend, ergaben die zusammengefassten Einzelanforderungen die Menge der Management-Funktionen. Diese wurden in Teilmengen erforderlicher und optionaler Management-Funktionen untergliedert. Die Anforderungen sind im Folgenden nach ihrer ID angeführt:

---

[2]Die Auswahl der ersten **Anwendungsfälle** erfolgt nach der pragmatischen Methode nach Stegmüller. Die genauere Untersuchung dieser liefert die **Daten** (das sind z.B. die hier genannten ITS-Protokolle, Steuerungstypen), die aus diesen wirklichen Systemen **stammen** (vgl. [13]). Weitere intendierte Systeme können folglich zu einer Erweiterung bzw. Reduktion der **Datenbasis** (d.h., z.B. der in der Theorie abgebildeten Steuerungstypen) führen.

1.4.1. Menge der Management-Funktionen $MF = \{1.2, 1.5, 1.6, 1.7, 2.2, 2.3, 10, 12, 14, 16, 18,$
$19, 20, 31, 32.1, 32.3, 34, 36\}$

1.4.2. Menge der optionalen Management-Funktionen $MF_O = \{1.1, 1.3, 1.4, 2.1, 3, 4, 5, 6, 7,$
$8, 9, 11, 13, 15, 17, 21, 22, 23, 24, 25, 26, 27, 28, 29, 30, 32.2, 33.1, 33.2, 35, 37, 38, 39, 40,$
$41, 42\}$

Nach Analyse der Kommunikationsstandards und de-facto Standards (Menge P) in Abschnitt 6.2, konnte "IP" als Datum für die Menge der Network-Layer Protokolle (NP) in die Datenbasis übernommen werden. Weiters galt es, "ISO-IP" als Network-Layer Protokoll für den (optionalen) Management-Standard CMIP zu berücksichtigen[3].

Für die Menge der Feldbusprotokolle (FP) wurden sowohl der Standard "TLS" [14] als auch die proprietäre Definition nach NMCS2 [59] aus den intendierten Anwendungen abgeleitet und als Daten in die Theoriemodellierung übernommen:

1.5. NP = $\{$"ISO-IP (ISO8473)", "IP (RFC791)"$\}$

1.6. FP = $\{$"TLS", "NMCS2 EIA-485 proprietär"$\}$

Die Zusammenhangshypothesen (2 bis 10) verblieben unverändert zur initialen Theoriemodellierung:

2. *demand_mf* ist eine Relation folgenden Formats zwischen Elementen von C und MF: c erfordert mf (wobei c $\in$ C und mf $\in$ MF) (d.h., der Steuerungstyp c erfordert die Unterstützung der Management-Funktion mf)

3. *supp_mf* ist eine Relation folgenden Formats zwischen Elementen von P und MF: p unterstützt mf (wobei p $\in$ P und mf $\in$ MF)

4. *supp_np* ist eine Relation folgenden Formats zwischen Elementen von P und NP: p unterstützt np (wobei p $\in$ P und np $\in$ NP)

5. *Mandatory_MF* $\subseteq$ MF: $mf \in Mandatory\_MF \Leftrightarrow$ c *demand_mf* mf (wobei c $\in$ C und mf $\in$ MF) (d.s. mandatory Management-Funktionen, die von den Steuerungstypen des Systems unterstützt werden müssen)

6. *Optional_MF* $\subseteq$ MF: $mf \in Optional\_MF \Leftrightarrow$ c *demand_mf* mf (wobei c $\in$ C und mf $\in$ MF) (d.s. optionale Management-Funktionen, die von den Steuerungstypen des Systems unterstützt werden können)

---

[3]Es gilt anzumerken, dass die hier getroffene Erweiterung der Datenbasis eine Abweichung von der Datumsdefinition nach Balzer (vgl. [13], S159ff) darstellt, wonach "...ein Datum für eine Theorie ... von einem intendierten System stammen muss". Aus Gründen der Vollständigkeit als auch Flexibilität der Anwendbarkeit sollte im Rahmen dieser Arbeit jedoch nicht auf dieses Datum verzichtet werden.

7. $\Gamma(p, X) = |A|$, wobei gilt $mf \in A \Leftrightarrow p\ supp\_mf\ mf$ und $mf \in X$ (d.i. die Funktion der unterstützten Management-Funktionen aus der Menge X (mandatory|optional|desirable Management-Funktionen) des Protokolls p)

8. $\Delta(p) =$ Nutzdaten (p) (d.i. die Funktion der Nutzdaten des Protokolls p)

9. $supp\_mp$ eine Relation folgenden Formats zwischen Elementen von MP und P ist: $\Gamma(p, Mandatory\_MF) = \Gamma(m, Mandatory\_MF)$, wobei $p \in P$ und $mp \in MP$ (d.h., das Protokoll p unterstützt alle mandatory Management-Funktionen des Management-Protokolls mp)

10. $trans\_mp$ ist eine Relation folgenden Formats zwischen Elementen von MP und P: p transportiert $\Delta(mp)$

Die Analyse der von den Protokollkandidaten (Menge P) unterstützten Management-Funktionen (Kapitel 6.4) ergab, dass keines der analysierten ITS-Protokolle eine hinreichende, den Anforderungen aus Kapitel 5 genügende Unterstützung von Management-Daten und -Funktionen bietet. Der Funktionsbereich Fehlermanagement ist aufgrund seiner Nähe zu den Prozessdaten zwar bereits gut unterstützt. Die Bereiche Konfigurations- und Leistungsmanagement werden hingegen mangelhaft bis gar nicht abgedeckt. Daher ist in jedem Fall eine funktionale Erweiterung der existierenden Protokolle notwendig, um die Voraussetzung zur Erfüllung der Management-Anforderungen auf Elementen- als auch Netzwerk- und Systemebene schaffen zu können. Dieser Argumentation folgend wurde Hypothese 11 der Modellklasse verworfen:

11. ~~Für alle $p \in P$: ($\Gamma(p, Mandatory\_MF) = |Mandatory\_MF|$) (d.h. alle verwendeten ITS-Protokolle im System unterstützen die mandatory Mgmt-Funktionalitäten)~~

Die Erkenntnisse aus Kapiteln 4 bis 6 wurden in Abschnitt 7 in eine Modellierung zusammengeführt. Die erarbeiteten Referenzarchitekturen (Abschnitt 7.1) zeigten, dass der Fall IKT-basierter Technologien auf der Lokalbusebene und Feldbustechnologie auf darüberliegenden Ebenen (Inselbus, Fernbus) aufgrund der technischen Voraussetzungen und Bewertung der Vor- und Nachteile (vgl. [131], S101 ff) als nicht realitätsnah ausgeschlossen werden kann. Weiters auszuschließen waren damit auch Systeme mit zwei Technologieübergängen der Form |FB|-|IKT|-|FB| bzw. |IKT|-|FB|-|IKT|. Heterogene Architekturen ohne Hierarchie konnten ausgeschlossen werden, da diese durch die Architektur "A1" implizit abgedeckt sind. Im Sinne der Theoriemodellierung war folglich die Hypothese 12 unserer Modellklasse zu verwerfen, da alle intendierten Anwendungen, die der Referenzarchitektur "A3" folgen, einen Widerspruch dazu darstellen. Stattdessen galt es im Folgenden, die Hypothesen 13a bis 15 auf ihre Passung hin zu untersuchen.

12. ~~Für alle $p \in P$: p $supp\_np$ np und np $trans\_mp$ mp (wobei np $\in$ NP und mp $\in$ MP) (d.h. alle verwendeten ITS-Protokolle im System unterstützen das gleiche Netzwerk-Protokoll und transportieren das Management-Protokoll m)~~

Die darauf folgende Analyse der Kommunikationsinfrastruktur in Abschnitt 7.3 zeigte, dass grundsätzlich alle Kandidaten Management-Protokolle (Menge MP) im Fall IKT-basierter Kommunikation über das Network-Layer Protokoll (NP) des ITS-Protokollstacks (P) direkt oder den Einsatz von Gatewaying-Mechanismen übertragen werden können[4]. Die bestehende Datenbasis (d.h., die Management-Standards (M) und die Netzwerkprotokolle (NP)) bestätigen somit die Hypothese 14 unserer Modellklasse:

> 14. Für np ∈ NP: np *trans_mp* m (wobei mp ∈ MP) (d.h., das verwendete Network-Layer Protokoll im homogenen (Teil-)system transportiert das Management-Protokoll mp)

Im Fall der feldbusbasierten Kommunikation (Abschnitt 7.3.5) zeigte sich, dass keines der Kandidaten Feldbusprotokolle eine uneingeschränkte Übertragung der Kandidaten Management-Standards unterstützt. Es galt daher, entweder a) eine Einschränkung der Funktion zu akzeptieren und die notwendigen Maßnahmen im Design des Managementsystems auf den übergeordneten Ebenen vorzusehen, um etwaige Fehlfunktionen zu vermeiden oder b) ein Gatewaying- bzw. Tunneling-Konzept mit herstellerspezifischen Erweiterungen des Management-Protokolls zu verfolgen.

Im Sinne der Theoriemodellierung war die Hypothese 15 unserer Modellklasse unter der bestehenden Datenbasis (d.h., die Management-Standards (M) und die Feldbus-Protokolle (FP)) somit zu verwerfen:

> 15. ~~Für fp ∈ FP: fp *trans_mp* mp (wobei mp ∈ MP) (d.h., das verwendete Feldbus-Protokoll im homogenen (Teil-)system transportiert das Management-Protokoll mp)~~

Durch Scheitern von Hypothese 15 galt es, die durch die Hypothesen 13a und 13b repräsentierten Gatewaying- bzw. Tunneling-Ansätze als Alternativen im Rahmen einer Konzeption und Simulation mit der bestehenden Datenbasis zu verifizieren. Aufgrund der Offenheit für heutige als auch zukünftige Standards wurde nach Abschnitt 7.5.4 Variante 2 (Tunneling) zur weiteren Problemlösung im Anwendungsfall TLS verfolgt. Zusätzlich waren folgende Argumente für die Wahl des Ansatzes entscheidend: 1) Verwendung von TLS auf OSI-7, womit volle Kompatibilität mit dem Standard und zugehörigen Mechanismen (z.B. Routing) sichergestellt ist, 2) effiziente Nutzung der herstellerspezifischen Typendefinition nach TLS, 3) spontane Meldungen können durch die in TLS vorhandenen Primitiven umgesetzt werden, 4) trotz Längenverlust ist die maximale SNMP-APDU in drei TLS-Telegrammen übertragbar.

Auch im Fall NMCS2 (Abschnitt 7.5.6) stellen sich die gleichen Problematiken und analoge Argumentation für eine herstellerspezifische Erweiterung des Protokolls.

Im Sinne der Theoriemodellierung war die Hypothese 13a unserer Modellklasse unter der bestehenden Datenbasis (d.h., die Feldbus-Protokolle (FP)) somit zu verwerfen und stattdessen der

---

[4]für Details zu Limitierungen, siehe Abschnitt 7.3.4.

Tunneling-Ansatz laut Hypothese 13b zu verfolgen:

> 13a. ~~Für alle p1, p2 ∈ P: wenn p1 ≠ p2 dann gibt es ein gw ∈ GW, sodass mp $supp\_mp$ p2 (d.h., das Management-Protokoll mp auf das ITS-Protokoll p2 umgesetzt werden kann)~~

Die Simulationsergebnisse in Abschnitt 8.4 zeigten, dass der Transport des Management-Protokolls über das Prozessdatenprotokoll sowohl im Anwendungsfall TLS als auch im Fall NMCS2 grundsätzlich möglich ist. Die Ergebnisse der Simulation bestätigen somit die Hypothese 13b unserer Modellklasse:

> 13b. Für alle p1, p2 ∈ P: wenn p1 ≠ p2 gibt es ein tu ∈ TU, sodass p2 $trans\_mp$ mp (wobei mp ∈ MP) (d.h., das Management-Protokoll mp über das ITS-Protokoll p2 transportiert werden kann)

9.2 Fazit

In vorliegender Arbeit wurden Konzepte für ein ganzheitliches Management im Bereich von ITS-Systemen erarbeitet. Ausgehend von einer Analyse der Zieldomäne (Kapitel 3) wurde der Bedarf an Management Daten- und Funktionen (Kapitel 5) sowie der aktuelle Grad der Unterstützung dieser (Kapitel 6) ermittelt. Dabei wurde festgestellt, dass die eingesetzten ITS-Protokolle (Prozessdatenprotokolle) den Funktionsbereich Fehlermanagement gut unterstützen, die Bereiche Konfigurations- und Leistungsmanagement jedoch unzureichend abgedeckt sind. Aufgrund der mangelnden Unterstützung von Management durch die Prozessdatenprotokolle liegt der Einsatz von Standards aus dem System- und Netzwerkmanagement nahe. Folglich wurde im weiteren die Möglichkeiten der Anwendung der in Kapitel 4 recherchierten Kandidaten Management-Standards in der Zieldomäne untersucht.

Im Rahmen einer Analyse der intendierten Anwendungen wurden die Systemstruktur (Abschnitt 7.1), der Bedarf an Dezentralisierung (7.2), die Kommunikationsinfrastruktur (7.3) und die Steuerungen auf Sensor-/Aktorebene (7.4) näher betrachtet. Dabei wurde im Speziellen die Möglichkeiten des Transports von Management-Daten über die bestehenden ITS-Protokolle bzw. deren Netzwerk-Schicht und die Instrumentierung der Steuerungen eingegangen. Diese ganzheitliche Sichtweise ermöglichte folglich die Synthetisierung von drei Referenzarchitekturen und Definition eines generischen Management-Konzepts für die jeweilige Architektur (7.5).

Zusammenfassend bestätigte sich die Annahme, dass bestehende Systeme mit den eingesetzten Steuerungstypen und ITS-Protokollen für ein Management instrumentiert werden können. Im Fall von IKT-basierter Kommunikation kann – abhängig von den Möglichkeiten der eingesetzten Steuerungstypen – SNMP bzw. xmlCIM als Management-Protokoll zum Einsatz kommen. Bei der feldbusbasierten Variante wird SNMP über die erarbeitete Tunneling-Konzeption angewandt. Die Forderung nach einem hierarchischen Management (z.B. zum Zweck eines lokalen Management-Zugangs im Feld) kann dabei sowohl im Fall einer homogenen IKT-basierten Architektur mit

Hierarchie (Referenzarchitektur "A2") als auch bei heterogener Architektur mit Hierarchie (Referenzarchitektur "A3") umgesetzt werden.

Eine Aussage, ob ein Online-Management im Rahmen des laufenden Betriebs möglich ist, konnte mit rein analytischen Methoden nicht erlangt werden. Daher wurde die Methode der Simulation (Kapitel 8) eingesetzt, um die Performance der kritischen Systemteile (das ist die feldbusbasierte Kommunikation zwischen Feld- bzw. Sensor-/Aktorebene) und die Möglichkeit eines Online-Managements zu überprüfen. Es zeigte sich, dass grundsätzlich in beiden Fällen (sowohl beim Kandidaten ITS-Protokoll "TLS" als auch bei "NMCS2") die Möglichkeit besteht, das Management-Protokoll über das Prozessdatenprotokoll zu transportieren. Auch ein Online-Management ist in beiden Anwendungsfällen grundsätzlich möglich, aufgrund des großen Overheads und niedriger Übertragungsgeschwindigkeit (2400bps) bei NMCS2 jedoch nicht zielführend. Wie die Ergebnisse aus Abschnitt 8.3 zeigen, ist ein Online-Management bei TLS-basierten Systemen unter Beachtung der maximalen Anzahl von Slaves am Bus möglich. Es gilt jedoch, die zu erwartende Zeit für die Durchführung des Management-Tasks als kritischer Erfolgsfaktor noch vor Realisierung mit den Stakeholdern entsprechend abzustimmen (Performance des Management-Systems).

Aus den Erkenntnissen der vorliegenden Arbeit kann ein Gestaltungsdesign für die Umsetzung einer Management-Instrumentierung in einem realen System abgeleitet werden. Die Rentabilität eines solchen Systems scheint aufgrund der mannigfaltigen Anwendungsbereiche und dem damit verbundenen Optimierungspotenzial (vgl. Abschnitt 10.1) augenscheinlich. Trotzdem wird Überzeugungsarbeit, speziell in Richtung von Stakeholdern wie Systemarchitekten bedürfen, die einem Eingriff bzw. Erweiterung von bestehenden Systemen – vor allem mit sicherheitsrelevantem Hintergrund – mit Skepsis gegenüberstehen, um die Umsetzung der erzielten Konzeption Realität werden zu lassen.

Kapitel 10

Modellanwendungen und weiteres Nutzungspotenzial

In Kapitel 10 werden exemplarische Modellanwendungen und weitere Nutzungspotenziale des Konzepts erläutert. Abschnitt 10.1 beschreibt das Update der Firmware am Beispiel einer Verkehrsbeeinflussungsanlage. 10.2 stellt einen neuen Ansatz zur automatischen Überwachung der Systemverfügbarkeit durch SLAs dar. Um die Umsetzbarkeit des Konzepts in ein reales Gestaltungsdesign zu untermauern wird folgend eine reale VBA-Anlage mit 232 VMS als exemplarischer Anwendungsfall zur Erläuterung verwendet.

10.1 Konfigurationsmanagement: Update der Firmware von VMS

Folgender Abschnitt erläutert das Update der Firmware von VMS als realen Anwendungsfall für Konfigurationsmanagement. Der Austausch der User-Firmware wurde ausgewählt, da es das "worst-case" Szenario für Konfiguration (im Vergleich zum Setzen einzelner Konfigurationsparameter) darstellt. Dies ist vor allem durch die große Menge an zu übertragenden Daten begründet.

Um den Nutzen der Konzeption darzustellen, wird im Folgenden der Update-Prozess der gesamten Anlage des Beispielprojekts bestehend aus 232 VMS, in zwei Varianten gegenübergestellt:

Manuelles Update durch Vorortmaßnahmen des VMS-Herstellers bzw. des dafür vorgesehenen Servicepersonals. Dabei werden alle Anzeigequerschnitte angefahren und jedes VMS über die lokale Serviceschnittstelle mit der neuen Firmware versorgt.

Automatisches Update durch Übertragung der Firmware mittels der neu konzipierten Management-Instrumentierung.

Der Vergleich der beiden Varianten erfolgt unter folgenden Annahmen[1] bzw. Parametern, die entweder den Projektunterlagen entstammen oder bei Herstellern erfragt wurden:
- Die Systemarchitektur im Beispiel entspricht der in Abschnitt 7.3 eingeführten Referenzarchitektur "A3",
- auf der Sensor-/Aktorebene kommt für die VMS der Steuerungstyp "Microcontroller" zum Einsatz,
- der Lokalbus (zur Verbindung der VMS mit der übergeordneten Steuerung) ist als feldbusbasierte Kommunikation mit EIA-485 ausgeführt,
- als Anwendungsprotokoll kommt TLS in der Version 2002 [14] zum Einsatz,
- die zu übertragende User-Firmware hat eine Größe von 353.480 Bytes, und benötigt zur Übertragung über das Management-Protokoll SNMP 731 Telegramme[2],
- für den Fall des manuellen Updates sind nach Auskunft des Herstellers für den Updatevorgang 60 Minuten pro VMS inkl. Anreise, Vor- und Nacharbeit zu veranschlagen[3],
- die Übertragungszeit des Updates von der Zentrale bis zur Streckenstation (d.h. der Feldebene lt. 7.1) über Fern- und Inselbus wird aufgrund der hohen Bandbreite der IKT-basierten Kommunikation und Performance der eingesetzten Steuerungstypen in unseren Berechnungen als konstant angenommen.

Die Ergebnisse sind in Abbildung 10.1 dargestellt. Die strichlierte Linie stellt manuellen Updatevorgangs lt. Herstellerauskunft dar. Die Zeit ist dabei eine Funktion der Anzahl upzudatender Geräte. Durchgehende Linien repräsentieren den automatischen Updatevorgang unter Verwendung der Management-Instrumentierung. Die fünf Varianten stellen jeweils den Zeitbedarf bei 4, 6, 8, 10 bzw. 12 VMS pro Streckenstation dar. Dies ermöglicht einen Vergleich der durch die Anzahl der Busteilnehmer bedingten Skalierung der Systemperformance.

Wie leicht erkennbar, ist die Variante des automatischen Updates bereits ab dem ersten Gerät im Vorteil. Dies ist unabhängig von der Anzahl der VMS pro Streckenstation. Es gilt aus Gründen der Vollständigkeit jedoch anzumerken, dass im Allgemeinen die Performance des Update-Vorgangs mit steigender Anzahl an Busteilnehmern sinkt[4]. Der Zeitbedarf für den gesamten Updatevorgang in ggst. Anwendungfall mit 232 Geräten liegt bei 13.920 Minuten im manuellen Fall. Dem gegenüber stehen

---

[1]Es gilt anzumerken, dass die für die Instrumentierung des Systems notwendigen Einmalaufwände in der folgenden Aufwandsgegenüberstellung nicht berücksichtigt sind. Diese sind mit dem Aufwand eines einmaligen manuellen Updates der gesamten Anlage durch Servicepersonal anzunehmen.

[2]Die Anzahl errechnet sich aus der Firmware-Größe und der maximalen Größe der in einem SNMP SET-Befehl zu übertragenden Nutzdaten von (484-39). Der Wert 39 repräsentiert dabei den APDU-Overhead des SNMP SET-Befehls.

[3]Die Informationen entsprechen der Herstellerangabe und basieren auf der Abrechnung eines konkreten Udpate-Falles in ggst. Projekt.

[4]Dies gilt unter der Annahme, dass die Management-Daten als Unicast an die einzelnen Geräte übertragen werden und keine weiteren Optimierungen wie die Verwendung von Broadcast berücksichtigt wird.

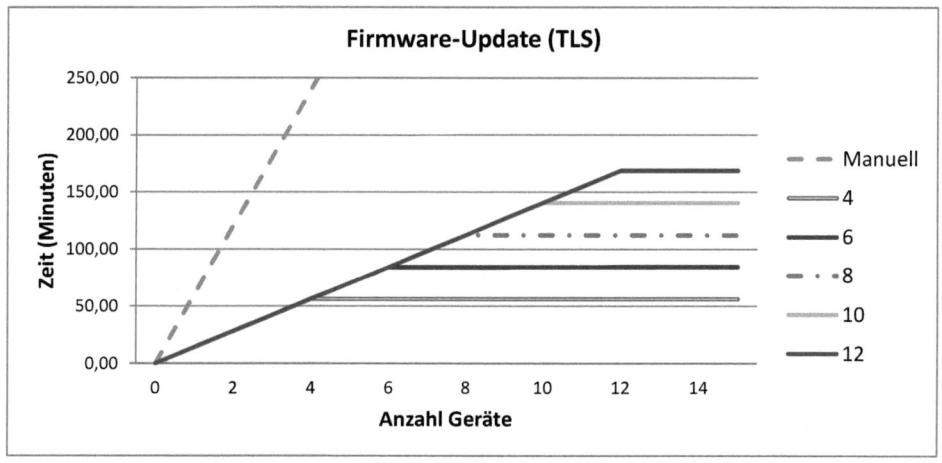

Abbildung 10.1: Zeitbedarf für Firmware-Update im Anwendungsfall TLS

- 56,18 Minuten bei vier,
- 84,27 Minuten bei 6,
- 112,36 Minuten bei 8,
- 140,45 Minuten bei 10,
- und 168,54 Minuten bei 12 VMS pro Streckenstation

im Fall des Einsatzes der Management-Instrumentierung bei einer Busauslastung von 50%. Dies entspricht einem Zeitbedarf zwischen 0,4% (im Fall von 4 VMS) und 1,21% (12 VMS) im Vergleich zur manuellen Variante. Aus betriebswirtschaftlicher Sicht stehen damit 29 Tagsätze pro manuellem Update[5] einem (nach initialer Instrumentierung) kostenfreien System gegenüber.

10.2 Leistungsmanagement: Automatische Überwachung der Verfügbarkeit durch SLAs

Einen exemplarischen Anwendungsfall aus dem Funktionsbereich Leistungsmanagement stellt die automatische Überwachung der Systemverfügbarkeit dar. Die Einhaltung von Verfügbarkeitskriterien ist für unser Beispielprojekt wie folgend Teil der Vertragsbedingungen:

---

[5]Darin berücksichtigt sind lediglich die Servicestunden für den Vororteinsatz nach Netto-Tagsätzen. Nicht beinhaltet sind Aufwände des Systembetreibers zur Maßnahmenkontrolle als auch etwaige zusätzliche aus Sicherungsmaßnahmen enstehende Aufwände.

"Der Auftragnehmer garantiert die Erfüllung nachfolgend spezifizierter Verfügbarkeitskriterien für die gesamte Laufzeit des Vertrages mit dem Ziel, dass die eingesetzten Systeme robust und zuverlässig arbeiten. ... Bei Überschreitung der Verfügbarkeitskriterien werden Vertragsstrafen vereinbart. Die Auswertung und Geltendmachung der Vertragsstrafe erfolgt jeweils im Anschluss an den Beobachtungszeitraum (in der Regel 12 Monate außer im ersten und letzten Jahr – entsprechend dem Bezugszeitraum). Vgl. [8], S29ff.

Die tatsächliche Verfügbarkeit (V_Jahr_{ist}) errechnet sich lt. [8] aus dem Verhältnis von Bezugszeitraum (z.B. ein Jahr mit 8760 Stunden) zur Summe der Reaktions- und Wiederherstellungszeiten für sämtliche Störungen mit Prioritätsstufe 1 und 2 innerhalb des Bezugszeitraums multipliziert mit einem gerätespezifischen Beeinflussungssfaktor, welcher den Beeinflussungsgrad der Störung am Gesamtsystem angibt[6]:

$$V\_Jahr_{ist} = \frac{T_B - (T_O + T_T + T_W)}{T_B} \tag{10.1}$$

wobei gilt:

$$T_O = (T_{O1} * bf_1) + (T_{O2} * bf_2) + ... + T_{On} * bf_n \tag{10.2a}$$

$$T_T = (T_{T1} * bf_1) + (T_{T2} * bf_2) + ... + T_{Tn} * bf_n \tag{10.2b}$$

$$T_W = (T_{W1} * bf_1) + (T_{W2} * bf_2) + ... + T_{Wn} * bf_n \tag{10.2c}$$

$$bf = \frac{Q_{beeinflusst}}{Q_{gesamt}} \tag{10.2d}$$

Als kleinster beeinflusster Anlagenteil gilt ein Querschnitt (Anzeige- oder Messquerschnitt), d.h., ist ein Gerät gestört, so gelten alle Querschnitte als gestört, die durch die Störung in deren Betriebsfähigkeit beeinflusst sind.

Die Verfügbarkeit wird mit dem sogenannten Betriebs-Überwachungs-System (BÜS) durch den Auftragnehmer ermittelt. Dabei handelt es sich um ein Tabellendokument, in das die vom Auftragnehmer erfassten und durch den Auftraggeber geprüften Basisdaten für die folgende Überprüfung der Verfügbarkeit manuell eingetragen werden.

Wie in [142] ausgeführt, stellen sogenannte *Service Level Agreements (SLAs)* eine automatisierte Alternative zur manuellen Ermittlung der Verfügbarkeit bzw. der Überwachung der Mindestverfügbarkeit[7] dar. Im Allgemeinen stellen Service Level Agreements automatisch verarbeitbare

---

[6] T_B...Belegungszeit, T_W...Wartungszeit, T_O...Organisatorische Ausfallzeit, T_T...Technische Ausfallzeit, bf...gerätespezifischer Beeinflussungsfaktor, $Q_{beeinflusst}$...Anzahl jener Querschnitte, die durch die Störung des jeweiligen Geräts in deren Betriebsfähigkeit beeinflusst sind, Q_{gesamt}...Anzahl aller Querschnitte.

[7] Die Mindestverfügbarkeit im gewählten Beispielprojekt liegt bei 99,92; der Schwellenwert für die Durchführung von Ersatzvornahmen bei 96% (vgl. [8], S80).

Kontrakte zwischen Konsumenten (engl.: Service consumer) und Dienstanbietern (engl.: Service provider), die eine spezifizierte Dienstqualität (engl.: quality of service (QoS)) garantieren, bereit und machen Vertragsstrafen im Fall einer Nichteinhaltung geltend (vgl. [155]).

Für eine automatische SLA-Überwachung können Monitoring-Systeme, wie etwa das Low-level metrics to high-level SLA (LoM2HiS)-Framwork [39], eingesetzt werden. Das LoM2HiS-Framwork wurde als Teil des Foundations of Self-governing ICT Infrastructures (FoSII) Projektes [40] für die Überwachung von Cloud-Infrastrukturen entwickelt. Im Unterschied zu herkömmlichen Monitoring-Systemen beschränkt es sich jedoch nicht auf die Überwachung sogenannter *low-level Metriken*[8], die von den zu überwachenden Geräten zur Verfügung gestellt werden. Stattdessen wird zusätzlich ein Mapping dieser (gerätespezifischen) einfachen Metriken auf geräteunabhängige (sog. high-level) Metriken durchgeführt, die dann als Basis für die Überwachung der SLAs dienen.

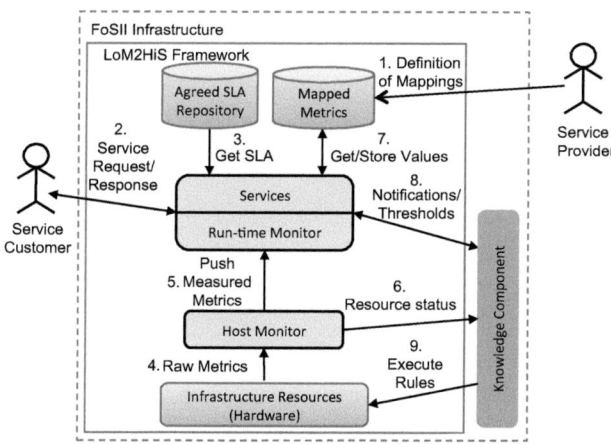

Abbildung 10.2: LoM2HiS Framework

Wie in [22] ausgeführt, besteht das LoM2HiS-Framework aus mehreren Komponenten (vgl. Abbildung 10.2): Dem *Run-time Monitor*, der die Dienste aufgrund der vereinbarten SLAs überwacht. Nach Vereinbarung der SLA-Bedingungen erstellt der Service-Provider Mapping-Regeln für die LoM2HiS-Mappings (vgl. Schritt 1 in Abbildung 10.2). Fordert der Konsument die zur Verfügung Stellung eines Dienstes an (Schritt 2), lädt der Runtime-Monitor den entsprechenden SLA aus dem SLA-Repository (Schritt 3). Die Gerätemetriken werden in der aktuellen Implementierung von LoM2HiS durch den Gmond Monitoring-Dämon aus dem Ganglia-Projekt [100] ermittelt und vom *Host-Monitor* abgerufen (Schritt 4). Der Host-Monitor extrahiert die Werte der einzelnen

---

[8]Beispiele für low-level Metriken sind die Up- und Downtime eines Geräts.

Metriken aus den erhaltenen Grunddaten und übermittelt diese zyklisch an den Run-time Monitor (Schritt 5) und die Knowledge-Komponente[9] (Schritt 6). Nach Erhalt der Metriken bildet der Run-time Monitor die low-level Metriken entsprechend der definierten Regeln auf die SLA-relevanten (high-level) Metriken ab. In unserem konkreten Anwendungsfall stellen die Gleichungen 10.1 bis 10.2d die Regeln für die Überführung von Betriebs- und Ausfallszeiten der einzelnen Geräte auf die tatsächliche Verfügbarkeit dar.

Die Verwendung eines Management-Standards als Technologiebasis für das Monitoring-System stellt eine konsequente Weiterentwicklung des heute auf Ganglia [100] basierten LoM2HiS-Frameworks dar. Die Zusammenführung des Monitoring-Frameworks mit der Management-Instrumentierung für den gewählten Beispiel-Anwendungsfall ist in Abbildung 10.3 dargestellt.

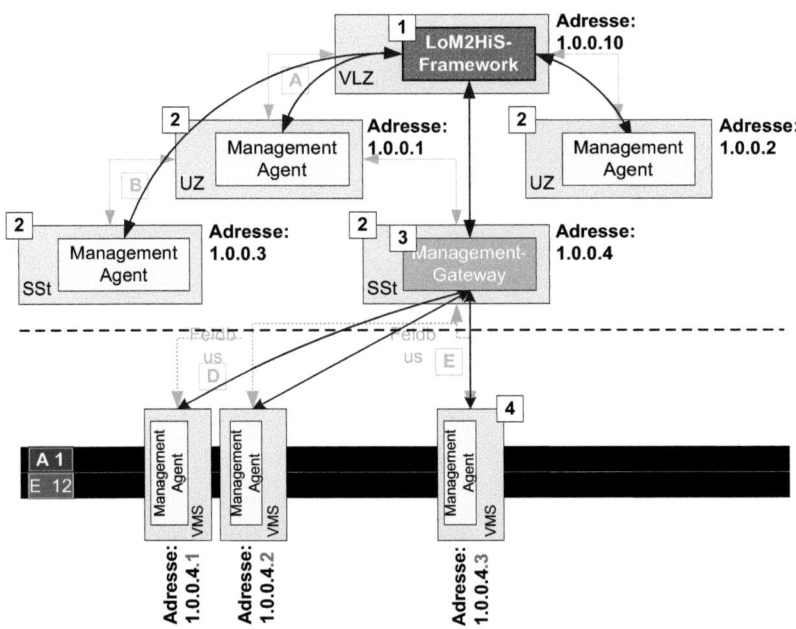

Abbildung 10.3: Anwendung von LoM2HiS ivm. der Management-Instrumentierung

---

[9]Die Knowledge-Komponente zielt auf die Anwendung der in der Monitoring-Phase gemessenen Daten für Entscheidungen betreffend Optimierung der Ressourcennutzung in Cloud-Infrastrukturen ab. Die Knowledge-Komponente ist in unserem Anwendungsfall jedoch nicht von weiterer Relevanz.

Das Framework (⬚1 in Abbildung 10.3) fragt dabei die low-level Metriken der Geräte im IKT-basierten Subsystem (⬚2) direkt über die zugehörigen Management-Agenten ab. In feldbusbasierten Teilsystemen übernimmt unserer Konzeption folgend das Management-Gateway (⬚3) die Funktion der Umsetzung der Management-Anfragen auf das Feldbusprotokoll und Übertragung an die Sensor-/Aktor Ebene (⬚4).

Basierend auf dieser Architektur kann der aktuell verwendete manuelle BÜS durch Definition von SLAs und folgende automatische Überwachung dieser mittels LoM2HiS vollständig ersetzt werden. Wie in [144] beschrieben, kann das System bei Bedarf durch prozedurbasiertes Schließen auch für die Determinierung der Grundursache des Problems (bzw. der verursachenden Komponente bzw. Herstellers) erweitert werden.

Anhang A

Leistungsmerkmale von Kommunikationstechnologien

Anhang A faßt in Anlehnung an die von Scherff et.al. (vgl. [130], S160), definierte Checkliste für die Bewertung und Auswahl von Feldbussystemen Leistungsmerkmale von Feldbus- und IKT-basierten Kommunikationstechnologien zusammen.

	Kommunikationstechnologie	
	Feldbusbasiert	IKT-basiert
Bussystembedingte Features		
Determinismus	●	○
max. Ausdehnung	◐	●
Übertragungsgeschwindigkeit	●	●
Beliebige Topologie	○	●
D/A Sensorik	●	○
Hammingdistanz	◐	◐
Zulässige Umweltbedingungen		
Ex-Zulassung	◐	○
Schutzart	◐	○
LWL-Anschluss	◐	●
Installation und Montage		
Montage auf Hutschiene	●	○
Stromversorgung der Endgeräte über Busleitung	○	○
Einfache Buskabelmontage	◐	○
Einfacher Endgeräteanschluß	◐	◐
Vereinheitlichung und Modularität		
Modulares Klemmensystem verfügbar	●	○
Übergänge zu anderen Bussystemen	○	●
Dezentrale Vorverarbeitung	●	○
Planung und Projektierung		
Projektierungssoftware verfügbar	◐	◐
Nutzerorganisationen	◐	○
Inbetriebnahme		
Systemübergreifende Parametrierung	◐	○
PC-Diagnosesoftware	◐	●

Tabelle A.1: Leistungsmerkmale für Kommunikationstechnologien

Anhang B

ITS-Protokollstacks

Anhang B stellt die einzelnen Schichten der Protokollstacks der im Rahmen dieser Arbeit referenzierten ITS-Protokolle im Detail dar.

IP-Layer	DAP	
	Connection-oriented	Connectionless
7. Application	DAP	
4. Transport	TCP	
3. Internet	IP	
2. Data Link	NW-dependent protocol (Standard: PPP)	
1. Physical		

IP-Layer	DATEX II	
	Connection-oriented	Connectionless
7. Application	SOAP/HTTP	
	WSDL	
4. Transport	TCP	
3. Internet	IP	
2. Data Link	NW-dependent protocol	
1. Physical		

IP-Layer	NMCS2	
	Connection-oriented	Connectionless
7. Application		NMCS2
4. Transport		
3. Internet		
2. Data Link	Custom 5-Byte Messages	
1. Physical	EIA-485	

IP-Layer	TLS 2002	
	Connection-oriented	Connectionless
7. Application		TLS 2002
4. Transport		
3. Internet	TLS 2002	
2. Data Link	EN 60870-5	
1. Physical	EIA-485	

IP-Layer	UTMC	
	Connection-oriented	Connectionless
7. Application		SNMP
		ASN.1
4. Transport		UDP
3. Internet	IP	
2. Data Link	NW-dependent protocol	
1. Physical		

Anhang C

Management-Konzepte

C.1 Konzeption für Referenzarchitektur "A1"

C.1.1 Variante "feldbusbasiert"

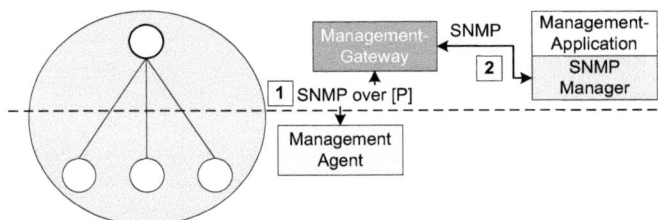

Abbildung C.1: Management-Konzept für Feldbus-basierte homogene Architektur ohne Hierarchie

C.1.2 Variante "IKT-basiert"

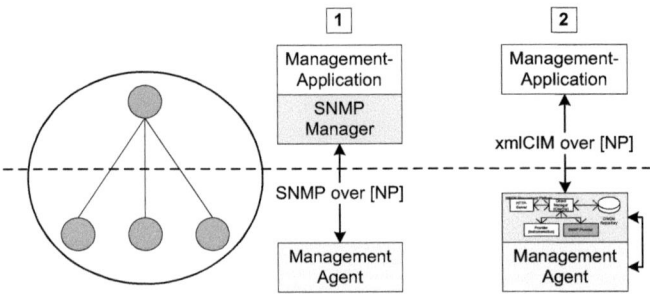

Abbildung C.2: Management-Konzept für IKT-basierte homogene Architektur ohne Hierarchie

C.2 Konzeption für Referenzarchitektur "A2"

C.2.1 Variante "feldbusbasiert"

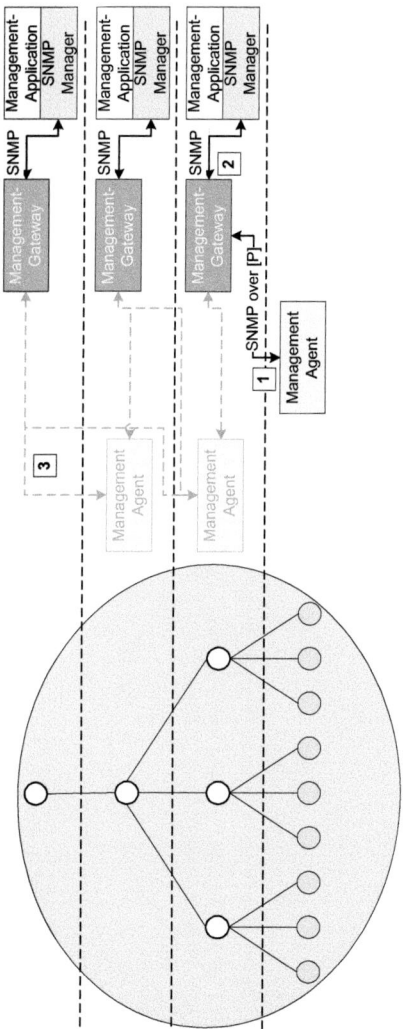

Abbildung C.3: Management-Konzept für Feldbus-basierte homogene Architektur mit Hierarchie

C.2.2 Variante "IKT-basiert"

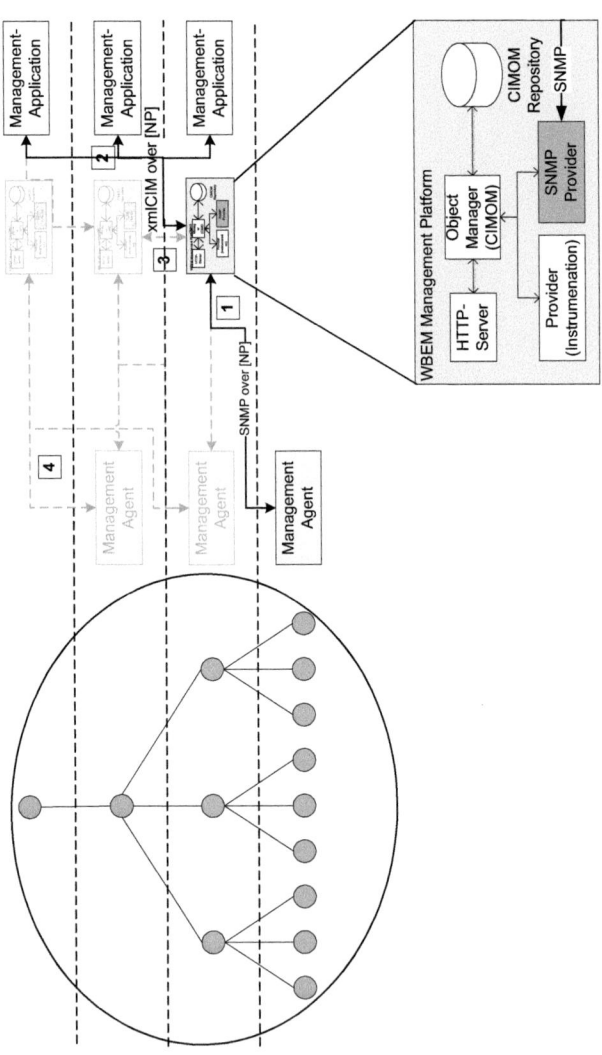

Abbildung C.4: Management-Konzept für IKT-basierte homogene Architektur mit Hierarchie

C.3 Konzeption für Referenzarchitektur "A3"

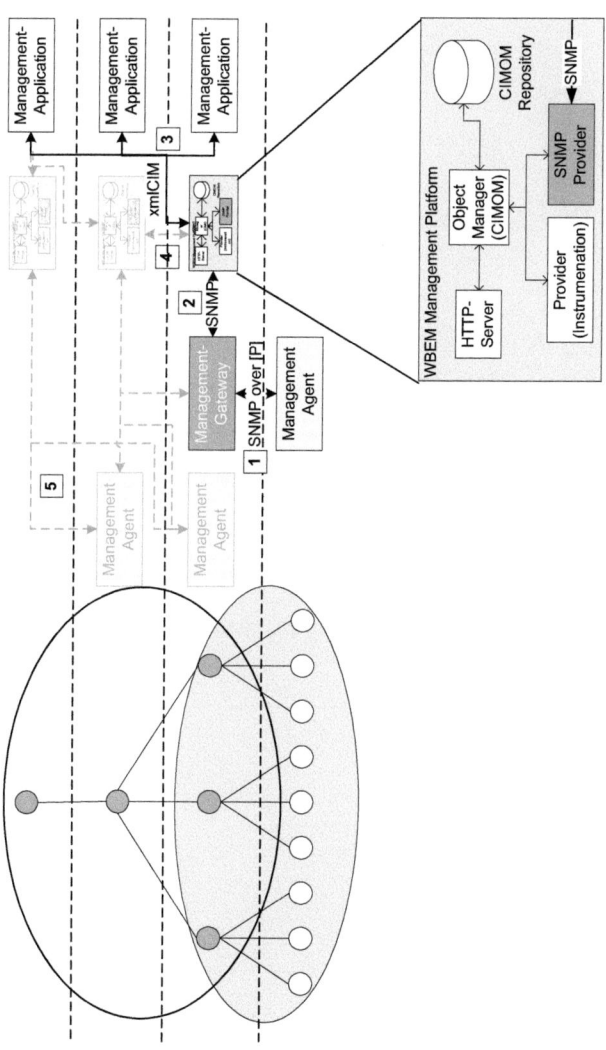

Abbildung C.5: Management-Konzept für inhomogene Architektur mit Hierarchie

Anhang D

Kommunikationsabläufe

D.1 Beispiel Kommunikationsablauf bei TLS

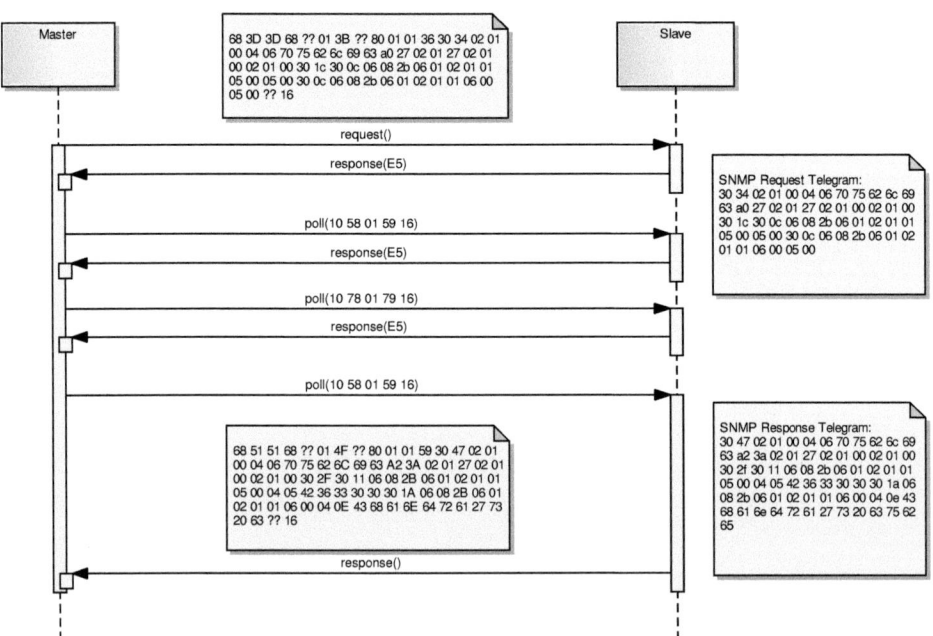

Abbildung D.1: Kommunikationsablauf bei TLS

D.2 Beispiel Kommunikationsablauf bei NMCS2

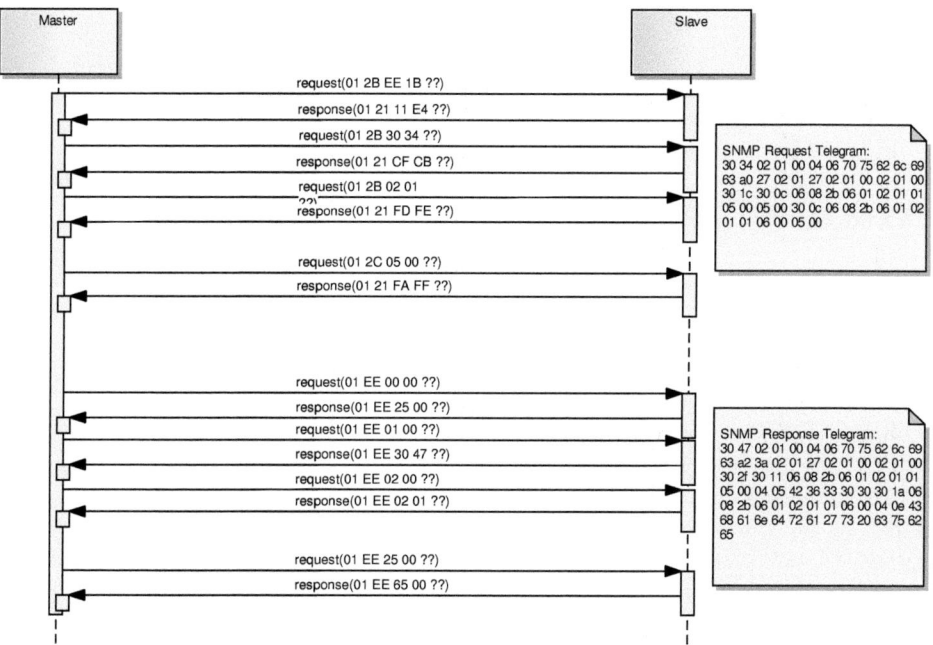

Abbildung D.2: Kommunikationsablauf bei NMCS2

Anhang E

Abkürzungsverzeichnis

ACS Automated Control System
ACSE Association Control Service Element
AHS Automated Highway System
ALI Autofahrer Leit- und Informationssystem
AMTICS Advanced Mobile Traffic Information and Communication System
APTS Advanced Public Transportation System
ARTS Advanced Rural Transportation System
ASN.1 Abstract Syntax Notation one
ATIS Advanced Traveler Information System
ATMC Advanced Traffic Management Center
ATMS Advanced Traffic Management System
ATT Advanced Transport Telematics
AVCS Advanced Vehicle Control System
APDU Application-Protocol-Data-Unit
BLOB Binary Large Object
BÜS Betriebs-Überwachungs-System
CACS Comprehensive Automobile Traffic Control System
CENELEC European Committee for Eletrotechnical Standardization
CENTRICO Central European RegioN TRansport Telematics Implementation CO-ordination Project
CIM Common Information Model
CLNP ConnectionLess Network Protocol
CMIS Common Management Information Services
CMIP Common Management Information Protocol
CMOT CMIP over TCP/IP

CORVETTE COordination and Validation of the Deployment of advanced Transport Telematics Systems Projects
CONNECT Co-ordination and stimulation of innovative ITS activities in Central and Eastern European countries
COST european COoperaton in Science and Technology
CMOT CMIP Over TCP/IP
CVO Commercial Vehicle Operation
DKE Deutsche Kommission Elektrotechnik Elektronik Informationstechnik im DIN und VDE
DIKW Data, Information, Knowledge, Wisdom
DRIVE Dedicated Road Infrastructure for Vehicle Safety in Europe
DMI Desktop Management Interface
DMTF Distributed Management Task Force
EAK Eingabe-Ausgabe Konzentrator
EDI Electronic Data Interchange
ERGS Electronic Route Guidance System
ERTICO European Transport Telematics Implementation Coordination Organization
EPA Enhance Performance Architecture
eTOM enhanced Telecom Operations Map
FG Funktionsgruppe
FRAME Framework Architecture Made for Europe
FoSII Foundations of Self-governing ICT Infrastructures
FSV Österreichische Forschungsgemeinschaft Strasse und Verkehr
FTP File Transfer Protocol
GDMO Guidelines for the Definition of Managed Objects
GPS Global Positioning System
HOCU Higher Order Control Unit
HTTP Hypertext Transfer Protocol
IAB Internet Architecture Board
IEC International Electrotechnical Commission
IETF Internet Engineering Task Force
IKS Informations- und Kommunikationssysteme
IKT Informations- und Kommunikationstechnologie
IMSIS In-Vehicle Motorist Services Information System
IP Internet Protocol
IRANS In-Vehicle Routing and Navigation System
ISIS In-Vehicle Signing Information System

ISO International Organization for Standardization
ITHACA Information TecHnology Advanced Corridor Applications
ITS Intelligent Transportation System
ITU International Telecommunication Union
IVHS Intelligent Vehicle Highway System
IVIS In-Vehicle Information System
IVSAWS In-Vehicle Safety Advisory Warning System
JMX Java Management Extensions
JRMP Java Remote Method Protocol
JSR Java Specification Request
JVM Java Virtual Machine
KAREN Keystone Architecture Required for European Networks
LAN Local Area Network
LCU local control unit
LLA Logical Layered Architecture
LoM2HiS Low-level metrics to high-level SLA
LPP Lightweight Presentation Protocol
NBA Netzbeeinflussungsanlage
NE network element
NMCS2 National Motorway Communications System Mark 2
NMS Networked Management Station
NS Network Service
NSDU Network Service Data Unit
NTCIP National Transportation Communications for ITS Protocol
MIB Management Information Base
MIV Motorisierter Individualverkehr
MO Managed Object
MOF Managed Object Format
OAM&P Operations, Administration, Maintenance and Provisioning
ODAS Obstacle Detection and Avoidance System
ÖPNV Öffentlicher Personen- und Nahverkehr
OSI Open Systems Interconnection
PDU Protocol Data Unit
PPP Private Public Partnership
PROMETHEUS Program for European Traffic with Efficiency and Unprecedented Safety
RACS Road Automobile Communication System

RITA Research and Innovation Technology Administration
RMI Remote Method Invocation
ROSE Remote Operations Service Element
RTSE Reliable Transfer Service Element
QoS quality of service
SCADA Supervisory Control and Data Acquisition
SCATS Sydney Co-ordinated Adaptive Traffic System
SCOOT Split Cycle and Offset Optimisation Technique
SES Sensory Enhancement System
SERTI Southern European Road Telematics Implementation
SGMP Simple Gateway Monitoring Protocol
SLA Service Level Agreement
SMI structure of management information
SMTP Simple Mail Transfer Protocol
SNMP Simple Network Management Protocol
SSt Streckenstation
STREETWISE Seamless TRavel Environment for Efficient Transport in the Western ISles of Europe
TEMPO programme for Trans-European intelligent transport systeMs PrOjects
TCP Transmission Control Protocol
TMN Telecommunication Management Network
TLS Technische Lieferbedingungen für Streckenstationen
TS Transport Service
TSAP Transport Service Access Point
TUBA TCP and UDP with Bigger Addresses
UDE Umweltdatenerfassung
UDP User Datagram Protocol
US DoT US Department of Transportation
UTMC Urban Traffic Management & Control
UZ Unterzentrale
VBA Verkehrsbeeinflussungsanlage
VDE Verkehrsdatenerfassung
VDI Verein Deutscher Ingenieure
VICS Vehicle Information and Communication System
VIS Verkehrsinformationssystem
VITA VIsion Technology Application

VLS Verkehrsleitsystem
VLZ Verkehrsleitzentrale
VMS Variable Message Sign
WBEM Web-Based Enterprise Management
WI Wirtschaftsinformatik
WMI Windows Management Instrumentation
XML eXtensible Markup Language

Literaturverzeichnis

[1] AASHTO ; ITE ; NEMA: *NTCIP 1203 v02.35: Object Definitions for Dynamic Message Signs - Version 02*, 2007

[2] AASHTO ; ITE ; NEMA: *NTCIP 9001 - The NTCIP Guide*, 2009

[3] ACKOFF, R.L.: From Data to Wisdom. In: *Journal of Applied Systems and Analysis* Bd. 16, 1989, S. 3–9

[4] AHMED, S.: The Relationships between Data, Information and Knowledge based on a preliminary Study of Engineering Designers. In: *Design Theory and Methodology (ASME)*, 1999, S. 1–10

[5] ALMEJALLI, K. ; DAHAL, K. ; ALAMGIR HOSSAIN, M.: Intelligent Traffic Control Decision Support System. In: *Lecture Notes in Computer Science* Bd. 4448/2007, Springer Berlin / Heidelberg, 2007, S. 688–701

[6] AMIDON, D.M.: *Innovation Strategy for the Knowledge Economy: the Ken Awakening*. Butterworth-Heinemann, 1997

[7] ASFINAG: *PLaNT 135.221.10: TLS over IP (Technical Specification)*. 2004

[8] ASFINAG: *B5.5 Instandhaltungsbestimmungen*, 2006. – Abschnitt "Wartung und Inspektion"

[9] ASFINAG: *PLaVT 461.010.10: Verkehrstechnische Grundsätze zur Planung von Verkehrstelematikanlagen*, 2007

[10] ASFINAG: *ASFINAG - Aspekte 2010*, 2010

[11] ASFINAG: *Verkehrstelematik*. http://www.asfinag.at/verkehrstelematik, 2010

[12] AUSSERER, K. ; RISSER, R. ; TURETSCHEK, C. ; REISS-ENZ, V.: *Verkehrstelematik - der Mensch und die Maschine*, 2006

[13] BALZER, W.: *Die Wissenschaft und ihre Methoden.* 2nd. Karl Alber, 2009

[14] BASt: *Technische Lieferbedingungen für Streckenstationen (TLS).* 2002

[15] BECKER, J. ; HOLTEN, R. ; KNACKSTEDT, R. ; NIEHAVES, B.: Wissenschaftstheoretische Grundlagen und ihre Rolle für eine konsensorientierte Informationsmodellierung. In: *Wissenschaftstheorie in Ökonomie und Wirtschaftsinformatik*, 2003, S. 307–334

[16] BERTOZZI, M. ; BROGGI, A. ; CONTE, G. ; FASCIOLI, A.: Obstacle and Lane detection on ARGO. In: *Proceedings of the IEEE Conference on Intelligent Transportation Systems (ITSC 97)*, 1997, S. 1010–1015

[17] BLACK, U.: *Network Management Standards.* 2nd. McGraw-Hill, 1994

[18] BMVIT AND AUSTRIATECH: *TTS-A-Datenbank.* http://www.bmvit.gv.at/verkehr/gesamtverkehr/telematik.html, 2005

[19] BOSSOM, R.: *European ITS Framework Architecture*, 2004. – D3.1 - Functional Viewpoint

[20] BRADEN, R.: *RFC1122: Requirements for Internet Hosts – Communication Layers*, 1989

[21] BRAEGAS, P.: Function, Equipment, and field testing of a Route Guidance and Information System for Drivers (ALI). In: *IEEE Transactions on Vehicular Technology* Bd. 29, IEEE, 1980, S. 216–225

[22] BRESKOVIC, I. ; MAURER, M. ; EMEAKAROHA, V.C. ; BRANDIC, I.: Revealing the MAPE Loop for the Autonomic Management of Cloud Infrastructures. In: *Workshop on Management of Cloud Systems (MoCS 2011)*, 2011, S. 48–54

[23] BUMPUS, W. ; SWEITZER, J.W. ; THOMPSON, P. ; WESTERINEN, A.R. ; WILLIAMS, R.C.: *Common Information Model: Implementing the Object Model for Enterprise Management.* Wiley, 2000

[24] BÜTTEMEYER, W.: *Wissenschaftstheorie für Informatiker.* 1st. Spektrum Akademischer Verlag, 1995

[25] CALLON, C.: *RFC1347: TCP and UDP with Bigger Addresses (TUBA)*, 1992

[26] CARNAP, R. AND MORMAN, T.: *Scheinprobleme in der Philosophie und andere metaphysikkritische Schriften.* 1st. Meiner, 2005

[27] CASE, J. ; FEDOR, M. ; SCHOFFSTALL, M. ; DAVIN, J.: *RFC1157: A Simple Network Management Protocol (SNMP)*, 1990

[28] CASE, J. ; MCCLOGHRIE, K. ; ROSE, M. ; WALDBUSSER, S.: *RFC1451: Manager-to-Manager Management Information Base*, 1993

[29] CENELEC: *EN 60870-5-2: Fernwirkeinrichtungen und -systeme*, 1992. – Teil 5: Übertragungsprotokolle, Hauptabschnitt 2: Übertragungsprozeduren der Verbindungsschicht

[30] CENELEC: *EN 60870-5-3: Fernwirkeinrichtungen und -systeme*, 1992. – Teil 5: Übertragungsprotokolle, Hauptabschnitt 3: Allgemeine Struktur der Anwendungsdaten

[31] CLEMM, A.: *Network Management Fundamentals*. Cisco Press, 2007

[32] COMMITTEE FOR A REVIEW OF THE NATIONAL AUTOMATED HIGHWAY SYSTEM CONSORTIUM RESEARCH PROGRAM: *National Automated Highway System Research Program A Review*. National Academy Press, 1998

[33] DAVIN, J. ; CASE, J. ; FEDOR, M. ; SCHOFFSTALL, M.: *RFC1028: A Simple Gateway Monitoring Protocol*, 1987

[34] DEERING, S. ; HINDEN, R.: *RFC2460: Internet Protocol, Version 6 (IPv6) Specification*, 1998

[35] DKE: *DIN VDE 0832-400: Straßenverkehrs-Signalanlagen – Teil 400: Verkehrsbeeinflussungsanlagen*, 2008

[36] DMTF: *Desktop Management Interface Specification*, 2003

[37] DMTF: *Technical Note: The Growing Importance of Management Standards*, 2003

[38] EL-GENEIDY, A.M. ; AYAD, H.M. ; EL-BAGHDADY, N.S. ; AZZAM, Y.A.: A Decision Support System for land-use activity changes using Data gained from Intelligent Transportation Systems. In: *7th International Conference on Computers in Urban Planning and Urban Management (CUPUM)*, 2001

[39] EMEAKAROHA, V.C. ; BRANDIC, I. ; MAURER, M. ; DUSTDAR, S.: Low Level Metrics to High Level SLAs - LoM2HiS Framework: Bridging the Gap Between Monitored Metrics and SLA Parameters in Cloud Environments. In: *International Conference on High Performance Computing and Simulation*, 2010, S. 48–54

[40] EMEAKAROHA, V.C. ; MAURER, M. ; BRANDIC, I. ; DUSTAR, S.: *FoSII – Foundations of Self-Governing ICT Infrastructures*. 2010

[41] ENSTE, U. ; MÜLLER, J.: *Datenkommunikation in der Prozessindustrie*. 1st. Oldenbourg Industrieverlag, 2007

[42] ERTICO: *About ITS.* http://www.ertico.com/en/about_its/, 2009

[43] EUREKA: *Project sheet E!45-PROMETHEUS*, 1995. – http://www.eureka.be/renderPDF?xsl=/xsl/projectFONpc.xsl&x=.pdf,

[44] EUROPÄISCHE GEMEINSCHAFTEN: *European ITS Framework Architecture – Models of Intelligent Transport Systems*, 2000. – D3.7 - Issue 1

[45] EUROPÄISCHE GEMEINSCHAFTEN: *European ITS Framework Architecture – Overview*, 2000. – D3.6 - Issue 1

[46] FARREL, J. ; ABECK, S. ; EVANS, J. ; FILSFILS, C. ; HEGERING, H.-G. ; MCCABE, J. ; MORROW, M. ; NADEAU, T. ; NEUMAIR, B. ; RAMASWAMI, R. ; SIVARAJAN, K. u. a.: *Network Management – Know It All.* Morgan Kaufmann, 2009

[47] FIGUEIREDO, L. ; JESUS, I. ; MACHADO, T. ; RUI FERREIRA, J. ; MARTINS DE CARVALHO, J.L.: Towards the Development of Intelligent Transportation Systems. In: *Proceedings 2001 IEEE International Transportation Systems Conference*, 2001, S. 1206–1211

[48] FRITZ, W.: *Marketing-Management und Unternehmenserfolg: Grundlagen und Ergebnisse einer empirischen Untersuchung.* 2nd. Schaffer-Poeschel, 1995

[49] FSV: *RVS 05.04.21 Verkehrslichtsignalanlagen - Verkehrsleitsysteme*, 2001

[50] FUGGETTA, A. ; PICCO, G.P. ; VIGNA, G.: Understanding Code Mobility. In: *IEEE Transactions on Software Engineering* Bd. 24, 1998

[51] GARTNER, N.H. ; STAMATIADIS, C. ; TARNOFF, P.J.: Development of Real Time, traffic-adaptive Control Strategies for IVHS. In: *Proceedings of the First World Congress on Applications of Transport Telematics and Intelligent Vehicle-Highway Systems* Bd. 2, 1994, S. 423–430

[52] GOLDSZMIDT, G.: Distributed System Management via Elastic Servers. In: *Proceedings 1st IEEE International Workshop on Systems Management*, 1993, S. 31–35

[53] GOLDSZMIDT, G. ; YEMINI, Y.: Distributed Management by Delegation. In: *Proceedings of the 15th International Conference on Distributed Computing Systems*, 1995, S. 333–340

[54] GRUHN, V. ; GOEL, A.: *Telematik III: Verkehrstelematik*, 2006. – http://ebus.informatik.uni-leipzig.de/www/media/lehre/tm-verkehrstelematik06/vt06-ve03-pdf.pdf,

[55] HEGERING, H.-G. ; ABECK, S.: *Integriertes Netz- und Systemmanagement*. 1st. Addison-Wesley, 1993

[56] HEY, J.: *The Data, Information, Knowledge, Wisdom Chain: The Metaphorical Link*, 2004. – http://ioc.unesco.org/Oceanteacher/OceanTeacher2/02_InfTchSciCmm/DIKWchain.pdf,

[57] HIGHWAYS AGENCY: *MCH1618-C: NMCS2 Technical Overview*, 2005

[58] HIGHWAYS AGENCY: *TR2070-H: NMCS2 Message Control Point to Point*, 2006

[59] HIGHWAYS AGENCY: *TR2067-H: NMCS2 RS485 Communications Electrical and Protocol*, 2007

[60] HIGHWAYS AGENCY: *TR2142-F: NMCS2 Motorway Message Control Message Sign Equipment*, 2008

[61] HOBBS, C.: *A Practical Approach to WBEM/CIM Management*. Auerbach Publications, 2004

[62] IEC: *IEC 60870-1-4: Fernwirkeinrichtungen und -systeme*, 1992. – Teil 1: Allgemeine Betrachtungen, Hauptabschnitt 4: Grundlegende Gesichtspunkte der Fernwirk-Datenbertragung und Aufbau der Normen der Reihe IEC 60870-5 und IEC 60870-6

[63] IEC/TC/SC 56: *IEC60300-2: Guidelines for Dependability Management*, 2004

[64] INFORMATION SCIENCES INSTITUTE: *RFC791: Internet Protocol*, 1981

[65] ISO: *ISO/IEC 7498-4:* Information processing Systems - Open Systems Interconnection - Basic Reference Model, 1989. – Part 4: Management framework

[66] ISO: *ISO/IEC 7498-1:* Information processing Systems - Open Systems Interconnection - Basic Reference Model, 1996

[67] ITU-T: *ITU-T Recommendation X.722:* Guidelines for the Definition of Managed Objects, 1992

[68] ITU-T: *ITU-T Recommendation X.218:* Reliable Transfer: Model and Service definition, 1993

[69] ITU-T: *ITU-T Recommendation X.219:* Remote Operations: Model, Notation and Service definition, 1993

[70] ITU-T: *ITU-T Recommendation X.223:* Use of X.25 to provide the OSI Connection-mode Network Service for ITU-T Applications, 1993

[71] ITU-T: *ITU-T Recommendation X.200:* Open Systems Interconnection - Basic Reference Model: The Basic Model, 1994

[72] ITU-T: *ITU-T Recommendation X.216:* Presentation Service definition, 1994

[73] ITU-T: *ITU-T Recommendation X.214:* Transport Service definition, 1995

[74] ITU-T: *ITU-T Recommendation X.217:* Service definition for the Association Control Service Element, 1995

[75] ITU-T: *ITU-T Recommendation M.3010:* Principles for a Telecommunications Management Network, 1996

[76] ITU-T: *ITU-T Recommendation X.233:* Protocol for providing the Connectionless-mode Network Service: Protocol Specification, 1997

[77] ITU-T: *ITU-T Recommendation X.701:* Data Networks and Open System Communication, 1997

[78] ITU-T: *ITU-T Recommendation X.710:* Common Management Information Service (CMIS), 1997

[79] ITU-T: *ITU-T Recommendation X.711:* Common Management Information Protocol (CMIP), 1997

[80] ITU-T: *ITU-T Recommendation X.213:* Network Service Definition, 2001

[81] IWADATE, T. ; MATSUMURA, T. ; KAWADA, T. ; OHURA, H. ; KANAZAKI, Y. ; KINOMURA, T.: Communication System Design of RACS (Road/Automobile Communication System). In: *Proceedings of the Vehicle Navigation and Information Systems Conference* Bd. 2, 1991, S. 247–256

[82] JANSSEN, R. ; SCHOTT, W.: *SNMP - Konzepte, Verfahren, Plattformen.* 1st. DATACOM-Verlag, 1993

[83] JENSEN, S.: *Erkenntnis- Konstruktivismus- Systemtheorie: Einführung in die Philosophie der konstruktivistischen Wissenschaft.* 4th. Westdeutscher Verlag, 1999

[84] KAHANI, M. ; BEADLE, H.: Decentralised Approaches for Network Management. In: *ACM SIGCOMM Computer Communication Review* Bd. 27, 1997, S. 36–47

[85] KALTWASSER, J.: *DATEX II Data Dictionary*, 2010. – http://www.datex2.eu/content/datex-ii-pim-v20-data-dictionary,

[86] KAMLAH, W. ; LORENZEN, P.: *Logische Propädeutik oder Vorschule des vernünftigen Redens*. 1st. Bibliographisches Institut, 1967

[87] KIRSCHFINK, H.: Collective Traffic Control on Motorways, 1999

[88] KIRSCHFINK, H. ; HERNANDEZ, J. ; BOERO, M.: Intelligent Traffic Management Models. In: *Proceedings European Symposium on Intelligent Techniques*, 2000, S. 36–45

[89] KLEIN, L.A.: *Sensor Technologies and Data Requirements for ITS*. Artech House, 2001

[90] KNIZAK, M. ; KUNES, M. ; MANNINGER, M. ; SAUTER, T.: Applying Internet Management Standards to Fieldbus Systems. In: *Proceedings of the 1997 IEEE International Workshop on Factory Communication Systems*, 1997, S. 309–315

[91] KOMMISSION DER EUROPÄISCHEN GEMEINSCHAFTEN: *Dedicated Road Infrastructure for Vehicle Safety in Europe (DRIVE) Final Report on Performance and Results*, 1994. – ftp://ftp.cordis.europa.eu/pub/telematics/docs/tap_transport/drive_1_final_report.pdf,

[92] KULOVITS, H. ; STÖGERER, C. ; KASTNER, W.: System Architecture for Variable Message Signs. In: *Proceedings 10th IEEE International Conference on Emerging Technologies and Factory Automation*, 2005, S. 903–909

[93] KUNES, M. ; SAUTER, T.: Fieldbus-Internet Connectivity: The SNMP approach. In: *IEEE Transactions on Industrial Electronics* Bd. 48, 2001, S. 1248–1256

[94] LIEW, A.: Understanding Data, Information, Knowledge and their Inter-Relationships. In: *Journal of Knowledge Management Practice* Bd. 8, 2007

[95] LIU, B. ; LIU, H.: WBEM Based Distributed Network Monitoring. In: *International Workshop on Information Security and Survivability for Grid (GISS-2004)*, 2004, S. 351–357

[96] LORENZEN, P.: *Lehrbuch der konstruktiven Wissenschaftstheorie*. 1st. Wissenschaftsverlag Mannheim/Wien/Zürich, 1987

[97] LOSEE, J.: *Wissenschaftstheorie. Eine historische Einführung*. 1st. C.H. Becksche Verlagsbuchhandlung, 1977

[98] MARTIN-FLATIN, J.-P. ; ZNATY, S. ; HUBAUX, J.-P.: A Survey of Distributed Enterprise Network and Systems Management Paradigms. In: *Journal of Network and Systems Management* Bd. 7, 1999

[99] MARTIN-FLATIN, J.-P. ; ZNATY, S. ; HUBAUX, J.-P.: A Simple Typology of Distributed Network Management Paradigms. In: *Proceedings of the 8th IFIP/IEEE International Workshop on Distributed Systems*, 19997, S. 13–24

[100] MASSIE, M.L. ; CHUN, B.N. ; CULLER, D.E.: The Ganglia Distributed Monitoring System: Design, Implementation and Experience. In: *Parallel Computing* Bd. 30, 2004, S. 817–840

[101] MAST, T.: Introduction to Transportation Systems. In: *Human Factors in Intelligent Transportation Systems*, Lawrence Erlbaum Associates, 1998, S. 15–21

[102] MCCLOGHRIE, K. ; ROSE, M.: *RFC1156: Management Information Base for Network Management of TCP/IP-based Internets*, 1990

[103] MERTENS, P. ; BODENDORF, F. ; KÖNIG, W. ; PICOT, A. ; SCHUMANN, M. ; HESS, T.: *Grundzüge der Wirtschaftsinformatik*. 9th. Springer, 2005

[104] MEYER, K. ; ERLINGER, M. ; BETSER, M. ; SUNSHINE, C. ; GOLDSZMIDT, G. ; YEMINI, Y.: Decentralizing Control and Intelligence in Network Management. In: *Proceedings of the 4th International Symposium on Integrated Network Management*, 1995, S. 1–14

[105] MITTELSTRASS, J.: *Enzyklopädie Philosophie und Wissenschaftstheorie*. 1st. Metzler, 2004

[106] MOULINES, C.U.: *Die Entwicklung der modernen Wissenschaftstheorie (1890 - 2000)*. 1st. LIT, 2008

[107] MUELLER, E.A.: Aspects of the History of Traffic Signals. In: *IEEE Transactions on Vehicular Technology* Bd. 19, IEEE, 1970, S. 6–17

[108] NIEMANN, H.-J.: *Lexikon des Kritischen Rationalismus*. 1st. Mohr Siebeck, 2006

[109] NINI, M.: *Strukturation und Management von Dienstleistungsbeziehungen in der Investitionsgüterindustrie vor dem Hintergrund der betrieblichen Tertiarisierung* , 2010. – Dissertation

[110] NOF, S.Y.: *Handbook of Automation*. 1st. Springer, 2009

[111] NORTH CENTRAL TEXAS COUNCIL OF GOVENMENTS: *MOBILITY 2000 - the Regional Transportation Plan for North Central Texas*, 1986

[112] OKAMOTO, H. ; NAKAHARA, T.: An Overview of AMTICS. In: *Proceedings of the International Congress on Transportation Electronics 1988 (Convergence *88)*, 1988, S. 219–228

[113] OPC FOUNDATION: *OPC DA 2.05a Specification*, 2002

[114] OSIFCHIN, N.: Standards for Monitoring and Control of Telecommunications Power Systems. In: *International Telecommunications Energy Conference*, 1995, S. 518–525

[115] PAVLOU, G.: On the Evolution of Management Approaches, Frameworks and Protocols: A Historical Perspective. In: *Journal of Network and Systems Management* Bd. 15, 2007

[116] PEEK TRAFFIC LIMITED, SIEMENS TRAFFIC CONTROLS AND TRL LIMITED: *SCOOT Advice Leaflet 1: The „Scoot" Urban Traffic Control System.* – http://www.scoot-utc.com/documents/1_SCOOT-UTC.pdf,

[117] PFLIEGL, R. ; DÜH, J. ; FASTENBAUER, M. ; MUELLNER, M. ; C., Spanner: *Telematikrahmenplan - 2. Auflage*, 2004

[118] PHÄLER, K.: *Qualitätsmerkmale wissenschaftlicher Theorien: zur Logik und Ökonomie der Forschung.* 1st. Mohr Siebeck, 1986

[119] PITZEK, S. ; ELMENREICH, W.: Configuration and Management of Fieldbus Systems. In: *The Industrial Communication Technology Handbook*, CRC Press LCC, 2005, S. 1–20

[120] POPPER, K.: *Logik der Forschung.* 10th. Mohr Siebeck, 2005

[121] RITA: *National ITS Architecture: Logical Architecture – Volume I (Description)*, 2007

[122] RITA: *National ITS Architecture: Physical Architecture*, 2007

[123] RITA: *Frequently Asked Questions.* http://www.its.dot.gov/faqs.htm, 2009

[124] ROSE, M.: *RFC1085: ISO Presentation Services on top of TCP/IP-based Internets*, 1988

[125] ROSE, M. ; CASS, E.: *RFC1006: ISO Transport Service on top of the TCP*, 1987

[126] ROSE, M. ; MCCLOGHRIE, K.: *RFC1155: Structure and Identification of Management Information for TCP/IP-based Internets*, 1990

[127] ROSE, M.-T.: *The Simple Book – An Introduction to Internet Management.* 2nd. Prentice-Hall, 1994

[128] ROSEN, D.A. ; MAMMANO, F.J. ; FAVOUT, R.: An Electronic Route-Guidance System for Highway Vehicles. In: *IEEE Transactions on Vehicular Technology* Bd. 19, IEEE, 1970, S. 143–152

[129] SANDKÜHLER, J.: *Europäische Enzyklopädie zu Philosophie und Wissenschaften*. 1st. Meiner Felix Verlag GmbH, 1997

[130] SCHERFF, B. ; HAESE, E. ; WENZEK, H.R.: *Feldbussysteme in der Praxis – Ein Leitfaden für Anwender*. 1st. Springer, 1999

[131] SCHNELL, G.: *Bussysteme in der Automatisierungs- und Prozesstechnik*. 4th. Vieweg, 2000

[132] SCHÜTTE, R. ; SIEDENTOPF, J. ; ZELEWSKI, S.: *Wirtschaftsinformatik und Wissenschaftstheorie: Grundpositionen und Theoriekerne*, 1999

[133] SEITZ, J.: *Netzwerkmanagement*. 1st. Thomson Publishing International, 1994

[134] SELLIN, R.: *TMN. Die Basis für das Telekom-Management der Zukunft*. R. v. Decker, 1995

[135] SHUE, C. ; HAGGERTY, W. ; DOBBINS, K.: *RFC1240: OSI Connectionless Transport Services on top of UDP*, 1991

[136] SINGER, R. ; K., Willimczik: *Sozialwissenschaftliche Forschungsmethoden in der Sportwissenschaft* . 1st. Feldhaus, 2002

[137] SIRRINE, E.E.: *US-Patent No 976,939: Street-Traffic System*, 1910

[138] SO-JUNG, L. ; HONG-TAEK, J. ; HONG, W.: *Integrated Enterprise Management using WBEM/SNMP Gateway*, 2006. – http://dpnm.postech.ac.kr/papers/IEEE-Comm/05/IEEE-CommMag-WBEM-final.pdf

[139] STAMATELOPOULOS, F. ; CHIOTIS, T. ; MAGLARIS, B.: A scaleable, Platform-based Architecture for multiple Domain Network Management. In: *1995 IEEE International Conference on Communications* Bd. 3, 1995, S. 1453–1458

[140] STEGMÜLLER, W.: *Probleme und Resultate der Wissenschaftstheorie und Analytischen Philosophie, Band II Theorie und Erfahrung, Teilband III Die Entwicklung des neuen Strukturalismus seit 1973*. 1st. Springer, 1986

[141] STOCKER, A. ; RAPP, P.: *Glossar Verkehrsmanagement Schweiz*, 2007

[142] STÖGERER, C. ; EMEAKAROHA, V.C. ; BRANDIC, I. ; KASTNER, W. ; NOVAK, T.: Applying availability SLAs to Traffic Management Systems. In: *Proceedings 14th IEEE International Conference on Intelligent Transportation Systems*, 2011, S. 1501–1506

[143] STÖGERER, C. ; NOVAK, T. ; KASTNER, W.: Towards the Life-Cycle of VMS Configurations. In: *Proceedings 13th IEEE International Conference on Intelligent Transportation Systems*, 2010, S. 783–788

[144] STÖGERER, C. ; NOVAK, T. ; KASTNER, W. ; KRAMMER, L.: Procedure-based availability SLAs for Traffic Management Systems. In: *Proceedings 16th IEEE International Conference on Emerging Technologies and Factory Automation*, 2011, S. 1–8

[145] STURM, R. ; BUMPUS, W.: *Foundations of Application Management*. Wiley, 1999

[146] SUN MICROSYSTEMS INC.: *Java Management Extensions (JMX) Specification, Version 1.4*, 2006

[147] SUN MICROSYSTEMS INC.: *Architecture of the JMX Technology*. http://java.sun.com/docs/books/tutorial/jmx/overview/architecture.html, 2008

[148] SUSSMAN, J.: *Introduction to Transportation Systems*. Artech House, 2000

[149] SYLOR, M. ; TALLMAN, O.: Applying Network Management Standards to System Management; the Case for the Common Agent. In: *Proceedings of the IEEE First International Workshop on Systems Management*, 1993, S. 110–117

[150] TAMURA, K. ; HIRAYAMA, M.: Toward realization of VICS - Vehicle Information and Communication System. In: *Proceedings of the IEEE-IEE Vehicle Navigation and Information Systems Conference, 1993*, 1993, S. 72–77

[151] TERPLAN, K.: *Web-based Systems & Network Management*. CRC-Press, 1999

[152] TOTANI, S.: Development and current Status of CACS (comprehensive automobile traffic control system). In: *Proceedings 30th Vehicular Technology Conference*, 1980, S. 336–341

[153] TUNSTALL, C. ; COLE, G.: *Developing WMI Solutions: A Guide to Windows Management Instrumentation*. Addison-Wesley Professional, 2002

[154] TYCO INTEGRATED SYSTEMS: *Traffic Management - SCATS*. – http://www.traffic-tech.com/pdf/scatsbrochure.pdf,

[155] UL HAQ, I. ; BRANDIC, I. ; SCHIKUTA, E.: SLA Validation in Layered Cloud Infrastructures. In: *13th International Workshop on Economics of Clouds, Systems and Services (GECON)*, 2010, S. 153–164

[156] ULMER, B.: VITA-an autonomous Road Vehicle (ARV) for Collision Avoidance in Traffic. In: *Proceedings of the Intelligent Vehicles '92 Symposium*, 1992, S. 36–41

[157] ULMER, B.: VITA II-active collision avoidance in real traffic. In: *Proceedings of the Intelligent Vehicles '94 Symposium*, 1994, S. 1–6

[158] UNI LEIPZIG: *Telematik III: Verkehrstelematik*, 2006. – http://ebus.informatik.uni-leipzig.de/www/de/lehre/lehrveranstaltungen/tm3-verkehr06.html

[159] UTMC TECHNICAL SECRETARY: *UTMC Technical Specification UTMC-TS003.003:2009*, 2009

[160] V., Kraft: *Der Wiener Kreis - Der Ursprung des Neopositivismus*. 2nd. Springer Verlag, 1968

[161] VDI: *VDI/VDE 3687: Auswahl von Feldbussystemen durch Bewertung ihrer Leistungseigenschaften für industrielle Anwendungsbereiche*, 1999

[162] WARRIER, U. ; BESAW, L. ; LABARRE, L. ; HANDSPICKER, B.: *RFC1189: The Common Management Information Services and Protocols for the Internet (CMOT and CMIP)*, 1990. – Teil1: Meldungsschlüssel für den digitalen RadioVerkehrsnachrichtenkanal (RDSTMC) unter Verwendung von ALERTC (ISO148191:2003)

[163] WESTERINEN, A. ; BUMPUS, W.: The Continuing Evolution of Distributed Systems Management. In: *IEICE Transactions on Information Systems* Bd. E86-D, 2003, S. 2256–2261

[164] WILDE, T. ; HESS, T.: Forschungsmethoden der Wirtschaftsinformatik. In: *WIRTSCHAFTSINFORMATIK* Bd. 49, Gabler Verlag, 2007, S. 280–287

i want morebooks!

Buy your books fast and straightforward online - at one of world's fastest growing online book stores! Environmentally sound due to Print-on-Demand technologies.

Buy your books online at
www.get-morebooks.com

Kaufen Sie Ihre Bücher schnell und unkompliziert online – auf einer der am schnellsten wachsenden Buchhandelsplattformen weltweit! Dank Print-On-Demand umwelt- und ressourcenschonend produziert.

Bücher schneller online kaufen
www.morebooks.de

 VDM Verlagsservicegesellschaft mbH
Heinrich-Böcking-Str. 6-8   Telefon: +49 681 3720 174   info@vdm-vsg.de
D - 66121 Saarbrücken   Telefax: +49 681 3720 1749   www.vdm-vsg.de

Printed by Books on Demand GmbH, Norderstedt / Germany